应用型本科院校“十三五”规划教材/经济管理类

Customs Declaration Practice

报关实务

（第4版）

主　编　姜　颖
副主编　朱玉琴　李青霞　王 岩

哈爾濱工業大學出版社
HARBIN INSTITUTE OF TECHNOLOGY PRESS

内容提要

本书以国际贸易业务为主线，全面系统、深入浅出地围绕报关环节所涉及的知识介绍了报关相关理论和报关操作技能，根据当前最新的报关制度、政策、法律法规等要求，将所涉及的内容进行了更新，以更好地满足当前应用型本科院校教学工作需要。全书共分为十章，首先对海关与报关制度作了简要概述，然后介绍了我国对外贸易管制制度，一般进出口货物、保税货物、暂准进出口货物与特定减免税货物和其他货物的报关程序，进出口商品归类，进出口税费计算，报关单填制等内容。每章都配有本章小结和自测题。本书通过案例、知识库、流程图等形式把报关理论与报关业务流程有机结合起来，有助于学生对报关实务的基本理论和业务操作进行全面理解和认识。

本教材内容翔实、案例新颖，实效性和实践操作性强，既适用于国际经济与贸易、国际商务和物流管理（国际物流方向）本科学生使用，也可作为参加报关员资格全国统一考试及企业进行报关业务培训的参考用书。

图书在版编目（CIP）数据

报关实务/姜颖主编. —4 版—哈尔滨：哈尔滨工业大学出版社，2018. 12

ISBN 978 - 7 - 5603 - 7914 - 2

Ⅰ. ①报…　Ⅱ. ①姜…　Ⅲ. ①进出口贸易-海关手续-中国-高等学校-教材　Ⅳ. ①F752. 5

中国版本图书馆 CIP 数据核字（2018）第 300616 号

策划编辑　杜　燕
责任编辑　苗金英
出版发行　哈尔滨工业大学出版社
社　　址　哈尔滨市南岗区复华四道街 10 号　邮编 150006
传　　真　0451 - 86414749
网　　址　http://hitpress. hit. edu. cn
印　　刷　哈尔滨经典印业有限公司
开　　本　787mm×960mm　1/16　印张 17　字数 370 千字
版　　次　2012 年 2 月第 1 版　2019 年 1 月第 4 版
　　　　　2019 年 1 月第 4 次印刷
书　　号　ISBN 978-7-5603-7914-2
定　　价　37. 80 元

序

哈尔滨工业大学出版社策划的《应用型本科院校“十三五”规划教材》即将付梓,诚可贺也。

该系列教材卷帙浩繁,凡百余种,涉及众多学科门类,定位准确,内容新颖,体系完整,实用性强,突出实践能力培养。不仅便于教师教学和学生学习,而且满足就业市场对应用型人才的迫切需求。

应用型本科院校的人才培养目标是面对现代社会生产、建设、管理、服务等一线岗位,培养能直接从事实际工作、解决具体问题、维持工作有效运行的高等应用型人才。应用型本科与研究型本科和高职高专院校在人才培养上有着明显的区别,其培养的人才特征是:①就业导向与社会需求高度吻合;②扎实的理论基础和过硬的实践能力紧密结合;③具备良好的人文素质和科学技术素质;④富于面对职业应用的创新精神。因此,应用型本科院校只有着力培养“进入角色快、业务水平高、动手能力强、综合素质好”的人才,才能在激烈的就业市场竞争中站稳脚跟。

目前国内应用型本科院校所采用的教材往往只是对理论性较强的本科院校教材的简单删减,针对性、应用性不够突出,因材施教的目的难以达到。因此亟须既有一定的理论深度又注重实践能力培养的系列教材,以满足应用型本科院校教学目标、培养方向和办学特色的需要。

哈尔滨工业大学出版社出版的《应用型本科院校“十三五”规划教材》,在选题设计思路上认真贯彻教育部关于培养适应地方、区域经济和社会发展需要的“本科应用型高级专门人才”精神,根据前黑龙江省委书记吉炳轩同志提出的关于加强应用型本科院校建设的意见,在应用型本科试点院校成功经验总结的基础上,特邀请黑龙江省9所知名的应用型本科院校的专家、学者联合编写。

本系列教材突出与办学定位、教学目标的一致性和适应性,既严格遵照学科体系的知识构成和教材编写的一般规律，又针对应用型本科人才培养目标及与之相适应的教学特点，精心设计写作体例，科学安排知识内容，围绕应用讲授理论，做到“基础知识够用、实践技能实用、专业理论管用”。同时注意适当融入新理论、新技术、新工艺、新成果，并且制作了与本书配套的PPT多媒体教学课件，形成立体化教材，供教师参考使用。

《应用型本科院校“十三五”规划教材》的编辑出版，是适应“科教兴国”战略对复合型、应用型人才的需求，是推动相对滞后的应用型本科院校教材建设的一种有益尝试，在应用型创新人才培养方面是一件具有开创意义的工作，为应用型人才的培养提供了及时、可靠、坚实的保证。

希望本系列教材在使用过程中，通过编者、作者和读者的共同努力，厚积薄发、推陈出新、细上加细、精益求精，不断丰富、不断完善、不断创新，力争成为同类教材中的精品。

第4版前言

伴随着经济全球化的发展,特别从加入 WTO 后,我国的对外贸易得到了迅猛发展。即使在当前的后金融危机背景下,作为拉动经济三驾马车之一的外贸出口,对拉动国民经济的发展具有十分重要并难以替代的作用。在这种新形势下,只有稳定出口,扩大进口,才更有利于实现宏观调控目标,有利于中国经济健康平稳发展。当前,培养符合外贸行业需要的应用型外贸业务人员,依然是社会发展的需要。

报关业务是进出口贸易中的重要环节,是从事国际贸易和报关业务人员必须掌握的专业知识,它具有涉及知识广泛、政策时效性和业务操作性强的特点。由于国内外经济和贸易形势处于不断发展变化之中,因此报关业务内容也需要不断调整、更新和变化,以适应行业需要。

《报关实务》是国际经济与贸易专业的专业核心课程,也是其他专业的选修课程,实践性、操作性和应用性都很强,由于传统本科教材理论性强,教材形式单一,难以满足应用型本科院校教学的要求,所以我们在借鉴其他学者研究成果的基础上,组织多位教师经过数次研究探索、切磋讨论和大胆尝试,依据当前最新的法律、法规和制度,结合报关业务实践、外贸企业做法和课堂教学积累编写了这本应用型本科《报关实务》教材,期望有所创新。

本书全面系统,深入浅出,强调应用型本科教育定位,以国际贸易业务为主线,围绕报关环节所涉及的知识来构建结构和内容,做到理论适度,实际应用性突出,具有丰富性、实效性和可操作性。本书增加了知识库、案例和自测题,从细节上还将部分重点知识通过图表的形式体现出来,便于学生分析掌握,形式和内容上的丰富,有助于激发学生的学习兴趣,提高学习动力;根据报关相关制度、政策等变化及时将所涉及的内容进行了更新,这对实际教学工作具有十分重要的指导价值,避免了因知识陈旧而导致的教学误导,很好地贯彻了实效性要求;本书在相关章节中增加了业务流程图和其他各种图示,让学生能轻松直观地体会业务过程,便于掌握报关业务操作,再结合自测题中的案例练习,灵活运用报关理论知识,开展分析问题和解决问题的实践活动。

本书由姜颖主编,并对全书进行了总纂和定稿,由朱玉琴、李青霞、王岩任副主编。编写任务分工:第一、四、五、七章由姜颖(黑龙江财经学院)编写,第六章由朱玉琴(贺州学院)编写,第二、三、十章由李青霞(黑龙江财经学院)编写,第八章由徐丽、李伟(哈尔滨广厦学院)、陈丽燕（黑龙江外国语学院）共同编写，第九章由王岩（黑龙江外国语学院）编写，曹金凤（吉林师范大学）和李甜甜（贵州财经学院）也参与了教材的编写工作。姜颖、刘世鹏负责本书的修订工作，李放老师对本教材的编写给予了宝贵的指导和帮助。

在编写过程中，我们参考并引用了大量文献资料，在此向这些文献资料的作者深表谢意。限于编写人员的水平，书中难免有错误和疏漏之处，恳请各位专家和读者批评指正，以便我们做进一步的修改和完善。

编　者

2018 年 12 月

目 录

第一章 海关与报关概述……………………………………………………………… 1
第一节 海关概述……………………………………………………………………… 2
第二节 报关概述 …………………………………………………………………… 13
本章小结 ……………………………………………………………………………… 18
自测题 ………………………………………………………………………………… 19
第二章 报关单位与报关人员 ………………………………………………………… 22
第一节 报关单位与报关人员 ……………………………………………………… 23
第二节 报关活动相关人 …………………………………………………………… 34
本章小结 ……………………………………………………………………………… 36
自测题 ………………………………………………………………………………… 36
第三章 报关与对外贸易管制 ………………………………………………………… 40
第一节 对外贸易管制概述 ………………………………………………………… 41
第二节 现行主要贸易管制制度 …………………………………………………… 44
第三节 我国贸易管制主要管理措施及报关规范 ………………………………… 55
本章小结 ……………………………………………………………………………… 74
自测题 ………………………………………………………………………………… 75
第四章 一般进出口货物的报关 ……………………………………………………… 79
第一节 报关程序概述 ……………………………………………………………… 80
第二节 一般进出口货物概述 ……………………………………………………… 83
第三节 一般进出口货物的报关程序 ……………………………………………… 86
本章小结 ……………………………………………………………………………… 94
自测题 ………………………………………………………………………………… 94
第五章 保税货物进出口的报关 ……………………………………………………… 99
第一节 保税货物概述……………………………………………………………… 100
第二节 加工贸易保税货物的报关………………………………………………… 105
第三节 保税仓库货物的报关……………………………………………………… 115
第四节 区域保税货物的报关……………………………………………………… 117
本章小结……………………………………………………………………………… 127
自测题………………………………………………………………………………… 128

第六章　特定减免税货物与暂准进出口货物的报关……133
第一节　特定减免税货物的报关……134
第二节　暂准进出口货物的报关……142
本章小结……150
自测题……151
第七章　其他进出口货物的报关……154
第一节　转关运输货物的报关……155
第二节　其他进出境货物的报关……161
本章小结……173
自测题……174
第八章　海关进出口税则与商品归类……176
第一节　海关进出口税则……177
第二节　商品名称及编码协调制度……179
第三节　进出口商品归类的海关行政管理……190
第四节　商品归类的一般方法……193
本章小结……197
自测题……197
第九章　进出口税费计算……200
第一节　进出口税费概述……201
第二节　进出口完税价格的审定……203
第三节　进口货物原产地的确定与税率适用……210
第四节　进出口税费计算……214
第五节　关税和进口环节税减免……220
第六节　进出口税费的缴纳与退补……222
本章小结……227
自测题……227
第十章　报关单填制……233
第一节　填制报关单须知……233
第二节　进出口货物报关单填制规范……235
本章小结……258
自测题……258
参考文献……261

第一章

Chapter 1

海关与报关概述

【学习要点及目标】

通过本章学习，使学生了解我国海关的起源，掌握海关的性质与基本任务，理解并掌握海关的权利，了解海关机构与管理体制、海关的设关原则、海关法相关内容，掌握海关监管的地域范围和对象；了解报关的含义，掌握报关的范围和分类，了解报关管理制度，并结合我国海关监管的要求，将报关理论运用于海关报关事务的实践中。

【引导案例】

服务小“窗口” 经济大发展

宁波保税区进口葡萄酒市场也只是宁波海关服务“链”上的一个点，葡萄酒绿色窗口是众多“窗口”之一。随着2010年上半年经济的复苏，宁波外贸也引来了“春天”。2010年上半年，宁波海关报关“窗口”共审核的单月报关单数量已连续3个月刷新纪录，上半年进出口报关单总量为145.3万份，增长34.7%。6月份宁波海关受理的进出口报关单达28.8万份，增长37.2%，创单月历史新高。2010年上半年，宁波海关税收“窗口”税收总流量328.8亿元，增长69.9%，居全国海关第8位。入库税收299.8亿元，增长70.8%。转出税款29亿元，增长61.5%。2010年上半年，宁波海关监管“窗口”共监管进出口货运量6 768.2万吨，增长16.3%，居全国海关第6位。其中，进口5 296.3万吨，增长10.4%，出口1 471.9万吨，增长43.6%。

伴随着这些数据，一个个感人的故事就在窗口发生：由于春节期间加班人员紧张，作为老大哥的林立标为了保证更多的外地年轻关员能按时回家过年，连续多年主动请缨，放弃与外地父母团聚的机会，坚守窗口；过年前查验箱量激增，三个在零下7摄氏度的恶劣天气下坚持查验的小伙子根本没时间吃饭，在风雪中坚守在查验的第一线；王永贝，有一个刚满一岁的可爱宝宝，可她跟大伙一起投入到了两班制的夜间查验中，兢兢业业、勤勤恳恳没有一句怨言，还常开玩笑说自从有了两班制看到的就都是孩子甜甜的睡脸，再也不担心他哭闹了；还有脚患复发坚持上班的副科长张清、放弃年休假毅然投入节日窗口加班的谭泽生……

"我们每个人的工作都是一扇窗口,是企业与海关之间的一座桥梁,我们的工作到位了,国家的优惠政策就能通过我们及时惠及各家企业,能为地方经济发展做些事是我的光荣。"在海关窗口工作了十年的屠列敏说。

资料来源:中国海关总署网

第一节　海关概述

一、我国海关的起源

现在,绝大多数国家都设有海关。在我国,海关是从"关"演变而来的。"关"的原意是"门闩"。据史书记载,我国古代是从西周开始在要道的路口或者险要的地点设立"关"。这种设"关"主要是出于军事或者治安的目的,防止外族入侵,防止间谍混入以及防止奴隶逃亡等等。过关时需要查验有关文件,类似现在的护照或者通行证。当时著名的有"函谷关",即潼关。

西周建立于公元前 11 世纪,当时奴隶制经济已经成熟,商品交换已经得到了相当程度的发展,特别是到了春秋战国时期,由于农业、手工业生产的进一步发展,专业商贾的兴起,各诸侯国之间及与境外各国之间交往的频繁,内外长城的建成,城市的发展以及国家机构和政治制度的进一步完善等多种原因,关卡增多,并开始征收关税。在《左传》《国语》《周礼》《礼记》《仪礼》《管》等古籍中,出现了许多关于"关"和"关市之征"的记录。

我国古代最早设立带有海关性质的机构是在唐代唐玄宗李隆基的时候。开元年间(约公元 600 年),名称叫做"市舶司"。按照现在的观点,"市舶司"开始主要是招揽和管理外商,查验进出口的货物中有无违禁品。主管"市舶司"的长官叫做"提举使",开始由地方长官兼任。后来发现可以收税,就改由皇帝的亲信或者宦官担任。史书记载:"广州刺史自城门一经,得钱三十万。"当时外商主要来自波斯、印度和东南亚国家,所以最早设立"市舶司"是在广州,后来陆续在泉州和明州(宁波)设立。外商在广州靠岸,补充食品和淡水,然后继续北上;中国的船舶出海前也在广州补充食品和淡水,然后出海。当时的安南也向唐朝皇帝申请设立"市舶司",经过批准,在安南的交州(河内)设立了"市舶中司",大约相当于分关。

我国宋朝和元朝沿袭了市舶司制度,宋朝时海关关税收入已经占国家税收的 5% 以上,成为重要的税收来源。

在中国海关发展和演变的过程中,正式使用海关这一名词是在清朝康熙二十四年(公元 1685 年),当时设立江、浙、闽、粤四海关,负责查验进出口货物,征收海关关税。清朝的海关名义上归总理衙门管理,实际操纵在外国人手中。英国人赫德 19 岁来中国,在 1863 年,他被任命为总税务司,并在这个职位上连续干了 48 年。在近半个世纪的漫长岁月里,赫德一直是一个摇摆的"中间人":一方面他是英国等列强的利益捍卫者,竭力为他们在中国的利益最大化努力；另一方面，他也为中国的重振出谋划策。随着对外贸易的扩大，海关在不到20年的时间里成为清朝最重要的经济机构和财政来源之一。

海关在名义上归属总理衙门管辖，但实际上，从人事到运作管理，全部操于洋人之手，海关主权旁落，是清政府无能最突出的证明，也是一个主权国家的耻辱记录。不过具有讽刺意味的是，在萎靡腐败的晚清行政体系中，赫德管理的海关却是最有秩序和效率的一个机构，数十年里很少发生舞弊行为。当时，清朝官员的俸禄很低，主要收入都是依靠职权滥取于民，因而形成无数的官场陋习。海关实行西方的公务员薪金制度，待遇很高，但不能额外支取费用。

然而，清政府直到灭亡，也没有收回关税自主权。一直到1928年的南京国民政府成立，才通过艰难的谈判，把海关税务的征收和保管权收了回来。不过，海关总税务司的职务仍是由英国人和美国人担任，这一情况一直持续到1949年。

新中国成立后，国家成立海关总署，管理全国海关事务。但是各地设立的机构名称不统一，沿海口岸的叫“海关”，非沿海的叫“关”，海关或关之下设有分关和支关。1985年2月18日，海关总署发布通知，取消关、分关和支关的称谓，统一称为“海关”。海关分直属海关和隶属海关，海关总署直接领导的是直属海关；直属海关领导的是隶属海关。海关机构的设立和隶属关系由海关总署规定，不受行政区划限制。

【知识库】

海关关徽的含义

关徽是中华人民共和国海关的专用标志，由商神手杖与金色钥匙交叉组成。商神杖是商神——古希腊神话中赫尔墨斯的手持之物。赫尔墨斯是诸神中的传信使者，兼商业、贸易、利润和发财之神，及管理商旅、畜牧、交通之神。传说赫尔墨斯拿着这支金手杖做买卖很发财。人们便称赫尔墨斯为商神，金手杖也便成了商神杖了。商神杖因此被人们视为商业及国际贸易的象征。钥匙则是祖国交给海关部门的用来把守通关大门的权力，象征海关为祖国把关。关徽寓意着中国海关依法实施进出境监督管理，维护国家的主权和利益，促进对外经济贸易发展和科技文化交往，保障社会主义现代化建设。

资料来源：百度百科

二、我国海关的性质

《海关法》第二条中规定：“中华人民共和国海关是国家的进出关境（以下简称进出境）监督管理机关。海关依照本法和其他有关法律、行政法规，监管进出境的运输工具、货物、行李物品、邮递物品和其他物品（以下简称进出境运输工具、货物、物品），征收关税和其他税费，查缉走私，并编制海关统计和办理其他海关业务。”以法律形式明确了中华人民共和国海关是国家行政监督管理机关。

(一)国家行政机关

海关是国务院的直属机构,从属于国家行政管理体制,是代表国家专门在进出关境环节对运输工具、货物、物品实施监督管理的政府机关。

(二)国家进出境监督管理机关

中国海关实施监督管理的地域范围是中华人民共和国关境,实施监督管理的对象是所有进出关境运输工具、货物、物品的活动。

(三)行政执法部门

海关的监督管理是行政执法活动,有明确的行政执法依据,包括《中华人民共和国海关法》,其他全国性的法律、行政法规,海关总署制定的行政规章,我国参与签署的国际公约。

三、海关的基本任务

根据《海关法》的规定,海关有监管、征税、查缉走私和编制海关统计四项基本任务。

(一)海关监管

海关监管是海关的基本任务,海关其他任务都是从海关监管产生的。海关监管是指海关运用国家赋予的权力,通过一系列管理制度与管理程序,依法对进出境运输工具、货物、物品及相关人员的进出境活动,使用不同管理制度而采取的一种行政管理行为。海关监管是一项国家职能,其目的在于保证一切进出境活动符合国家政策和法律的规范,维护国家主权和利益。

海关监管分为进出境货物监管、物品监管和运输工具监管三大体系,每个体系都有一套规范的管理程序和方法。进出境物品和货物的区别在于其是否具有贸易交换性质,具有贸易性质的称之为货物,不具有的称之为物品。海关通过审单、查验、核销、放行等方式对进出境运输工具、货物、物品的进出境活动实施监管,也执行或监督国家其他对外贸易管理制度的实施,如进出口许可证制度、外汇管理制度、进出口商品检验检疫制度、文物出口管理制度等,从而在政治、经济、文化道德、公众健康等方面维护国家利益。

(二)海关征税

征税是海关的重要任务之一。海关主要征收关税和其他税费,其中"关税"是指由海关代表国家,按照《海关法》和进出口税则,对准许进出口的货物、进出境的物品征收的一种间接税。"其他税费"指海关在货物进出口环节,依法征收的有关税费,目前主要有增值税、消费税、船舶吨税及海关监管手续费等。其中增值税、消费税、船舶吨税属于海关代征的进口环节税。

(三)海关缉私

走私是指违反《海关法》及有关法律、行政法规,逃避海关监管,偷逃应纳税款、逃避国家有关进出境的禁止性或者限制性管理,非法运输、携带、邮寄国家禁止、限制进出口或者依法应当缴纳税款的货物、物品进出境，或者未经海关许可并且未缴应纳税款、交验有关许可证件，擅自将保税货物、特定减免税货物以及其他海关监管货物、物品、进境的境外运输工具在境内销售的行为。走私是伴随着进出境活动的发展和国家管理上的限制而产生的一种非法行为。对于这些违反海关法及有关法律法规的规定，海关监管的对象不向海关申报，逃避海关监管的，构成走私行为的，或走私行为严重而构成走私犯罪的，海关要依法进行查缉和打击，处罚直至提交司法处理，这就是海关缉私。我国社会、经济、文化、道德等方面原因使得有些地区走私形势严峻，因此查缉走私成为当前海关的主要任务之一。

《海关法》第五条明确了海关打击走私的主导地位和作用，海关是打击走私的主管机关，其规定内容为“国家实行联合缉私、统一处理、综合治理的缉私体制。海关负责组织、协调、管理查缉走私工作”。为了强化海关缉私的职能，《海关法》第四条规定内容为“国家在海关总署设立专门侦查走私犯罪的公安机构，配备专职缉私警察，负责对其管辖的走私犯罪案件的侦查、拘留、执行逮捕、预审”。海关侦查走私犯罪，公安机构可专门打击走私犯罪，依法查缉涉税走私案件和走私武器、弹药、核材料、伪币、文物、贵金属、珍稀动植物及其制品、淫秽物品、毒品等非涉税走私犯罪案件。

（四）海关统计

海关统计是法律赋予海关的四大任务之一，是国家经济统计的重要组成部分，统计数据可以单独对外发布。海关统计是以实际进出口货物作业统计和分析的对象，通过搜集、整理、加工处理进出口货物报关单或经海关核准的其他申报单证，对进出口货物的不同指标分别进行统计和分析，全面准确地反映对外贸易的运行态势，及时提供统计信息和咨询，实施有效的统计监督和开展国际贸易统计的交流和合作，促进对外贸易的发展，为国家制定对外经济贸易政策和进行宏观调控提供重要的依据。

随着社会主义市场经济体制的建立，海关统计在国家宏观经济调控、贸易政策措施的制定与实施以及海关科学管理中发挥着日益重要的作用。当前海关统计承担着“对进出口货物贸易进行统计调查、统计分析和统计监督，进行进出口监测预警，编制、管理和公布海关统计资料，提供统计服务”的任务。

为了加强各国编制的贸易统计资料的可比性，联合国对海关统计的范围划分为：列入贸易统计的货物、不列入贸易统计的货物以及可列入或可不列入统计但应单独记录的货物三种情况。我国海关统计范围分为列入贸易统计的货物、不列入贸易统计的货物和单项统计货物三大类。我国海关总署按月向社会发布我国对外贸易基本统计数据，定期向联合国统计局、国际货币基金组织、世界贸易组织及其他有关国际机构报送中国对外贸易的月度和年度统计数据，目前数据发布的及时性，居世界领先地位。

除了这四项基本任务以外，近几年来国家通过有关法律、行政法规赋予了海关一些新的职责，比如知识产权海关保护、海关对反倾销及反补贴的调查等，这些新的职责也是海关的任务。

四、海关的权力

国家为保证海关依法履行职责,通过《海关法》和其他法律、行政法规赋予海关对进出境运输工具、货物、物品的监督管理权力。海关的权力是一种行政权,其权力由法律赋予,只能用于运输工具、货物和物品进出境的特定环节,海关的权力只能由海关实施。

(一)海关的权力范围

1. 检查权

如表1.1所示,海关有权检查进出境运输工具;检查有走私嫌疑的运输工具和有藏匿走私货物、物品嫌疑的场所;检查走私嫌疑人的身体。

海关对进出境运输工具的检查不受海关监管区域的限制;对走私嫌疑人身体的检查,应在海关监管区和海关附近沿海沿边规定地区内进行;对于有走私嫌疑的运输工具和有藏匿走私货物、物品嫌疑的场所,在海关监管区和海关附近沿海沿边规定地区内,海关人员可直接检查,超出这个范围,在调查走私案件时,须经直属海关关长或者其授权的隶属海关关长批准,才能进行检查,但不能检查公民住处。

表1.1　海关检查权对比表

<table>
<tr><th>对象</th><th>区域</th><th>检查权的行使</th></tr>
<tr><td rowspan="2">进出境运输工具</td><td>“两区”内</td><td rowspan="2">可直接检查</td></tr>
<tr><td>“两区”外</td></tr>
<tr><td rowspan="2">有走私嫌疑的运输工具</td><td>“两区”内</td><td>可直接检查</td></tr>
<tr><td>“两区”外</td><td>经直属海关关长或其授权的隶属海关关长批准方可检查</td></tr>
<tr><td rowspan="2">有藏匿走私货物、物品嫌疑的场所</td><td>“两区”内</td><td>可直接检查</td></tr>
<tr><td>“两区”外</td><td>①在调查走私案件,经直属海关关长的批准或其授权的隶属海关关长批准方可检查
②不能检查公民住处</td></tr>
<tr><td rowspan="2">走私嫌疑人</td><td>“两区”内</td><td>可直接检查</td></tr>
<tr><td>“两区”外</td><td>不能行使</td></tr>
</table>

2. 查阅、复制权

海关依法有权查阅进出境人员的证件,查阅、复制与进出境运输工具、货物、物品有关的合同、发票、账册、单据、记录、文件、业务函电、录音录像制品和其他资料。

3. 查问权

海关有权对违反《海关法》或者其他有关法律、行政法规的嫌疑人进行查问,调查其违法行为。

4. 查验权

海关依法有权查验进出境货物、个人携带进出境的行李物品、邮寄进出境的物品。海关查验货物认为必要时,可以径行提取货样。

5. 查询权

海关在调查走私案件时,经直属海关关长或者其授权的隶属海关关长批准,可以查询案件涉嫌单位和涉嫌人员在金融机构、邮政企业的存款、汇款。

6. 稽查权

海关在法律规定的年限内,对企业进出境活动及进出口货物有关的账务、记账凭证、单证资料等有权进行稽查。

7. 扣留权

对违反《海关法》或者其他有关法律、行政法规的进出境运输工具、货物和物品以及与之有关的合同、发票、账册、单据、记录、文件、业务函电、录音录像制品和其他资料,可以扣留。

在海关监管区和海关附近沿海沿边规定地区,对有走私嫌疑的运输工具、货物、物品和走私犯罪嫌疑人,经直属海关关长或者其授权的隶属海关关长批准,可以扣留;对走私犯罪嫌疑人,扣留时间不超过24小时,在特殊情况下可以延长至48小时。在海关监管区和海关附近沿海沿边规定地区以外,对其中有证据证明有走私嫌疑的运输工具、货物、物品,可以扣留。海关对查获的走私罪案件,应扣留走私罪嫌疑人,移送走私犯罪侦察机构。

8. 连续追击权

对违抗海关监管逃逸的进出境运输工具或个人连续追至海关监管区和海关附近沿海沿边规定地区以外,将其带回处理。

9. 行政处罚权

对尚未构成走私罪的违法当事人处以行政处罚。包括对走私货物、物品及违法所得处以没收,对有走私行为和违反海关监管规定行为的当事人处以罚款,对有违法情事的报关企业和报关员处以暂停或取消报关资格。

10. 佩带和使用武器权

海关为履行职责,可以配备武器。海关工作人员佩带和使用武器的规定,由海关总署会同公安部制定,报国务院批准。使用范围为执行缉私任务时,使用对象为走私分子和走私嫌疑人。使用条件必须是在不能制服被追缉逃跑的走私团体或遭遇武装掩护走私,不能制止以暴力掠夺查扣的走私货物、物品和其他物品,以及以暴力抗拒检查、抢夺武器和警械、威胁海关工作人员生命安全非开枪不能自卫时。

11. 强制执行权

强制执行权是在有关当事人不依法履行义务的前提下,为实现海关的有效行政管理,按照法定程序,采取法定的强制手段,迫使当事人履行法定义务。海关的强制执行权包括强制扣税、强制履行海关处罚决定等。

(二)海关权力的特点

1. 特定性

海关享有对进出关境活动进行监督管理的行政主体资格,具有对进出关境的监督管理权。其他任何机关、团体、个人都不具备行使海关权力的资格,不拥有这种权力。同时,这种权力只适用于进出关境监督管理领域,而不能作用于其他场合。通俗地讲,这种特定主要表现为“特定的机构”即海关,“特定的场合” 即进出关境监督管理领域。

2. 独立性

海关拥有自身组织系统上的独立性和依法行使职权的独立性。《海关法》第三条规定:“海关依法独立行使职权,向海关总署负责。”这不仅明确了我国海关的垂直领导管理体制,也表明海关行使职权只对法律和上级海关负责,不受地方政府、其他机关、企事业单位或个人的干预。

3. 效力先定性

海关行政行为一经做出,就应推定其符合法律规定,对海关本身和海关管理相对人都具有约束力。在没有被国家有权机关宣布为违法和无效之前,即使管理相对人认为海关行政行为侵犯其合法权益,也必须遵守和服从。

4. 优益性

海关在行使行政职权时,依法享有一定的行政优先权和行政受益权。行政优先权是国家为保障海关有效地行使职权而赋予海关的职务上的优先条件。行政受益权是海关享受国家所提供的各种物质优益条件。

(三)海关权力行使的基本原则

海关权力作为国家行政权的一部分,其运行起到了维护国家利益、维护经济秩序、实现国家权能的积极作用。但由于客观上海关权力的广泛性、自由裁量权较大等因素,以及海关执法者主观方面的原因,使其随意或者滥用会导致管理相对人的合法权益受到侵害,对行政法治构成威胁,因此海关权力的行使必须遵循一定的原则。一般来说,海关权力行使应遵循的基本原则如下:

1. 合法原则

权力的行使要合法,这是行政法的基本原则——依法行政原则的基本要求。按照行政法理论,行政权力行使的合法性至少包括:行使行政权力的主体资格合法,即行使权力的主体必须有法律授权;行使权力必须以法律规范为依据;行使权力的方法、手段、步骤、时限等程序应合法;一切行政违法主体(包括海关及管理相对人)都应承担相应的法律责任。

2. 适当原则

行政权力的适当原则是指权力的行使应该以公平性、合理性为基础,以正义性为目标。海关关员可以根据具体情况和自己的意志,自行判断和选择,采取最合适的行为方式及其内容来行使职权。适当原则是海关行使行政权力的重要原则之一。目前主要通过行政复议程序和行政诉讼程序两个法律途径对海关自由量裁权分别进行行政监督和法律监督。

3. 依法独立行使原则

海关实行高度集中统一的管理体制和垂直领导方式，各级海关只对海关总署负责。海关无论级别高低，都是代表国家行使管理权的国家机关。海关依法独立行使职权。

4. 依法受到保障原则

海关权力是国家权力的一种，应受到保障，才能实现国家权能的作用。海关依法执行职务，有关单位和个人应当如实回答询问，并予以配合，任何单位和个人不得阻挠；海关执行职务受到暴力抗拒时，执行有关任务的公安机关和人民武装警察部队应当予以协助。

（四）海关权力的监督

海关权力的监督即海关执法监督，是指特定的监督主体依法对海关行政机关及其执法人员的行政执法活动实施的具有法律效力的监察、督促行为。为确保海关权力在法定范围内运行，能够严格依法行政，保证国家法律、法规得以正确实施，同时也使当事人的合法权益得到有效保护，《海关法》专门设立“执法监督”一章，对海关行政执法实施监督。海关履行职责，依照法定职权和法定程序严格执法，接受监督，是海关的一项法定义务。

海关执法监督主要指国家最高权力机关的监督、国家最高行政机关的监督、监察机关的监督、审计机关的监督、司法机关的监督、管理相对人的监督、社会监督（舆论监督）以及海关上下级机构之间的相互监督、机关内部不同部门之间的相互监督、工作人员之间的相互监督等。

五、海关机构与管理体制

海关机构是国务院根据国家改革开放的形势以及经济发展战略的需要，依照海关法律而设立的。改革开放以来，随着我国对外经济贸易和科技文化交流与合作的发展，海关机构不断扩大，机构的设立从沿海沿边口岸扩大到内陆和沿江、沿边海关业务集中的地点，并形成了集中统一管理的垂直领导体制。这种领导体制对于海关从全局出发，坚决贯彻执行党的路线、方针、政策和国家的法律、法规以及贯彻海关“依法行政、为国把关、服务经济、促进发展”的工作方针提供了保证。

海关作为国家的进出境监督管理机关，为了履行其进出境监督管理职能，提高管理效率、维持正常的管理秩序，必须建立完善的领导体制。新中国成立以来，海关的领导体制几经变更。1987 年 1 月，第六届全国人民代表大会常务委员会第 19 次会议通过的《海关法》规定：“国务院设立海关总署，统一管理全国海关”，“海关依法独立行使职权，向海关总署负责”，“海关的隶属关系，不受行政区划的限制”，明确了海关总署作为国务院直属部门的地位，进一步明确了海关机构的隶属关系，把海关集中统一垂直领导体制以法律的形式确立下来。海关集中统一垂直领导体制既适应国家改革开放、社会主义现代化建设的需要，也适应海关自身建设发展的需要，有力地保证了海关各项监督管理职能的实施。

目前，我国海关的最高管理机构是海关总署，是国务院下属的正部级直属机构，统一管理全国海关。海关总署现有18个内设部门、8个在京直属企事业单位，管理4个社会团体（海关学会、报关协会、口岸协会、保税区出口加工区协会），并在欧盟、俄罗斯、美国、香港等派驻海关机构。中央纪委在海关总署派驻纪检组。全国海关目前共有47个直属海关单位（广东分署，天津、上海特派办，42个直属海关，2所海关院校），742个隶属海关和办事处（含现场业务处）。中国海关现有关员（含海关缉私警察）近6万人。中国海关实行关衔制度，关衔设五等十三级。分别为一等：海关总监、海关副总监；二等：关务监督（一级、二级、三级）；三等：关务督察（一级、二级、三级）；四等：关务督办（一级、二级、三级）；五等：关务员（一级、二级）。十三届全国人大一次会议审议通过的《国务院机构改革方案》明确"原国家质量监督检验检疫总局的出入境检验检疫管理职责和队伍划入海关总署"。

中国海关不断优化通关模式、监管体系、管理机制和队伍素质。在通关模式方面，实行以企业守法管理为基础的分类通关，进一步提高通关效率；在监管体系方面，着眼提高海关监督管理整体效能，理顺三级事权，发挥一线监管、后续管理、打击走私等各方面力量的作用，加强与外部的沟通协作，建立起与"大通关"相适应的，综合性、整体性海关大监管体系；在管理机制上，建立起规范有序、运作顺畅、监督有效的工作运行机制，完善海关决策指挥、组织协调、督办落实、考核评估、监督检查、责任追究等管理制度；在队伍素质方面，提升各级领导干部驾驭复杂局面、掌控管理风险和解决实际问题的能力，强化广大关员的责任心、工作技能和抵御风险的能力。

六、海关的设关原则

《海关法》以法律形式明确了海关的设关原则："国家在对外开放的口岸和海关监管业务集中的地点设立海关。海关的隶属关系，不受行政区划的限制。"

对外开放的口岸是指由国务院批准，允许运输工具及所载人员、货物、物品直接出入国（关）境的港口、机场、车站以及允许运输工具、人员、货物、物品出入国（关）境的边境通道。国家规定，在对外开放的口岸必须设置海关、出入境检验检疫机构。

海关监管业务集中的地点是指虽非国务院批准对外开放的口岸，但是海关某类或者某几类监管业务比较集中的地方，如转关运输监管、保税加工监管等。这一设关原则为海关管理从口岸向内地、进而向全关境的转化奠定了基础，同时也为海关业务制度的发展预留了空间。

"海关的隶属关系不受行政区划的限制"，表明了海关管理体制与一般性的行政管理体制的区域划分无必然联系。如果海关监督管理需要，国家可以在现有的行政区划之外考虑和安排海关的上下级关系和海关的相互关系。

七、海关监管的地域范围和对象

（一）海关监管的范围

海关是对进出境货物、运输工具、行李物品、货币、金银等执行监督管理和稽征关税的国家行政机关。海关监管是在进出境这一特定环节上实施的，海关监管的范围应该是与进出有关的场所和地点。依据《海关法》，海关监管的范围主要包括三个方面：

（1）设有海关机构的港口、国界孔道、航空港、车站、国际邮件交换局（交换站）和内地海关业务比较集中的地方。

（2）经国务院或者国务院授权部门批准运输工具、货物和物品进出境的未设立海关的地方。

（3）其他有海关业务的场所。

（二）海关监管的对象

《海关法》第二条规定："海关依照本法和其他有关法律、法规，监督进出境的运输工具、货物、行李物品、邮递物品和其他物品，以及上述货物和物品有关的仓库、场所和国内运输工具。"具体地说，主要包括以下几点：

（1）进出关境的运输工具以及承运进出境货物和物品的国内运输工具。如：经营国际运输的船舶、航空器、火车、汽车以及驮畜，还包括运送进出境货物的管道和线路。

（2）进出口货物和物品。进口货物包括转口输入货物、暂时进口货物、保税货物、捐赠货物等；出口货物包括转口输出货物、暂时出口货物、捐赠货物等；进出口物品包括展览品、广告品等，以及运输工具所用的燃料、物料等。

（3）过境、转运、通运货物。

（4）进出境人员携带、托运的自用和家用物品（包括金银、珠宝、货币、有价证券等）、馈赠物品和职业所需物品，以及进出境运输工具、服务人员携带的自用物品，以及因公经常进出境的邮政、运输机构工作人员、其他有权经常进出国境人员携带的自用物品。

（5）进出境的国际邮递物品。

（6）携带或邮寄的进出境的非贸易性印刷品。

【知识库】

关境与国境

关境是指实施同一海关法规和关税制度的境域，即国家（地区）行使海关主权的执法空间，又称"税境"或"海关境域"。海关合作理事会对关境的定义是"完全实施同一海关法的地区"。一般情况下，关境等于国境。但有些国家关境不等于国境。

国境是指一个国家行使全部主权的国家空间,包括领陆、领海、领空。第二次世界大战后,关税同盟和自由区、自由港大量出现,国境等于关境的原则被突破,国家政治国境和关境有时不完全一致。几个国家结成关税同盟,组成一个共同关境,实施统一的海关法规和关税制度,其成员国的货物在彼此之间的国境进出不征收关税,此时关境大于其成员国的各自国境。自由港、自由区虽在国境之内,但从征收关税看,它可以被视为在该国境之外,进出自由港(区)可以免征关税,此时关境小于国境。针对原为殖民地的国家或地区,《关税及贸易总协定》第24条规定,经其宗主国的统一并用发表声明和证实等方法,可以单独成为《关税及贸易总协定》一个成员。此条对关境定义为:在对外贸易方面独立实行关税和贸易管理制度的地区,即所谓的单独关境。

资料来源:百度百科

八、海关法

海关法指关于海关管理进出口和征收关税、查缉走私、编制海关统计和办理其他海关业务的法律规范的总称。海关法的内容一般包括:海关的任务和职责、关税制度、进出口监管、对违章和走私行为的处罚、海关权利等。新中国第一部海关法制定于1951年,后来经过多次修订,现在执行的海关法是2000年修订的版本。

在我国海关法的发展历程中,第一部独立自主的海关法是1951年5月1日起施行的《中华人民共和国暂行海关法》。1987年1月22日通过,自1987年7月1日起施行的《中华人民共和国海关法》共7章,主要内容有:①海关的任务是依法监管进出境的运输工具、货物、行李物品、邮递物品和其他物品,征收关税和其他税费,查缉走私、编制海关统计和办理其他海关业务。②进出国境货运的监管和转运货物的监管。规定货物进出国境的验放办法,货物承运人和保管人对海关应负的责任等。③进出口货物的报验、征税、保管和放行,规定货物的收发货人及其代理人报关、纳税以及货物保管人的责任。④走私和违章案件及其处理。

海关法律体系由逐步建立走向日趋完善,1987年6月30日中华人民共和国国务院批准《中华人民共和国海关法行政处罚实施细则》,对走私行为和违反海关监管规定的行为和处罚做了更详细的规定;国务院1985年3月7日发布了《中华人民共和国进出口关税条例》;1989年8月28日批准《海关对我国人员进出境行李物品的管理规定》等条例。

2000年7月8日第九届全国人民代表大会常务委员会第十六次会议《关于修改〈中华人民共和国海关法〉的决定》对海关法进行修正。2001年1月1日,《中华人民共和国海关法》修正案正式开始施行。2013年6月29日第十二届全国人民代表大会常务委员会第三次会议进行第二次修订,现行《海关法》为2013版。

第二节　报关概述

一、报关的含义

报关是指进出口货物收发货人、进出境运输工具负责人、进出境物品的所有人或者他们的代理人向海关办理货物、运输工具、物品进出境手续及相关的各项海关事务的过程。进出口货物收发货人、进出境运输工具负责人、进出境物品的所有人或者他们的代理人是报关行为的承担者，是报关的主体；进出境货物、运输工具和物品是报关的对象；办理货物、运输工具和物品进出境手续及相关的各项海关事务是报关的内容。

通俗地讲，报关就是所有的货物、运输工具和物品在进出境时都要向海关报告并按国家规定办理进出境的手续及相关的海关事务，也就是由谁办理、需要办理什么手续和事务以及如何办理等相关内容构成。

二、报关的范围

按照我国《海关法》的有关规定，所有进出境的运输工具、货物和物品都需要向海关办理报关手续。因此，报关的范围包括：进出境运输工具、进出境货物、进出境物品。

（一）进出境运输工具

进出境运输工具主要是指用来载运进出境人员、货物、物品的，并在国际间运营的各种境内或境外船舶、车辆、航空器、驮畜和其他运输工具。

（二）进出境货物

按照货物进出境的目的不同，进出境货物主要包括：一般进出口货物；保税货物；暂时（准）进出境货物；特定减免税进出口货物；过境、转运和通运货物；其他进出境货物。

另外，一些特殊形态的货物（如通过电缆、管道输送进出境的水、电、油、气）和无形货物（如附着在货品载体上的软件）也属于报关的对象。

（三）进出境物品

进出境物品是指进出境的行李物品、邮递物品和其他物品，是不以商品交换为目的的标的物，在海关监管中以自用、家用为限。行李物品包括进出境人员携带、托运等方式进出境的物品；邮寄物品包括以邮寄方式进出境的物品；其他物品包括有外交特权和豁免权的外国机构或者人员的公务和自用物品，也包括通过国际快递进出境的部分快件等。

【案例 1.2】

绍兴海关年报关单量首次突破万票

据《绍兴日报》报道,2010 年 11 月 2 日上午 10 点 22 分,浙江佳宝聚酯有限公司报关员来到绍兴海关报关厅,提交一份出口到伊朗的纺织纱线原料的报关单,经审核通过后,这批货物出口申报成功。"这是绍兴海关今年申报的第 1 万票报关单。"绍兴海关监管通关科工作人员称,今年以来,海关报关单量飞速增长,9 月、10 月两个月同期翻番。11 月 2 日首次突破了年报关单量 1 万票大关,创历史新高。

五年内,报关单增加一倍多

长期以来,绍兴绝大部分进出口货物不在绍兴报关,而选择在宁波、上海港口报关。绍兴海关统计显示,虽然绍兴是进出口贸易大市,但 2005 年绍兴海关全年报关单量仅有 4 800 余票,监管的进出口集装箱也只有 1.3 万个左右。绍兴海关有关负责人称,五年之内,海关年报关单量增长了一倍多,主要得益于"属地报关"业务的增长。2006 年,绍兴海关推出了"属地申报,口岸验放"的区域通关模式。绍兴的企业实现了在家门口报关,最大的好处是免去了在口岸和属地两头奔波之苦。但只有海关 A 类信用企业才能申请使用该模式报关,同时受到"口岸清关"惯性思维影响,该模式运行的最初三年,绍兴海关辖区内开通"区域通关"申报模式的 A 类企业只有 284 家。最近两年,绍兴海关加大了对 A 类企业的培育力度,同时越来越多的企业认识到了在家门口报关的便利,开通该模式的企业越来越多。至今年 10 月底,绍兴海关辖区开通"区域通关"模式的 A 类信用企业增加到 650 家。绍兴海关统计显示,今年 1 ~ 10 月份,属地报关同比增长超过 30%,11 月 2 日中午 12 点,报关单量达到了 10 016 票,监管进出口集装箱近 3.3 万个,增长十分明显。

将有利于发展国际物流业

目前,绍兴市还成立了推进国际物流发展领导小组,成员单位包括 13 个相关部门,着力打造绍兴"无水港"、推动绍兴地区作为"杭州湾物流高地"的建设和运作。绍兴海关有关负责人称,年报关单量突破万票,是绍兴海关建关后业务发展的一个里程碑,无论是对绍兴地区进出口业务,还是对绍兴国际物流产业的发展,都有重要意义。业内人士分析,目前,绍兴市的物流产业相对滞后,物流业九成以上被口岸垄断,这与绍兴市进出口业务强劲势头不相匹配,因此,随着政府和企业的共同努力,绍兴市的物流产业将实现规模化、集聚化发展。据了解,今年年底,绍兴海关将启用柯桥中国轻纺城仓储物流中心海关监管点,此外,海关新嵊办事处也将于 2011 年启用。两者将与绍兴市国际物流中心(袍江)相互配合,进一步推动绍兴国际物流体系的建设,届时,绍兴地区将呈现出南北三大物流中心齐头并进的格局。

资料来源:中国海关总署网

三、报关的分类

(一)按报关对象分

1. 进出境运输工具报关

进出境运输工具是货物、人员及其携带物品的进出境载体,其报关主要是向海关直接交验随附的、符合国际商业运输惯例、能反映运输工具进出境的合法性及其所承运货物、物品情况的合法证件、清单和其他运输单证。进出境运输工具报关手续相对来讲较为简单。

2. 进出境货物报关

进出境货物报关是在所有报关中最为重要的，为此，海关根据对进出境各类货物的监管要求，制定了一系列报关管理规范，同时要求必须由具备一定的专业知识技能且经海关核准的专业人员代表报关单位专门办理报关手续，这里所指的专业人员即报关员。进出境货物报关相对来说手续较为复杂。

3. 进出境物品报关

进出境物品是指个人以运输、携带等方式进出境的行李物品、邮寄进出境的物品和其他类型的物品，包括货币、金银等，一般限于自用、合理数量，而非用于出售或出租获利，具有非贸易性质。进出境物品报关手续很简单。

（二）按照报关的原因和目的分

1. 进境报关

进境运输工具负责人、进口货物收货人、进境物品的所有人就其运输工具、货物、物品的进境活动而向海关报关。

2. 出境报关

出境运输工具负责人、出口货物收货人、出境物品的所有人就其运输工具、货物、物品的出境活动而向海关报关。

3. 转关报关

由于运输或其他方面的需要，有些海关监管货物需要办理从一个设关地点运至另一个设关地点的海关手续，在实践中产生了“进口转关”和“出口转关”的需要，因此，转关货物也需要办理相应的转关报关手续。

（三）按照报关活动的实施者不同分

1. 自理报关

进出口货物收发货人自行办理报关手续称为自理报关。按海关法律规定，进出口收发货人必须依法向海关注册登记后方能办理报关业务。

2. 代理报关

代理报关是指接受进出口货物收发货人的委托，代理其办理报关手续的行为。由于进出境货物的报关比较复杂，一些进出口货物收发货人由于经济、时间、地点等方面的原因不能或者不愿意自行办理报关手续，在实践中逐渐形成了为社会提供报关服务的企业，代理他人办理报关手续。我国《海关法》规定：“进出口货物，除另有规定的外，可以由进出口货物收发货人自行办理报关纳税手续，也可以由进出口货物收发货人委托海关准予注册的报关企业办理报关纳税手续。”

四、报关管理制度

(一)报关管理制度的含义

报关管理制度是指海关依法以报关单位及代表报关单位报关的报关员报关资格审定、批准及对其报关行为进行规范和有效管理的业务制度。海关通过对报关的行政管理,确保进出口货物快速通关,维护进出口贸易活动正常秩序。报关管理制度是报关单位及报关员向海关申请办理通关手续的操作规则和行为规范准则。

(二)中国报关管理制度的形成、发展和完善

从我国报关制度的形成和发展看,大致经历了这样几个阶段:

1. 中国报关制度的形成

新中国建立初期,海关曾延续实行过旧中国的报关行制度,但随着国营进出口公司在对外贸易中逐步占据主导地位,开始了外贸公司的自行报关。自1953年开始实行《进出口贸易许可证办法》,海关凭经贸主管部门签发的进出口许可证进行监管,原有部分专业报关行因而失去其存在的价值。

党的十一届三中全会以后,由于我国实行改革开放政策,对外贸易经济成分和经营方式逐渐呈现多元化趋势。1980年起,我国海关应用了新格式的“进口货物报关单”和“出口货物报关单”。1980~1985年上半年,海关对报关单位的确认,主要通过审查其是否具有经国家经济贸易主管部门批准的进出口经营权。由于进出口贸易都是根据国家下达的计划任务来执行的,走私和违反海关规章的行为极少发生,海关对报关单位及报关人员在法律上没有特别的规定和要求。

1985年前后,随着利用外资、引进先进技术和国外先进管理经验政策的进一步推行,“三来一补”“外商投资”等灵活而又有利于我国经济建设发展的贸易方式开展得很活跃,大批的非外贸专业公司、企业的报关人员加入到进出口报关业务的行列,使我国形成一支多经营成分、多贸易方式企业组合的庞大报关大军。为适应当时对外经济贸易发展的形势,海关总署于1985年7月制定了《中华人民共和国海关对报关单位实施注册登记制度的管理规定》,我国海关有了一个较为完善的全国统一的报关制度的法律规定,这是我国海关报关制度形成的重要标志,也是海关对报关单位和报关人员规范化和制度化管理的具体体现。

2. 中国报关制度的发展

1987年7月1日,《中华人民共和国海关法》颁布实施,首次以法律形式明确了海关的性质,即海关是我国进出关境监督管理机关,进出关境的活动是中国海关监督管理的范围。同时也首次以法律的形式对报关注册登记、报关企业、代理报关企业、报关员作出了规定,为我国报关管理制度的完善发展提供了坚实的法律基础。

海关于1992年9月制定了《海关对报关单位和报关员管理规定》,它的指导思想明确提

出报关制度的改革方向是报关专业化、社会化和网络化；支持、鼓励和扶植专业报关企业；逐步形成了专业报关、代理报关和自理报关并存的报关制度。

1994 年 10 月 24 日，海关总署发布了《中华人民共和国海关对专业报关企业的管理规定》；1995 年 7 月，颁布了《中华人民共和国海关对代理报关企业的管理规定》。这标志着我国决心参照国际上其他国家海关报关的通行做法，大力培育和发展专业报关行或报关公司，走报关专业化、社会化的道路。

1997 年海关总署发布了《中华人民共和国海关对报关员管理规定》和《报关员资格全国统一考试暂行规定》，并分别于 1997 年 6 月 1 日和 7 月 1 日起实施。这一制度是我国报关管理制度的一项重要改革，是提高报关质量和提高企业经济效益的一项重要措施。2001 年 1 月 1 日起，新修订的《海关法》使我国报关管理更加适应外贸体制的改革与中国加入 WTO 的要求，标志着我国报关管理制度走向完善。

2002 年，中国报关协会成立，它是经海关批准从事报关的企业和个人自愿结成的非营利性质的具有法人资格的全国性行业自律组织，它也是我国唯一的全国性报关行业组织。报关协会的成立将有助于规范报关市场秩序，从而促进我国对外贸易的发展。

3. 报关制度的完善

随着《海关法》的修订，以及《对外贸易法》和《行政许可法》的颁布实施，原有的报关单位注册登记管理制度在很多方面已明显不适应新的形势。海关总署颁布了《中华人民共和国海关对报关单位注册登记管理规定》，并于 2005 年 6 月 1 日起实施。

修改的主要内容有：报关企业可以采取多种经营形式；报关企业注册登记实行许可制；报关企业设立的条件；进出口货物收发货人注册登记；取消企业年检，代之以许可延续或换证。

【知识库】

中国报关协会

中国报关协会（China Customs Brokers Association，简称 CCBA），于 2002 年 12 月 11 日成立，是由中华人民共和国民政部注册，由经海关批准的从事报关的企业、地方报关协会、报关单位和个人自愿结成的非营利性质的具有法人资格的全国性行业组织。

中国报关协会是中国唯一的全国性报关行业组织，协会成员包括报关企业、进出口货物收发货人及其报关员。

中国报关协会受民政部和海关总署双重管理，其登记管理机关为民政部，业务主管单位为海关总署。

中国报关协会的宗旨是配合政府部门加强对我国报关行业的管理，维护、改善报关市场的经营秩序，促进会员间的交流与合作，依法代表本行业利益，保护会员的合法权益，促进我国报关服务行业的健康发展。

资料来源：百度百科

（三）国际报关制度

第二次世界大战后，在关贸总协定和世贸组织的作用下，国际贸易规则逐步趋向开放和统一,在海关制度及其报关管理方面则体现为《京都公约》的诞生。

《京都公约》的签订是基于海关合作理事会考虑到西方各贸易大国都已加入该组织,认为加强各国间的贸易往来和国际合作,能使各国从中得到利益,但由于各国海关制度的纷繁,阻碍国际贸易及其他形式的国际交流,如将海关业务制度简化和协调,定能对发展国际贸易作出贡献。因此,有必要制定一项国际性文件,并使各国付诸实践,从而逐步实现海关业务制度的高度简化和协调。中国于 1988 年 5 月 29 日交存加入书,同年 8 月 29 日正式生效。

由于《京都公约》是按照《维也纳条约法公约》制定的一项国际法律文件,按照国际法优于国内法的原则,加入公约就意味着我们必须履行公约所规定的各项义务,即主约、总附约的全部条款、我国接受的专项附约(或其中某些章)中的标准条款和未作出保留的建议条款对我们都是有强制性约束力的。其中一些规定对我国法律制度的影响同样涉及海关法律、法规和规章三个层次,所以,我们对国际公约的研究应当围绕公约及国内立法的这三个层次来进行,提出问题,进行对比研究,找出解决问题的最佳方案。比如,公约有关因故复运出境和复运进境的货物已征关税问题的规定与我国现行的《关税条例》的规定是冲突的,如何解决这一冲突是我们必须考虑的问题,以使我们的国内立法与公约规定一致起来,这也是我们必须履行的义务。

【知识库】

《京都公约》介绍

《京都公约》即《关于简化和协调海关业务制度的国际公约》(International Convention on the Simplification and Harmonization of Customs Procedures),由海关合作理事会 1973 年 5 月 18 日在日本京都召开的第 41/42 届年会上通过,1974 年 9 月 25 日生效。1999 年 6 月 26 日,海关合作理事会在布鲁塞尔通过了《关于简化和协调海关制度的国际公约修正案议定书》(Protocol of the Amendment to the International Convention on the Simplification and Harmonized of Customs Procedures)。

《京都公约》是海关合作理事会在简化和协调各国海关手续方面较为系统和全面的一个国际文件,由主要约和附约两部分组成。附约有 30 个,称为《京都公约附约》,供各国分别签署参加实施。每个附约涉及一项海关业务,附约中提出的“标准条款”为简化和协调该项海关业务制度必须普遍实施的条款;“建议条款”为促进各国简化和协调海关该项海关业务制度可能广泛实施的条款,签署加入《京都公约》必须至少接受一个附约,并把该公约附约中的原则规定转换成本国立法加以实施。这些原则规定为各国海关业务制度的简化和统一作出了规范,已经成为各国海关制度的通常做法。

资料来源:百度百科

本章小结

1. 中华人民共和国海关是国家的进出关境(以下简称进出境)监督管理机关。海关依照本法和其他有关法律、行政法规,监管进出境的运输工具、货物、行李物品、邮递物品和其他物品(以下简称进出境运输工具、货物、物品),征收关税和其他税费,查缉走私,并编制海关统计和办理其他海关业务。

2. 海关的基本任务有海关监管、海关征税、海关缉私、海关统计。

3. 海关的权力是一种行政权，其权力由法律赋予，只能用于运输工具、货物和物品进出境的特定环节，只能由海关实施。主要包括行政许可权、税费征收权、监督检查权、行政强制权、佩带和使用武器权、其他行政处理权等。

4. 报关是指进出境货物的收发货人或其代理人、进出境物品的所有人以及进出境运输工具的负责人，在货物、物品、运输工具通过海关监管口岸时，按照海关规定进行申报并办理有关进出境手续的过程。

5. 报关的分类有：按报关对象分进出境运输工具报关、进出境货物报关和进出境物品报关；按照报关的原因和目的分进境报关、出境报关和转关报关；按照报关活动的实施者不同分自理报关和代理报关。

自　测　题

一、不定项选择题

1. 下列不属于海关任务的一项是(　　)。

A. 监督管理　　B. 征税　　C. 查缉走私　　D. 佩戴武器

2. 海关行使下列哪项权力时需经直属海关关长或其授权的隶属海关关长的审核批准(　　)。

A. 在调查走私案件时，查询案件涉嫌单位和涉嫌人员在金融机构、邮政企业的存款、汇款

B. 在海关监管区和海关附近沿海沿边规定地区，检查走私嫌疑人的身体

C. 检查有走私嫌疑的进出境运输工具

D. 询问被稽查人的法定代表人、主要负责人员和其他有关人员与进出口活动有关的情况和问题

3. 根据我国"联合缉私、统一处理、综合治理"的缉私体制，以下不具有查缉走私权力的单位是(　　)。

A. 海关　　B. 公安部门　　C. 税务部门　　D. 检察部门

4. 一国国境内设有自由港、自由贸易区等经济区，这时，该国(　　)。

A. 关境大于国境　　B. 关境小于国境　　C. 关境等于国境　　D. 以上情况都可能

5.《中华人民共和国海关法》是(　　)实施的。

A. 1987 年 1 月 22 日　　B. 1987 年 7 月 1 日

C. 1987 年 1 月 23 日　　D. 1988 年 1 月 23 日

6. 中国报关协会的英文简称是(　　)。

A. CBA　　B. CCBA　　C. CCBF　　D. CCBC

7. 报关是指进出境运输工具的负责人、进出境物品的所有人、进出口货物的收发货人或其代理人向(　　)办理进出境手续的全过程。

A. 边检　　B. 海关　　C. 进出境商品检验检疫局　　D. 外经部门

8. 根据《海关法》的规定(　　)是海关对进出境物品监管的基本原则,也是对进出境物品报关的基本要求。

A. 合理在境内使用原则　　B. 合法进出境原则

C. 自用合理数量原则　　D. 不在转让原则

9. 海关的设关原则(　　)。

A. 对外开放口岸　　B. 海关监管业务集中的地点

C. 人口多的地方　　D. 边境

10. 下列各项属于海关权利的一项是(　　)。

A. 征收进口关税　　B. 监管进出境货物

C. 佩带武器　　D. 查缉走私

11. 海关行驶下列哪项权利时需经过关长批准(　　)。

A. 在两区内检查走私嫌疑人的身体　　B. 查阅相关文件

C. 在两区外检查有走私嫌疑的运输工具　　D. 复制相关资料

二、判断题

1. 海关是指设在沿海口岸的关口。(　　)

2. 我国海关现行的领导体制是垂直领导体制。(　　)

3. 海关统计是国家进出口货物统计,是国民经济统计的组成部分。(　　)

4. 目前,设立在沿海口岸的海关机构称为"海关",设立在陆路边境以及内陆的海关机构称为"关","海关"或"关"下设分关、支关。(　　)

5. 我国海关机构的隶属关系由海关总署根据需要确定,不受行政区划的限制。(　　)

6. "单"、"证"、"货"相符,是海关确认货物合法进出口的必要条件。(　　)

7. 中国海关对运输工具的检查不受海关监管区域的限制。(　　)

8. 中国海关是对所有进出境的运输工具、货物和物品进行监督管理的机关。(　　)

9. 海关税收是国家财政收入的主要来源之一。(　　)

10. 海关是国家进出国境的监督管理机关。(　　)

三、简答题

1. 简述报关的概念、范围及分类。

2. 简述海关的性质及任务。

3. 简述海关的权力。

4. 简述海关的设关原则。

四、案例分析

据"珠海新闻网"报道,截至10月25日,拱北海关2010年税收入库100.36亿元,其中关税入库16.29亿元,进口环节税实际入库84.07亿元,这是拱北海关建关以来税收历史上首次突破"百亿"元大关,再创历史新高。

2010 年拱北海关税收增长与我国经济形势整体向好密不可分，珠海经济社会发展也是其中重要因素。据介绍，拱北关区 2010 年以来进口持续增加，为税收增长提供了保障，1 ~9 月征税商品共 3 728 项，较去年同期增加 251 项；税款超千万元的商品共 148 项，征收税款 64. 27 亿元，占 1 ~9 月征收税款总数的 69% 。

据了解，随着珠海市近年来实施“东部大转型、西部大开发”和“以港立市”战略的不断推进，以及打造广东现代重化工产业基地目标的提出，高栏港区重化工产业迅速发展。2010 年以来，“对二甲苯”成为拱北关区的主要税源商品之一，征收税款 3. 66 亿元；“其他芳烃混合物”和“润滑油基础油”两项分别增收 2. 09 亿元和 1. 36 亿元，同比分别增长 13 倍和 12 倍，成为税收增长幅度最大的税源商品。

壳牌（珠海）润滑油有限公司是荷兰壳牌在中国投资的生产规模最大的一家润滑油调配厂，该公司今年进口的润滑油基础油近 53 000 吨，纳税 1. 47 亿元，同比增长 10 多倍。公司报关主管江波告诉记者，由于拱北海关实行预归类、预审价政策，货物实际到港前就可以提前在海关办理好归类、审价、送检等一系列工作，加上拱北海关预约加班通关服务，企业的货物可以随到随报关，不仅为企业节约了通关成本，提高了通关速度，重要的是增强了企业进出口的积极性，推动了企业整体的生产速度。

另据介绍，为了稳定传统税源，开拓税收新的增长点，近年来，拱北海关不断在优化监管、服务企业上下功夫，对诚信守法企业通过事前预归类、预审价和事后核查方式实现把关职责，在现场实现电子自动审结、自动征税、自动验放的直通式通关模式，达到效率与质量、把关与服务的统一，实现税收征管的良性循环。2010 年 1 ~9 月，关区 12 家企业上调为 AA 类企业，65 家上调为 A 类企业。通关环境优化了，企业进口的货物多了，海关税收自然也会水涨船高。

拱北海关还采取政策宣讲、提前介入、主动扶持、全程跟踪等服务措施，帮助大型加工贸易企业顺利内销、实现转型升级。2009 年博世安保公司的内销征税仅有 4 万元人民币，而 2010 年的前 9 个月，该公司内销征税共缴纳税款 1 311 万元，同比增长 327 倍。

问题：

上述案例体现了海关的哪些基本任务或权利？

第二章

Chapter 2

报关单位与报关人员

【学习要点及目标】

通过本章学习，使学生理解报关单位的概念，掌握报关单位的类型，了解报关单位的注册登记制度，报关单位的报关地点，掌握报关单位在实施报关行为时遵守的行为规范；掌握报关活动相关人的法律责任问题。

【引导案例】

2013年10月12日，海关总署第54号公告决定"改革现行报关从业人员资格管理制度，取消报关员资格核准审批，对报关人员从业不再设置门槛和准入条件。今后，报关从业人员由企业自主聘用。"从2014年起，海关总署不再组织报关员资格全国统一考试。报关员资格证考试取消了，是彻底不再考了，还是变换主考和发证单位，是消亡还是延续？有关人士认为，报关员资格证考试取消了，进出口报关并没有取消。进出口业务逐年增大，报关业务一如既往，通关业务的规范性标准只会加强不会减弱，更不会混乱到流于形式，海关不再管谁来填单报关，对单据和业务中的错误不会放宽要求。不懂报关业务的干不了这行，企业不敢聘用你。任何行业都需要操作的规范。海关总署取消了报关员资格证考试，并不是要回归混乱，而是要简政放权，由国家强制公民该如何做变为国家制定标准和规范，管理相对人自己主动达到标准，对懂规范、懂标准的人才的需求是永恒的。这样的人才如何培养，用什么形式培养，如何证明是合格的人才，有待进一步研究。

资料来源：百度文库整理

第一节　报关单位与报关人员

一、报关单位

报关单位，是指按照《中华人民共和国海关报关单位注册登记管理规定》(2014 年 2 月 13 日经海关总署署务会议审议通过并实施）在海关注册登记的报关企业和进出口货物收发货人。《海关法》第十一条规定："进出口货物收发货人、报关企业办理报关手续，必须依法经海关注册登记。"可见只有在海关办理注册登记手续，取得报关权利的境内法人、组织或者个人才能成为报关单位，进行报关活动。报关单位所属人员从事报关业务的，报关单位应当到海关办理备案手续，海关予以核发证明。

海关总署(2018 年第 28 号公告）对企业报关报检资质进行了优化整合，对企业报关报检资质进行了合并，合并范围内的企业既有报关资质，也具有报检资质。

（一）报关单位的类型

《海关法》第九条规定："进出口货物，除另有规定的外，可以由进出口货物收发货人自行办理报关纳税手续，也可以由进出口货物收发货人委托海关准予注册登记的报关企业办理报关纳税手续。"因此我们将报关单位划分为两种类型，即进出口货物收发货人和报关企业。

1. 进出口货物收发货人

进出口货物收发货人，是指依法直接进口或者出口货物的中华人民共和国关境内的法人、其他组织或者个人。我国的进出口货物的收发货人主要有贸易型、生产型、仓储型的企业等，这些企业一般都有进出口经营权，进出口货物收发货人经海关注册登记，取得报关资格后，只能为本企业的进出口货物办理报关纳税等事宜，我们称这些报关单位为自理报关单位。

进出口货物收发货人应当按照规定到所在地海关办理报关单位注册登记手续，凭注册地海关核发的《中华人民共和国海关进出口货物收发货人报关注册登记证书》办理报关业务。进出口货物收发货人在海关办理注册登记后允许其在中华人民共和国关境内各个口岸地或者海关监管业务集中的地点办理本企业的报关业务。自 2018 年起，将检验检疫自理报检企业备案与海关进出口货物收发货人备案，合并为海关进出口货物收发货人备案。企业备案后同时取得报关和报检资质。

进出口货物收发货人具有如下特征：

(1)拥有进出口经营权。

(2)在海关注册后，取得报关的权利。

(3)仅可以为本单位报关。

(4)具有独立的法人资格，需承担相应的法律责任。

其他组织和个人是指境外企业、新闻、经贸机构、文化团体等依法在中国境内设立的常驻代表机构；少量货样进出境的单位；国家机关、学校、科研院所等组织机构；临时接受捐赠、礼品、国际援助的单位；其他可以从事非贸易性进出口活动的单位。

2. 报关企业

报关企业是指按照规定经海关准予注册登记，接受进出口货物收发货人的委托，以进出口货物收发货人的名义或者以自己的名义，向海关办理代理报关业务，从事报关服务的境内企业法人。

我国从事报关服务的报关企业主要有两类：

(1)主营代理报关业务的报关公司或报关行；

(2)经营国际货物运输代理等业务，兼营进出口货物代理报关业务的国际货物运输代理公司等。

自2018年起，将检验检疫代理报检企业备案与海关报关企业(包括海关特殊监管区域双重身份企业)注册登记或者报关企业分支机构备案，合并为海关报关企业注册登记和报关企业分支机构备案。企业注册登记或者企业分支机构备案后，同时取得报关和报检资质。

【知识库】

自理报关单位的范围

①外贸专业进出口总公司及其子公司和所属省、市、自治区级分公司，经批准有进出口经营权的外贸分公司。

②有进出口经营权的工贸公司。

③有进出口经营权或部分经营权的其他全国性和地方性的各类进出口公司。

④有进出口经营权的生产企业、企业联合体、外贸企业和生产企业的联合公司。

⑤信托投资公司、经济技术开发公司、技术引进公司和租赁公司。

⑥中国成套设备出口公司，各地区、各部门的国际经济技术合作公司，对外承包工程公司。

⑦外商投资企业。

⑧免税品公司、友谊商店、外汇商店、侨汇商店。

⑨各类保税工厂、保税仓库，外国商品维修服务中心及其附设的零部件寄售仓库。

⑩经海关认可，直接办理进出口手续的经营对外加工装配和中小型补偿贸易的企业。

资料来源：谢国娥．海关报关实务[M]．上海：华东理工大学出版社，2008

(二)报关单位的注册登记制度

报关注册登记制度是指进出口货物收发货人、报关企业依法向海关提交规定的注册登记申请材料，经注册地海关依法对申请注册登记的材料进行审核，准予其办理报关业务的管理制度。

《海关法》第十一条规定："进出口货物收发货人、报关企业办理报关手续，必须依法经海关注册登记。"第九条规定："进出口货物，除另有规定的外，可以由进出口货物收发货人自行办理报关纳税手续,也可以由进出口货物收发货人委托海关准予注册登记的报关企业办理报关纳税手续。”可见,经海关审查合格符合海关注册登记手续是企业取得报关资格的法定必要条件。

根据《海关法》的规定,可以向海关办理报关注册登记的单位有两类:一是进出口货物收发货人,主要包括依法向国务院对外贸易主管部门或者其委托的机构办理备案登记的对外贸易经营者等;二是报关企业。根据 2014 年 3 月 13 日海关总署第 221 号《中华人民共和国海关报关单位注册登记管理规定》,海关对两类不同性质的报关单位规定了不同的海关注册登记条件。

1. 进出口货物收发货人注册登记

进出口货物收发货人应当按照规定到所在地海关办理报关单位注册登记手续。进出口货物收发货人在海关办理注册登记后可以在全国办理报关业务。

进出口货物收发货人在互联网上办理注册登记或者备案的,应当通过“中国国际贸易单一窗口”标准版“企业资质”子系统填写相关信息,并向海关提交申请。企业申请提交成功后,可以到其所在地海关任一业务现场提交申请材料。

进出口货物收发货人备案需要提交下列材料:营业执照复印件、对外贸易经营者备案登记表(或者外商投资企业批准证书、外商投资企业设立备案回执、外商投资企业变更备案回执)复印件。企业提交的书面申请材料应当加盖企业印章;向海关提交复印件的,应当同时交验原件。

海关在收取企业申请材料后进行审核,审核通过的,予以注册登记或者备案;审核不通过的,应当一次性告知企业需要补正的全部内容。海关将审核结果通过“单一窗口”反馈企业,企业登陆“单一窗口”可以查询注册登记或者备案办理结果。

自 2018 年 4 月 20 日起,海关向注册登记或者备案企业同时核发《中华人民共和国海关报关单位注册登记证书》和《出入境检验检疫报检企业备案表》,相关证书或者备案表加盖海关注册备案专用章。

2. 报关企业注册登记

报关服务作为进出口贸易中重要的中间服务环节,具有很强的专业性和技术性。报关企业作为提供报关服务的企业需要立足报关服务市场,掌握报关服务市场的动态和形式,具备一定的经营规模、完善的组织机构和健全的财务管理制度,充足的报关专业人员和有经验的管理人员。因此,海关对报关企业规定了具体的设立条件,只有符合条件的报关企业才能取得从业报关的资格。报关企业在取得注册登记许可的直属海关关区内从事报关服务。

(1)报关企业注册登记许可

报关企业应当经所在地直属海关或其授权的隶属海关办理注册登记许可后方能办理报关业务。

报关企业具备的条件:具备境内企业法人资格条件;法定代表人无走私记录;无因走私违

法行为被海关撤销注册登记许可记录;有符合从事报关服务所必需的固定经营场所和设施;海关监管所需要的其他条件。

报关企业在互联网上办理注册登记或者备案的,应当通过"中国国际贸易单一窗口"标准版向海关提交申请。企业申请提交成功后,可以到其所在地海关任一业务现场提交申请材料。

报关企业(海关特殊监管区域双重身份企业)申请注册登记需要提交下列材料:注册登记许可申请书、企业法人营业执照复印件、报关服务营业场所所有权证明或者使用权证明。企业提交的书面申请材料应当加盖企业印章;向海关提交复印件的,应当同时交验原件。

海关在收取企业申请材料后进行审核,审核通过的,予以注册登记或者备案;审核不通过的,应当一次性告知企业需要补正的全部内容。海关将审核结果通过"单一窗口"反馈企业,企业登陆"单一窗口"可以查询注册登记或者备案办理结果。

自 2018 年 4 月 20 日起,海关向注册登记或者备案企业同时核发《中华人民共和国海关报关单位注册登记证书》和《出入境检验检疫报检企业备案表》,相关证书或者备案表加盖海关注册备案专用章。

报关企业及其跨关区分支机构。报关企业在取得注册登记许可的直属海关关区外从事报关服务的,应当依法设立分支机构,并且向分支机构所在地海关备案。报关企业在取得注册登记许可的直属海关关区内从事报关服务的,可以设立分支机构,并且向分支机构所在地海关备案。报关企业及其分支机构可以在全国办理进出口报关业务。报关企业对其分支机构的行为承担法律责任。

报关企业办理注册登记许可延续手续,应当在有效期届满 40 日前向海关提出申请,同时提交规定的文件材料。依照海关规定提交复印件的,还应当同时交验原件。报关企业应当在办理注册登记许可延续的同时办理换领《中华人民共和国海关报关单位注册登记证书》手续。

报关企业注册登记许可的撤销。有下列情形之一的,作出注册登记许可决定的直属海关,根据利害关系人的请求或者依据职权,可以撤销注册登记许可:

①海关工作人员滥用职权、玩忽职守作出准予注册登记许可决定的;②超越法定职权作出准予注册登记许可决定的;③违反法定程序作出准予注册登记许可决定的;④对不具备申请资格或者不符合法定条件的申请作出准予注册登记许可决定的;⑤依法可以撤销注册登记许可的其他情形。

被许可人以欺骗、贿赂等不正当手段取得注册登记许可的,应当予以撤销。

海关依照规定撤销注册登记许可,可能对公共利益造成重大损害的,不予撤销。

(2)报关企业注册登记手续

只取得报关资质的企业或者只取得报检资质的代理报检企业,可以通过"单一窗口"在补录信息后,将同时具有报关、报检资质;只取得报检资质的自理报检企业,在补录信息后,还需要向海关提交商务部门的对外贸易经营者备案登记表(或者外商投资企业批准证书、外商投资企业设立备案回执、外商投资企业变更备案回执)复印件,才能同时具有报关、报检资质。

报关企业申请人经直属海关注册登记许可后，应当到工商行政管理部门办理许可经营项目登记，并且自工商行政管理部门登记之日起 90 日内到企业所在地海关办理注册登记手续。逾期，海关不予注册登记。

自 2018 年 10 月 29 日起，企业在互联网上申请办理报关单位注册登记有关业务（含许可、备案、变更、注销）的，可以通过“中国国际贸易单一窗口”标准版“企业资质”子系统或“互联网+海关”“企业管理”子系统填写相关信息，并向海关提交申请。申请提交成功后，企业需到所在地海关企业管理窗口提交申请材料。对完成注册登记的报关单位，海关向其核发的《海关报关单位注册登记证书》自动体现企业报关、报检两项资质。

3. 报关单位注册登记证书的时效及换证管理

根据海关规定，报关企业登记许可证书的有效期限为 2 年，报关企业分支机构备案有效期为 2 年，进出口货物收发货人登记证书长期有效。

报关企业应当在办理注册登记许可延期的同时办理换领报关企业报关登记证书手续。

报关企业办理注册登记许可延续手续，应当在有效期届满 40 日前向海关提出申请，同时提交规定的文件材料，同时办理换领《中华人民共和国海关报关单位注册登记证书》手续。海关按规定程序对报关单位的延续申请予以审查，符合条件的，依法作出准予延续 2 年有效期的决定。海关未在有效期届满时作出决定的，视为准予延续，海关对不符合条件的报关企业，不准予延续其注册登记许可。

4. 报关单位的变更登记及注销登记

（1）进出口货物收发货人变更登记及注销登记

进出口货物收发货人企业名称、企业性质、企业住所、法定代表人（负责人）等海关注册登记内容发生变更的，应当自变更生效之日起 30 日内，持变更后的营业执照副本或者其他批准文件以及复印件，到注册地海关办理变更手续。所属报关人员发生变更的，进出口货物收发货人应当在变更事实发生之日起 30 日内，持变更证明文件等相关材料到注册地海关办理变更手续。

进出口货物收发货人有下列情形之一的，应当以书面形式向注册地海关报告。海关在办结有关手续后，依法办理注销注册登记手续。

①破产、解散、自行放弃报关权或者分立两个以上新企业的。

②被工商行政管理部门注销登记或吊销营业执照的。

③丧失独立承担责任能力的。

④进出口货物收发货人的对外贸易经营者备案登记表或者外商投资企业批准证书失效的。

⑤其他依法应当注销注册登记的情形。

（2）报关企业变更登记及注销登记

报关企业注册登记许可的变更。报关企业的企业名称、法人代表发生变更的，应当持《报关单位情况登记表》、《中华人民共和国报关单位注册登记证书》、变更后的工商营业执照或者其他批准文件及复印件到所在地海关办理变更手续。报关企业分支机构企业名称、企业性质、企业住所、负责人等海关备案内容发生变更的，应当自变更生效之日起30日内，持变更后的营业执照副本或者其他批准文件及复印件，到所在地海关办理变更手续。

所属报关人员备案内容发生变更的，报关企业及其分支机构应当在变更事实发生之日起30日内，持变更证明文件等相关材料到注册地海关办理变更手续。

报关企业有下列情形之一的，海关应当依法注销注册登记许可：

①有效期届满未延续的；②报关企业依法终止的；③注册登记许可依法被撤销、撤回，或者注册登记许可证件被吊销的；④因不可抗力导致注册登记许可事项无法实施的；⑤法律、行政法规规定的应当注销注册登记许可的其他情形。

（三）海关企业信用管理

为推进社会信用体系建设，建立企业进出口信用管理制度，促进贸易安全与便利，根据相关法律制定了《中华人民共和国海关企业信用管理办法》，管理办法自2018年5月1日起施行。海关根据企业信用状况将企业认定为认证企业、一般信用企业和失信企业。认证企业分为高级认证企业和一般认证企业。海关按照诚信守法便利、失信违法惩戒原则，对上述企业分别适用相应的管理措施。

认证企业是中国海关经认证的经营者（AEO）。中国海关依据有关国际条约、协定以及企业信用管理办法，开展与其他国家或者地区海关的AEO互认合作，并且给予互认企业相关便利措施。海关建立企业信用信息管理系统，对有关企业实施信用管理。

1. 海关信用企业认定

（1）企业有下列情形之一的，海关认定为失信企业

①有走私犯罪或者走私行为的；

②非报关企业1年内违反海关监管规定行为次数超过上年度报关单、进出境备案清单、进出境运输工具舱单等相关单证总票数千分之一，且被海关行政处罚金额累计超过100万元的；

报关企业1年内违反海关监管规定行为次数超过上年度报关单、进出境备案清单、进出境运输工具舱单等相关单证总票数万分之五，且被海关行政处罚金额累计超过30万元的；

③拖欠应缴税款或者拖欠应缴罚没款项的。

（2）企业有下列情形之一的，海关认定为一般信用企业

①在海关首次注册登记或者备案的企业；

②认证企业不再符合《海关认证企业标准》，并且未发生企业信用管理办法第十二条规定情形的；

③自被海关认定为失信企业之日起连续2年未发生企业信用管理办法第十二条规定情形的。

2. 海关信用企业管理措施

（1）一般认证企业适用下列管理措施

①进出口货物平均查验率在一般信用企业平均查验率的50%以下；

②优先办理进出口货物通关手续；

③海关收取的担保金额可以低于其可能承担的税款总额或者海关总署规定的金额；

④海关总署规定的其他管理措施。

(2)高级认证企业除适用一般认证企业管理措施外，还适用下列管理措施：

①进出口货物平均查验率在一般信用企业平均查验率的20%以下；

②可以向海关申请免除担保；

③减少对企业稽查、核查频次；

④可以在出口货物运抵海关监管区之前向海关申报；

⑤海关为企业设立协调员；

⑥AEO互认国家或者地区海关通关便利措施；

⑦国家有关部门实施的守信联合激励措施；

⑧因不可抗力中断国际贸易恢复后优先通关；

⑨海关总署规定的其他管理措施。

(3)失信企业适用下列管理措施

①进出口货物平均查验率在80%以上；

②不予免除查验没有问题企业的吊装、移位、仓储等费用；

③不适用汇总征税制度；

④除特殊情形外，不适用存样留像放行措施；

⑤经营加工贸易业务的，全额提供担保；

⑥提高对企业稽查、核查频次；

⑦国家有关部门实施的失信联合惩戒措施；

⑧海关总署规定的其他管理措施。

高级认证企业适用的管理措施优于一般认证企业。

“经认证的经营者(AEO)”，指以任何一种方式参与货物国际流通，符合企业信用管理办法规定的条件以及《海关认证企业标准》并且通过海关认证的企业。

(四)报关单位的报关行为规则

【案例2.1】

物流模式创新：独创供应链综管平台　将全国推广

在很多人眼里，报关行业是劳动密集型行业，传统的报关物流行业，科技含量较低，效率低、差错率高。一个典型例子便是，作为监管部门与客户之间的桥梁，报关企业在配合海关、商检、场站等申报工作时需要输入海量数据资料，当业务量庞大的时候，报关企业通常采用的是“人海战术”。

为此，苏州工业园区报关公司把信息化与报关物流业务充分融合，开发了目前国内唯一的供应链综合管理平台——“规范申报的公共集成报关平台”，彻底改变了传统报关的操作模式，不仅提高了科技含量也提高了物流效率。

圆"一单多报"行业梦

"这样一个完整信息链条形成之后,我们真正实现了一次输入、多次申报的'一单多报'的梦想",龚锦辉说,更为重要的是,平台的使用淘汰了传统手工制单,实现了智能化自动制单,不但极大地提高了效率,而且符合海关总署的规范申报要求,辅助海关审单,缩短了通关时间。

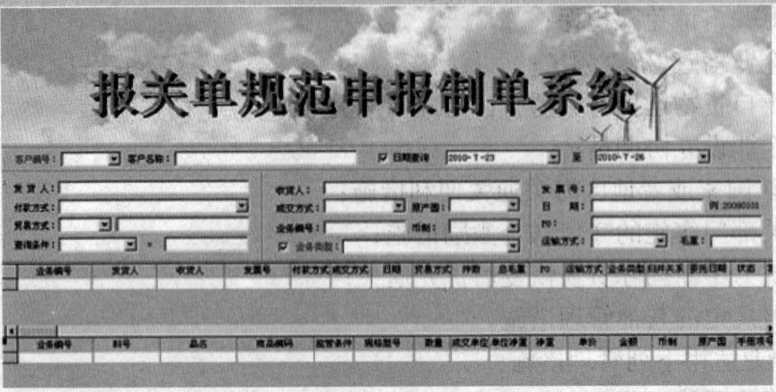

规范申报的公共集成报关平台界面

以综保区内捷豹—路虎配送中心为例,由于其主要商品为汽车高端品牌,其料号多达三万多个,每单的品名也多达几百项,如果按照传统模式进行申报则每份报关单需要花7小时左右才能完成,而园区报关公司的公共集成报关平台只要花半小时即可正确地完成,效率提高了十余倍。

经过测试,平台在报关过程中的申报准确率达到99.9999%。目前平台已通过南京海关的认可,并要求园区关区范围内的企业通过该系统、技术进行规范管理和推广。目前平台已在园区关区内的企业和报关行进行推广,如金贸报关公司、艾默生、志合电脑等。南京海关也已经以简报形式向海关总署作了汇报,园区海关希望该平台能向整个南京关区以及全国进行推广,以此推动整个物流通关模式的变革。

资料来源:苏州市发改委综合处

(1)报关单位应当妥善保管海关核发的注册登记证书等相关证明文件。发生遗失的,报关单位应当及时书面向海关报告并说明情况。海关应当自收到情况说明之日起20日内予以补发相关证明文件。遗失的注册登记证书等相关证明文件在补办期间仍然处于有效期间的,报关单位可以办理报关业务。

(2)报关单位向海关提交的纸质进出口货物报关单应当加盖本单位的报关专用章。报关专用章应当按照海关总署统一规定的要求刻制。报关企业及其分支机构的报关专用章仅限在其取得注册登记许可或者备案的直属海关关区内使用。进出口货物收发货人的报关专用章可以在全关境内使用。

(3)报关单位在办理注册登记业务时,应当对所提交的申请材料以及所填报信息内容的真实性负责并且承担法律责任。

(4)海关依法对报关单位从事报关活动及其经营场所进行监督和实地检查,依法查阅或者要求报关单位报送有关材料。报关单位应当积极配合,如实提供有关情况和材料。

(5)海关对报关单位办理海关业务中出现的报关差错予以记录,并且公布记录情况的查询方式。报关单位对报关差错记录有异议的,可以自报关差错记录之日起 15 日内向记录海关以书面方式申请复核。海关应当自收到书面申请之日起 15 日内进行复核,对记录错误的予以更正。

(五)报关单位法律责任

报关单位、报关人员违反规定,构成走私行为、违反海关监管规定行为或者其他违反《海关法》行为的,由海关依照《海关法》和《中华人民共和国海关行政处罚实施条例》的有关规定予以处理;构成犯罪的,依法追究刑事责任。

报关单位有下列情形之一的,海关予以警告,责令其改正,可以处 1 万元以下罚款:

(1)报关单位企业名称、企业性质、企业住所、法定代表人(负责人)等海关注册登记内容发生变更,未按照规定向海关办理变更手续的;

(2)向海关提交的注册信息中隐瞒真实情况、弄虚作假的。

二、报关人员

报关业作为我国加入世贸组织承诺开放服务贸易的一个重要方面,今后将面临前所未有的机遇和挑战。从各地的需求情况来看,主要需求仍然集中在沿海经济开放地区,内陆口岸和地区也将有一定数量的增长,为具有一定的学识水平、专业知识和业务能力的报关人员提供了广阔的发展空间。

报关人员,是指经报关单位向海关备案,专门负责办理所在单位报关业务的人员。报关人员是报关单位与海关之间联系的纽带,在货物的进出口通关中起着举足轻重的作用,报关人员须掌握国际贸易、英语、法律、法规、财务和税务等相关领域的知识,在专业方面必须精通海关法规、规章并具备办理海关手续的技能。

将检验检疫报检人员备案与海关报关人员备案,合并为报关人员备案。报关人员备案后同时取得报关和报检资质。

【知识库】

海关总署公告2013年第54号

根据国务院简政放权、转变职能，关于进一步减少资质资格类许可和认定的有关要求，海关总署结合群众路线教育实践活动，经过深入调研和广泛征求意见，决定改革现行报关从业人员资质资格管理制度，取消报关员资格核准审批，对报关人员从业不再设置门槛和准入条件。目前，相关法律法规修订工作正在进行中，新的管理制度将在法律法规完成修订并对外公布后实施。今后，报关从业人员由企业自主聘用，由报关协会自律管理，海关通过指导、督促报关企业加强内部管理实现对报关从业人员的间接管理。这一做法符合简政放权、转变职能的要求以及行政审批制度改革的方向，同时有利于降低就业门槛，释放就业活力，营造就业创业的公平竞争环境。

基于此，海关总署决定自2014年起不再组织报关员资格全国统一考试。

2013年10月12日

来源：中华人民共和国海关总署

(一)报关人员的权利

(1)根据海关规定，以所在报关单位名义执业代表所属单位办理进出口货物报关纳税等海关业务。

(2)有权拒绝所属单位交办的单证不真实、手续不齐全的报关业务。

(3)有权拒绝海关工作人员的不合法要求。

(4)根据海关法和有关规定，对海关的行政处罚不服的，有权向海关申请复议，或者向人民法院起诉。

(5)有权根据国家法律、法规对海关工作进行监督，并有权对海关工作人员的违法、违纪行为进行检举、揭发和控告。

(6)有权举报报关活动中违规走私行为。

(7)向海关查询其办理的报关业务情况。

(8)对海关对其作出的处理决定享有陈述、申辩、申诉的权利。

(9)合法权益因海关违法行为受到损害的，依法要求赔偿。

(10)参加执业培训。

(二)报关人员的义务

(1)遵守国家有关法律、法规和海关规章，熟悉所申报货物的基本情况，对申报内容和有关材料的真实性、完整性进行合理审查。

(2)提供齐全、正确、有效的单证，准确填制进(出)口货物报关单，并按有关规定向海关申请办理进出口货物的报关手续。

(3)海关查验进出口货物时，应按时到场，负责搬移货物、开拆和重封货物的包装，配合海关查验。

(4)在规定的时间内负责办理缴纳所申报进出口货物的各项税费的手续、海关罚款手续、销案手续。

(5)配合海关对走私违规案件的调查。

(6)协助本企业完整保存各种原始报关单证、票据、函电等业务资料。

(7)参加海关组织的有关报关业务培训。

(8)承担海关规定报关员办理的与报关有关的工作。

(9)按照规定参加直属海关或者直属海关授权组织举办的报关业务岗位考核。

(10)办理报关业务时应当出示报关员证以方便海关核对。

(11)妥善保管海关核发的报关员证和相关文件。

(12)协助落实海关对报关单位管理的具体措施。

(三)报关人员的行为规范

(1)不得同时兼任两个或两个以上报关单位的报关工作。

(2)不得故意制造海关与报关单位、委托人之间的矛盾和纠纷。

(3)不得假借海关名义,以明示或者暗示的方式向委托人索要委托合同约定以外的酬金或者其他财物、虚假报销。

(4)不得私自接受委托办理报关业务,或者私自收取委托人酬金及其他财物。

(5)不得有其他利用执业之便谋取不正当利益的行为。

【案例 2.2】

深圳海关破获报关员结伙走私大案

深圳海关缉私局十月三十日对外发布消息称,自去年至今,该关缉私局所属沙湾海关缉私分局成功侦破“陈某、李某走私系列案”,该案案值三千五百余万元人民币,涉嫌偷逃税额七百七十余万元人民币,抓获包括主犯在内的犯罪嫌疑人五名。该系列案首批犯罪嫌疑人“陈某”“李某”和“王某”被深圳市检察院提起公诉,并在一审判决中分别获刑十年、七年和五年;高某(香港人)今年二月被提起公诉,随后被法院判处有期徒刑三年;这一报关行报关员与企业报关员互相勾结,采取“空转”等假转厂方式私自将企业保税指标倒卖给其他加工贸易企业,以帮助其骗取海关核销,此案件侦查终结。

“陈某、李某走私系列案”的案发源自于深圳海关的一次专项稽查行动。经查,自 2005 年 8 月至 2006 年 8 月期间,陈某、李某通谋,倒卖金某保税指标多份用于走私大量布料和塑胶粒进口。其中由陈某提供报关单、电子报关员卡、金某收货章等相关手续,李某负责具体报关操作,按每吨塑胶粒 700 元人民币,布料 550 元人民币的标准向陈支付“好处费”。随着李某、陈某的落网,整个案件的事实情况逐步呈现。参照两者的供述和调查取证所得的线索,沙湾海关缉私分局又先后对因“假出口”涉嫌走私的高某塑胶(深圳)有限公司、松岗东某吸塑厂等两家涉案企业分别立案侦查。

资料来源:揭阳新闻网

第二节 报关活动相关人

一、报关活动相关人的概念

报关活动相关人主要是指经海关批准经营海关监管货物的仓储企业、保税货物的加工企业、转关货物的境内承运人等。这些企业单位虽然不具有报关资格,但是与报关活动密切相关,承担着相应的海关义务和法律责任。

二、报关活动相关人的类型

1. 海关监管货物仓储企业

目前,经营海关监管货物仓储业务的企业,主要经营以下几种业务类型:

(1)在海关监管区内存放海关监管货物的仓库、场院,一般存放海关尚未放行的进口货物和已办理申报、放行手续尚待装运的出口货物。

(2)保税仓库,主要存放经海关监管现场放行后,存放在经海关批准设立的保税仓库中,按海关对保税仓库监管规定,由海关继续监管的货物。

(3)海关出口监管仓库,专门存放已向海关办结全部出口手续并已结汇的出口货物。

(4)其他经海关批准的仓库场院存放海关监管货物。

2. 从事保税加工贸易的生产加工企业(没有报关权)

这类企业是指具有法人资格的企业,接受保税加工贸易经营单位的委托,将进口料件,按经营单位与外商签订的加工贸易合同的规定加工成品后,交由经营单位办理成品出口手续的生产加工企业。这类企业,虽然没有报关权,但因其从事保税料件加工,所以,也需向海关办理登记手续,接受海关监管。

3. 转关运输货物的境内承运人

转关运输货物属于海关监管货物,其境内承运人须经海关批准,并办理海关注册登记手续。其从事转关运输的运输工具和驾驶人员也须向海关注册登记。在运输期间,转关运输货物损毁或者灭失,除不可抗力外,承运人应承担相应的纳税义务和法律责任。

4. 其他报关活动的相关人

如使用特定减免税进口货物的企业,保税区、出口加工区内的部分企业等。

【案例 2.3】

西部内陆首个综合保税区通过验收

我国西部内陆首个综合保税区——重庆西永综合保税区(一期)11 月 2 日通过海关总署等国家十部委正式验收,封关运行在即。

重庆西永综合保税区是我国第一个设在西部内陆地区的综合保税区,也是第七个通过正式验收的综合保税区。与其他综合保税区相比,它具有五大特点:面积全国最大,规划面积10.3 平方公里;经济规模最大,至 2015 年将实现进出口额 1 000 亿美元;审批模式最新,先有企业落户后申请设区;审批效率最高,从申报到批准设立仅用 187 天;建设速度最快,从规划到一期建成仅用了 9 个月。

"西永综保区是重庆发展电子信息产业的主战场,对重庆乃至整个西部的经济结构调整和产业升级、打造内陆开放高地、承接新一轮国际生产要素和产业转移,都具有重要的现实和示范意义。"重庆海关关长马忠源说:"为推动该区早日成为重庆开放型经济新的增长点,我们采用'提前申报、货到验放'的通关监管方式以及'分送集报'的报关方式,同时,对综保区出口货物实行'一次申报、一次查验、一次放行'作业,有效提升了通关效率。"据估算,到 2015 年,西永综保区将形成 5 000 亿元产能,相当于目前"2/3 的重庆工业";实现外贸进出口额近 1 000 亿美元,相当于目前重庆进出口总额的 10 倍;实现 50 万人的就业,这将从根本上改变重庆对外开放的格局。

2010 年 2 月 15 日,国务院正式批准设立重庆西永综合保税区,规划占地面积 10.3 平方公里,分 A、B 两个区块。该区一期围网封关面积 5.67 平方公里,其中 A 区 1.15 平方公里、B 区 4.52 平方公里。

资料来源:海关总署网

三、报关活动相关人的法律责任

根据《海关法》的规定,海关准予从事有关业务的企业,违反《海关法》有关规定的,由海关按照《海关行政处罚实施条例》的有关规定进行处罚,责令改正,可以给予警告,暂停其从事有关业务,直至撤销注册。

报关活动相关人在从事与报关相关的活动中,出现违反《海关法》和有关法律、行政法规的行为,应承担相应的行政、刑事法律责任。

报关活动相关人违反《海关法》有关规定,海关按照《海关行政处罚实施条例》的有关规定进行行政处罚:

(1)报关活动的相关人,构成走私犯罪或者 1 年内有 2 次以上走私行为的,海关可以撤销其注册登记。

(2)有下列行为之一的,处货物价值 5% 以上 30% 以下罚款,有违法所得的没收违法所得：

①未经海关许可，擅自将海关监管货物开拆、提取、交付、发运、吊环、改装、抵押、质押、留置、转让、更换标记、移作他用或者进行其他处置的。

②未经海关许可，在海关监管区外存放海关监管货物的。

③报关活动的相关人经营海关监管货物的运输、存储、加工、装配等业务，有关货物灭失、数量短少或者记录不真实，不能提供正当理由的。

④报关活动的相关人经营海关监管货物的运输、存储、加工、装配等业务，不依照规定办理收存、交付、结转、核销等手续，或者中止、延长、变更、转让有关合同，不依照规定向海关办理手续的。

⑤有违反海关监管规定的其他行为，致使海关不能或者中断对进出口货物实施监管的。

（3）报关活动的相关人损坏或者丢失海关监管货物，不能提供正当理由的，可以暂停其6个月以内从事有关业务或者执业；恢复从事有关业务或者执业后1年内再次发生此行为的，海关可以撤销其注册登记。

本章小结

1. 报关单位是指符合海关对报关单位注册登记制度规定的报关企业和进出口货物的收货人或发货人。无论是报关企业还是进出口货物的收发货人，都要依法进行注册登记，履行《海关法》规定的程序，遵守海关对报关单位约束的行为规范。

2. 报关员在报关员执业的范围之内，海关或者进出口收发货人或者报关企业会赋予报关员一定的权利，同时也要求报关员完全履行自己的职责义务。

3. 报关活动相关人，主要是指经海关批准经营海关监管货物的仓储企业、保税货物的加工企业、转关货物的境内承运人等。这些企业单位虽然不具有报关资格，但是与报关活动密切相关，若报关活动相关人违反《海关法》有关规定，海关按照《海关行政处罚实施条例》的有关规定进行行政处罚。

自测题

一、单项选择题

1. 报关企业是指已完成（　　）手续，取得办理进出口货物报关资格的境内法人。

A. 工商注册登记　　B. 税务登记

C. 企业主管部门批准　　D. 海关报关注册登记

2. 取得报关单位资格的法定要求是（　　）。

A. 对外贸易经营者　　B. 境内法人或其他组织

C. 经海关注册登记　　　　　　D. 有一定数量的报关员

3. 下列企业、单位中不属报关单位的是(　　)。

A. 经海关批准,在海关临时注册登记的中国科学院

B. 在海关注册登记的代理报关业务的企业

C. 经海关批准,在海关临时注册登记的接受捐赠的单位

D. 在海关注册登记,受加工贸易经营企业的委托,开展保税加工业务的企业

4. 以下不是报关单位的是(　　)。

A. 国际货物运输代理公司

B. 报关企业

C. 经海关批准在海关临时注册登记的船舶代理企业

D. 在海关注册登记的经营转关运输货物境内运输业务的某承运人

5. 接受进出口货物收发货人的委托,准确无误地填写进出口货物报关单和报关数据的预录入,陪同海关查验,对货物进行税则归类,提供报关事宜咨询服务等项工作,是属于下列哪个单位的基本业务范围(　　)。

A. 进出口货物收发货人　　　　B. 海关

C. 报关企业　　　　　　　　　D. 银行

6. 进出口货物收发货人在办理报关业务时,向海关递交的纸质报关单必须加盖(　　)。

A. 本公司财务章　　　　　　　B. 本公司人事章

C. 本公司的公章　　　　　　　D. 在海关备案的报关专用章

7. 下列关于报关企业和进出口货物收发货人报关行为规则的表述,正确的是(　　)。

A. 进出口货物收发货人在海关办理注册登记后,可以在中华人民共和国境内各口岸或者海关监管业务集中的地点代理其他单位报关

B. 进出口货物收发货人依法取得注册登记许可后,可以在直属海关关区各口岸或者海关监管业务集中的地点办理本单位的报关业务

C. 报关企业如需要在注册登记许可区域以外从事报关服务的,应当按规定向注册地直属海关备案

D. 报关企业如需要在注册登记许可区域内从事报关服务的,应当依法在关区各口岸设立分支机构,并且在开展报关服务前,按规定向注册地直属海关备案

8. 根据海关管理相关规定,需办理报关注册登记许可后向海关办理报关注册登记的单位有(　　)。

A. 兼营进出口代理报关业务的国际货物运输公司

B. 有权从事对外贸易经营活动的境内个体工商业者

C. 有权从事对外贸易经营活动的境内商贸组织

D. 需从事非贸易性进出口活动的台湾企业驻沪办事处

9. 进出口货物收发货人注册报关单位登记证书的时效为（　　）。

A. 长期有效　　B. 3 年

C. 1 年　　D. 2 年

10. 首次注册成为报关单位的，海关对其的管理类别设定为（　　）。

A. 高级认证企业　　B. 一般认证企业

C. 一般信用企业　　D. 失信企业

11. 报关企业注册报关单位登记证书的时效为（　　）。

A. 长期有效　　B. 3 年

C. 1 年　　D. 2 年

12. 接受进出口货物收发货人的委托，准确无误的填写进出口货物报关单，陪同海关查验，提供报关事宜咨询服务等项工作，属于（　　）的基本业务范围。

A. 进出口货物收发货人　　B. 海关

C. 报关行　　D. 银行

13. 在海关注册登记的进出口公司自行进口货物，可以（　　）办理报关手续。

A. 由企业自身的报关员　　B. 委托其他进出口公司

C. 委托国际货运代理公司　　D. 委托报关行

14. 报关企业注册登记许可，应由下列哪个部门作出（　　）。

A. 海关总署　　B. 直属海关

C. 隶属海关　　D. 商务部

二、判断题

1. 报关企业必须是境内企业法人。（　　）

2. 报关企业及其跨关区分支机构注册登记许可的有效期均为 3 年。（　　）

3. 报关企业及进出口货物收发货人报关注册登记证书的有效期均为 3 年。（　　）

4. 报关企业在办理注册登记许可延期的同时办理换领报关企业登记证书手续。（　　）

5. 报关企业及其分支机构注册登记许可需要进行延续的，应当在有效期届满 40 日前向海关提出延续申请并递交海关规定的材料。（　　）

6. 进出口货物收发货人应当在进出口货物收发货人登记证书有效期届满 40 日前到注册地海关办理换证手续。（　　）

7. 某报关企业报关人员利用本企业的进料加工手册代他人进口原材料构成走私行为，其法律责任应由企业承担。（　　）

8. 已向海关办理了报关注册登记的企业，在接受加工贸易经营单位的委托开展加工生产时，应视其为报关活动相关人。(　　)

9. 某进出口公司承揽一笔来料加工业务，委托某个体企业加工，该个体企业可以以自己的名义向海关办理报关手续。(　　)

10.《海关法》规定，报关企业分为进出口货物收发货人和报关单位两种类型。(　　)

11. 报关单位必须取得对外贸易经营权并依法在海关注册登记后才能办理报关手续。(　　)

12. 进出口货物收发货人在海关办理报关注册登记后可在全国关境内自理报关，也可代理报关。(　　)

13.《海关法》规定，报关企业及其分支机构获得报关资格后可在全国范围内从事报关活动。(　　)

14. 进出口货物收发货人在获得报关资格的同时获得报检的资格。(　　)

15. 报关企业对其跨关区分支机构的报关行为不承担法律责任。(　　)

16. 进出口货物收发货人在海关获得注册登记许可后可在全国各进出口口岸报关。(　　)

17. 作为报关人员不得兼任两个或两个以上的报关单位的报关工作。(　　)

18. 作为报关人员对于所委托的企业的走私行为不承担任何责任。(　　)

三、简答题

1. 简述报关单位的概念及其类型。

2. 简述报关企业注册登记许可的程序。

3. 在哪些情况下海关应当依法注销注册登记许可？

4. 报关活动相关人具有哪些法律责任？

5. 简要回答进出口货物收发货人作为报关单位的报关行为规则。

6. 简述报关企业作为报关单位的报关行为规则。

7. 简述报关企业应具备的基本条件。

8. 简述海关对报关单位的信用管理规定。

第三章

Chapter 3

报关与对外贸易管制

【学习要点及目标】

通过本章学习,使学生了解禁止、限制及自由进出口货物、技术管理制度,掌握主要对外贸易管制制度的内容,理解并掌握我国贸易管制主要手段的管理范围及报关规范。

【引导案例】

广东判决贩卖穿山甲案外籍主犯无期徒刑

去年广东江门海关破获的海上特大涉嫌走私进口国家二级保护动物穿山甲案,2011 年 4 月 11 日在江门市中级法院一审公开宣判。主犯马来西亚人 NG SOO HEONG(绰号"高佬")因犯走私珍贵动物制品罪被判无期徒刑,另外,4 名广东遂溪籍被告人分别被判处 5 至 10 年有期徒刑。

经法院审理查明,2009 年 12 月至 2010 年 4 月,广东遂溪县人黄亚文、陈松、陈志雄、符强 4 人受雇于被告人庞马扶,协助马来西亚人 NG SOO HEONG 两次利用木质渔船从外国海域偷运冻品穿山甲及其鳞片入境。黄亚文等 4 人负责开船搬货,每次能获得报酬 8 000 多元人民币及数只穿山甲。

2010 年 6 月 6 日零时,当 NG SOO HEONG 与黄亚文等共 5 人再次驾驶渔船走私,在珠海三灶机场对开水域准备卸货时,被江门海关截获,当场从船上查获无任何合法证明的冻体穿山甲 300 箱共 2 000 多只,穿山甲鳞片 92 箱重 1 800 公斤,案值近 520 万元人民币。

江门市中级法院审理认定,被告人 NG SOO HEONG、黄亚文、陈松、陈志雄、符强逃避中国海关监管,走私珍贵动物制品穿山甲及穿山甲鳞片共价值人民币 5 197 040 元,情节特别严重,其行为均已构成走私珍贵动物制品罪。被告人 NG SOO HEONG 在共同犯罪中负责从境外接收货物后从海上运输到中国境内交给购货人,是走私运输环节货物的实际控制人,其在本案走私共同犯罪中起主要作用,属主犯;另外 4 名被告人为从犯。法院遂作出上述判决。

江门海关有关负责人表示，一直以来，江门海关采取多项措施致力于打击濒危野生动植物及其制品走私；穿山甲属于《濒危野生动植物种国际贸易公约》附录二的物种，在中国属于国家二级保护动物；非法进出口或者以其他方式走私此类物品，将承担相应的法律责任，情节严重构成犯罪的，将依法追究刑事责任。

资料来源：石狮日报

第一节 对外贸易管制概述

作为政府的一种强制性行政管理行为，对外贸易管制是指一国政府为了国家的宏观经济利益、国内外政策需要以及履行所缔结或加入国际条约的义务，确立实行各种制度、设立相应管理机构和规范对外贸易活动的总称，涉及工业、农业、商业等诸多领域。

通常，一个国家的对外贸易管制有以下三种分类形式：

第一种，按管理目的不同，可分为出口贸易管制和进口贸易管制。

第二种，按管制手段不同，可分为关税措施和非关税措施。

第三种，按管制对象不同，可分为货物进出口贸易管制、技术进出口贸易管制和国际服务贸易管制。

我国主要是按管制对象划分，本章重点介绍我国对外贸易管制中有关货物和技术的管制制度、措施以及在执行这些贸易管制措施过程中所涉及报关规范的相关内容。

一、对外贸易管制的目的及特点

作为一个国家对外经济和外交政策的具体体现，对外贸易管制已经成为各国政府不可缺少的一项重要政府职能，尽管各国所实行的对外贸易管制措施在形式和内容上有所差异，但管制的目的基本围绕以下几个方面。

（一）保护本国经济利益，发展本国经济

各国的对外贸易管制措施都是与其经济利益密切相关的，可以说各国的贸易管制措施是各国经济政策的重要体现。通过实行对外贸易管制，可以使我国集中精力对国际市场的价格波动及世界经济危机做出迅速反应，防止这些因素对我国经济建设产生不良影响，并在一定程度上达到保护和扶植我国民族工业、建立和巩固我国社会主义经济体系，防止外国产品冲击国内市场，保障我国有限的外汇储备能够有效发挥最大作用等目的。

（二）行使国家职能，推行本国的外交政策

贸易管制往往成为一国推行其外交政策的有效手段。出于政治上或军事上的考虑，发达国家或发展中国家往往会在不同时期，对不同国家或不同商品实行不同的对外贸易管制措施，有时甚至不惜牺牲本国经济利益以达到其政治上的目的或军事上的目标。

二、对外贸易管制目标的实现

（一）对外贸易管制需要各尽其责的通力合作

作为一项综合制度，对外贸易管制需要建立在国家各行政管理部门之间合理分工的基础上，通过各尽其责的通力合作来实现。根据我国行政管理职责的分工，与对外贸易管制相关的法律、行政法规、部门规章分别由全国人大、国务院及其所属各部、委（局）负责规定、颁发，海关则是贸易管制政策在货物进出口环节的具体执行机关。

（二）对外贸易管制需要海关对进出口货物依法实施监督

《海关法》第四十条规定："国家对进出境货物、物品有禁止性或限制性规定的，海关依据法律、行政法规、国务院的规定或者国务院有关部门依据法律、行政法规授权作出的规定实施监管。"该条款不仅赋予了海关对进出口货物依法实施监督管理的权力，还明确了国家对外贸易管制政策所涉及的法律法规是海关对进出口货物监管工作的法律依据。

【知识库】

个人物品出入境申报资料

入境：旅客收到提货通知后，由本人或代理人向海关申报，如委托代理报关的，需提供经物品所有人签名的委托书，并提交物品所有人有效护照；经物品所有人签名的《进出境旅客分运行李物品申报单》；提货单正本；海洋运单复印件；由物品所有人签名的装箱清单或物品明细单；外方常驻人员应提供经海关批准进境的《自用物品申请表》批文；入境时在口岸填写的《进出境旅客行李物品申报单》以及其他应向海关提供的单证或批件等单据。海关审核单证，查验并对应征商品征收行邮税，对其中超出自用合理数量的物品作出代保管、放弃、退运处理；对其中限制进境物品旅客提交有关部门的批准文件后放行；对其中夹带的违禁品移交缉私部门处理，最后在《进出境旅客行李物品申报单》上批注验放情况并签章。

出境：旅客必须委托经海关核准的非贸代理报关公司办理，并提供经物品所有人签名的委托书，同时提交物品所有人有效护照（有效移民签证、工作签证等）；经物品所有人签名的《进出境旅客分运行李物品申报单》；由物品所有人签名的物品清单；外方常驻人员应提供经海关批准出境的《自用物品申请表》批文；游客购买旅游纪念品（提供购买发票）以及其他应向海关提供的单证或批件等。经过海关审核单证、查验，并在《进出境旅客行李物品申报单》上批注验放情况并签章。对其中违反国家进出境管理规定的物品予以扣留或退运；对其中情况正常的，准予运入监管仓库，在出运时予以实物放行。

资料来源：百度文库

1. 海关监管的三要素

由于国家进出口贸易管理政策是通过国家商务主管部门及其他政府职能主管部门依据国家贸易管制政策发放各类许可证件或者下发相关文件，最终由海关依据许可证件、相关文件及其他单证（报关单、提单、发票、合同等）对实际进出口货物的合法性实施监督管理来实现的，因此，执行贸易管制的海关管理活动也就离不开"单"（包括报关单在内的各类报关单据及其电子数据)、“证”(各类许可证件、相关文件及其电子数据)、“货”(实际进出口货物)这三大要素。

“单”“证”“货”相符,是海关确认货物合法进出口的必要条件,也就是对进出口受国家贸易管制的货物,只有在确认达到“单单相符”“单证相符”“单货相符”“证货相符”的情况下,海关才可放行。

2. 报关是海关确认进出口货物合法性的先决条件

从法律意义上来说,申报意味着向海关报告进出口货物的情况,申请按其申报的内容放行进出口货物。《海关法》第二十四条规定:“进出口货物的收货人、出口货物的发货人应当向海关如实申报,交验进出口许可证件和有关单证。国家限制进出口的货物,没有进出口许可证件的,不予放行。”报关不仅是进出口货物收发货人或其代理人必须履行的手续,也是海关确认进出口货物合法性的先决条件。

三、我国对外贸易管制的基本框架与法律体系

(一)基本框架

我国对外贸易管制制度是一种综合管理制度,主要由海关监管制度、关税制度、对外贸易经营者管理制度、进出口许可制度、进出口货物收付汇管理制度、出入境检验检疫制度以及贸易救济制度等构成。

(二)法律体系

1. 国内法律体系

我国对外贸易管制是一种国家管制,不受地方性法规、规章及各民族自治区政府的地方条例和单行条例的约束。

(1)法律。法律是指由国家最高权力机关全国人民代表大会或其常务委员会制定,由国家主席颁布的规范性文件的总称。

在与我国对外贸易管制相关的法律中,现行的主要有《中华人民共和国对外贸易法》《中华人民共和国海关法》《中华人民共和国进出口商品检验法》《中华人民共和国进出境动植物检疫法》《中华人民共和国固体废物污染环境防治法》《中华人民共和国国境卫生检疫法》《中华人民共和国野生动物保护法》《中华人民共和国药品管理法》等,其中,由全国人大常委会制定的《中华人民共和国海关法》是海关监管基本的、主要的法律依据。

(2)行政法规。行政法规是指国务院为了实施宪法和其他相关法律在自己职权范围内制定的基本行政管理规范性文件的总和。

当前,我国现行的与对外贸易管制有关的行政法规主要有以国务院名义发布的行政法规,如《中华人民共和国货物进出口管理条例》《中华人民共和国技术进出口管理条例》《中华人民共和国进出口关税条例》《知识产权海关保护条例》《海关稽查条例》《中华人民共和国野生植

物保护条例》《中华人民共和国外汇管理条例》《中华人民共和国反补贴条例》《中华人民共和国反倾销条例》《中华人民共和国保障措施条例》等，以及由海关总署拟定或与其他部委联合拟定报国务院批准并仍以海关总署名义发布的法规，如《中华人民共和国海关行政处罚实施条例》等。

(3)部门规章。部门规章是国务院各部委根据法律和国务院的行政法规、决定和命令，在本部门权限范围内发布的规范性文件的总和，其效力低于国务院制定的行政法规。

我国对外贸易管制有关的部门规章很多，现行的主要有《货物进口许可证管理办法》《货物出口许可证管理办法》《货物自动进口许可证管理办法》《机电产品进口管理办法》《机电产品进口配额管理实施细则》《机电产品自动进口许可管理实施细则》《出口收汇核销管理办法》《两用物项和技术进出口许可证管理办法》《进口药品管理办法》《精神药品管理办法》等。

2. 国际法律体系

国际条约是指国家及其他国际法主体间所缔结的以国际法为准，并确定其相互关系中的权利和义务的一种国际书面协议。任何国家在通过国内立法对本国进出口贸易进行贸易管制的同时，必然要与其他国家协调立场，确定相互之间在国际贸易活动中的权利与义务关系，以实现其外交政策与对外贸易政策所确立的目标。

目前我国所签订生效的各类国际条约与协定，主要有加入世界贸易组织所签订的有关双边或多边的各类贸易协定、《建立世界知识产权组织公约》《濒危野生动植物种国际贸易公约》(也称《华盛顿公约》)、1987年《关于消耗臭氧层物质的蒙特利尔议定书》、《关于麻醉品和精神药物的国际公约》《关于化学品国际贸易资料交换的伦敦准则》《关于在国际贸易中对某些危险化学品和农药采用事先知情同意程序的鹿特丹公约》《危险废物越境转移及其处置的巴塞尔公约》等。这些条约和协定虽然不属于我国国内法范畴，但就效力而言，可视为我国法律渊源之一。

第二节　现行主要贸易管制制度

一、进出口许可管理制度

作为一项非关税措施，进出口许可管理制度是世界各国管理进出口贸易的一种常见手段，既包括准许进出口的有关证件审批和管理制度本身的程序，也包括以国家各类许可为条件的其他行政管理手续。

(一)禁止进出口管理

任何对外贸易经营者不得经营进出口国家相关法律法规以及公布的禁止进出口目录中明确规定禁止或停止进出口的以下货物和技术：

(1)危害国家安全或社会公共利益的。

(2)破坏生态环境的。

(3)为保护人的生命安全或健康,保护动物、植物生命的健康,必须禁止进出口的。

(4)根据中华人民共和国所缔结的或参加的国际条约和协定的规定,需要禁止进出口的。

(5)依照法律、行政法规的规定,其他需要禁止进出口的。

(二)限制进出口管理

国家实行限制进出口管理的货物、技术,必须依据国家有关规定取得国务院对外经贸主管部门或由其会同国务院有关部门许可,方可进出口。实行关税配额管理的产品主要有农产品、化肥等。一般情况下,关税配额税率优惠幅度较大,国家通过使用关税配额以达到限制部分商品进口、鼓励部分商品出口的目的。

1. 限制进口管理

《中华人民共和国对外贸易法》第十六条规定,属于以下情形之一的货物、技术,国家限制进口:

(1)为维护国家安全或社会公共利益,需要限制进口的。

(2)为建立或加快建立国内特定产业,需要限制进口的。

(3)对任何形式的农业、牧渔业产品有必要限制进口的。

(4)为保障国家国际金融地位和国际收支平衡,需要限制进口的。

(5)根据中华人民共和国所缔结或参加的国际条约和协定的规定,需要限制进口的。

(6)依据法律、行政法规的规定,其他需要限制进口的。

2. 限制出口管理

根据国家有关规定,除以下我国限制出口的商品以外,我国另有限制出境的物品,主要包括金银等贵重金属及其制品、国家货币、外币及其有价证券、无线电收发信机、通信保密机、贵重中药材、一般文物以及海关限制出境的其他物品,在此特别提请注意。

《中华人民共和国对外贸易法》第十六条规定,属于以下情形之一的货物、技术,国家限制出口:

(1)为维护国家安全或社会公共利益,需要限制出口的。

(2)输往国家或地区的市场容量有限,需要限制出口的。

(3)国内供应短缺或为有效保护可能用尽的国内资源,需要限制出口的。

(4)根据中华人民共和国所缔结或参加的国际条约和协定的规定,需要限制出口的。

(5)依据法律、行政法规的规定,其他需要限制出口的。

【案例3.1】

青岛海关破大案 4 000吨稀土走私日本被查

据悉,在日前海关的一次专项检查中,青岛海关风险管理平台的工作人员发现,淄博市某报关公司代理报关出口至日本的4 000多吨货物,存在异常情况。在向海关申报出口的报关单上,货物的品名为非稀土产品氧化铁红等。然而,在仓单上却显示,这些货物是名为氧化镧的稀土产品,仓单是提供给收货方的,记录的应该是货物名称、数量等的真实信息。由于我国对稀土的出口配额有严格限制,所以这种货品名称不符的现象背后,很可能存在着走私稀土的行为。

于是,海关缉查人员首先找到了这家报关公司的负责人张某,随后锁定了做货物代运生意的青岛商人逄某。稽查人员在搜查逄某的办公场所时,发现了一个业务记录本,通过这个记录本,缉查人员发现,逄某只是这单生意的中间人,真正的发货人是珠海海友公司负责人胡某。但要逮捕胡某,必须先找到负责为他通关的逄某,从而掌握两人涉嫌走私的证据。在稀土采购方日本某公司的配合下,办案人员又从境外调回大量资料,完善了证据链条,包括胡某在内的所有涉案人员都被抓获,并受到了法律的严惩。在这宗稀土走私大案中,走私的稀土产品价值为1.05亿元,涉税1 052万元。

经查,胡某在与日本某公司签订供货合同后,从内蒙某稀土产地采购了4 100多吨稀土原料。为了将这些稀土走私出境,他把运货出关的任务交给逄某,并承诺事成后支付逄某800多万元通关好处费。逄某接手后,在青岛租了个仓库将这批稀土存放起来。此后,为了降低被查获的风险,逄某又从淄博市找了一家报关公司,要求对方异地报关,而且报关所用的合同、发票等,全是逄某从不法公司买来的假单据。除了青岛港外,胡某还在天津口岸,通过低报货物价格的手法走私稀土,偷逃应缴税额118万元。

据介绍,稀土是一种战略性资源。长期以来,我国以低廉的价格出口稀土,所谓"宝贝卖着白菜价"。而大量的开采挖掘造成严重的植被退化、水土流失等环境问题。出于环保和国家安全的考虑,我国开始限制稀土出口,可是一些走私团伙为了巨额利润,用各种手法把稀土偷运出国。根据有关数据推算,2006年至2008年,除了国内消费和正常出口之外,每年都有几万吨稀土不知所终。为了应对这一严峻的形势,中国海关正在不断加大监管力度,提高货物查验率,与此同时,连年开展专项打击行动,从2008年至今年共查获稀土走私16 000多吨,为国家追回大量损失。即将出台的《2009—2015年稀土工业发展规划》和《稀土工业产业发展政策》草案,也已经将遏制稀土走私纳入其中。目前,我国海关正在开展打击稀土等矿产走私的行动,其中打击重点是走私团伙。一批批走私团伙相继落网。工信部表示,下一步还要严格稀土出口企业资质认定,淘汰一些工艺落后的稀土矿,从根上刹住走私的猖獗势头,保护好资源和环境。

资料来源:青岛早报

（三）自由进出口管理

在我国，除国家禁止、限制进出口货物、技术外的其他货物、技术，均属于自由进出口范围。基于监测进出口情况的需要，国家对部分属于自由进出口的货物实行自动进出口许可证管理，对自由进出口的技术实行技术进出口合同登记管理，即进出口属于自由进出口的技术，应当向国务院外经贸主管部门办理登记，国务院外经贸主管部门应当自收到规定的文件之日起 3 个工作日内，对技术进出口合同进行登记并颁发技术进出口合同登记证，申请人凭技术进出口许可证或技术进出口合同登记证，办理外汇、银行、税务、海关等相关手续。

我国禁止、限制、自由进出口商品的管制情况（见表 3.1）。

表 3.1　我国禁止、限制、自由进出口商品情况一览表

类型		管理方式	管理范围
禁止进口	货物	目录管理	《禁止进口货物目录》，包括 第一批、第六批：为保护世界自然和生态资源，根据我国所缔结或参加的各种国际公约而禁止进口的，如已脱胶的虎骨（指未经加工或经脱脂等加工的）、未脱胶的虎骨（指未经加工或经脱脂等加工的）、犀牛角、鸦片液汁及浸膏（也称阿片）、四氯化碳（严重破坏臭氧层）、三氯三氟乙烷（CFC—113）（用于清洗剂）、长纤维青石棉、二恶英等 第二批：旧机电产品，如旧汽车、旧电器、旧医疗设备、旧工程机械等 第三、四、五批：对环境有污染的固体废物，如城市垃圾、化工废物、医疗废物、废药物等
禁止进口	货物	法律法规管理	国家有关法律明令禁止进口的商品 来自动植物疫情流行的国家和地区的有关动植物及其产品和其他检疫物；动植物病源（包括菌种、毒种等）及其他有害生物、动物尸体、土壤；侵犯他人知识产权的；带有违反“一个中国”原则内容的货物及包装；旧服装、右置方向盘的汽车、氯酸钾、硝酸铵、以 CFC-12 为制冷工质的汽车和汽车空调压缩机、Ⅷ因子制剂等血液制品等
禁止进口	技术	目录管理	《中国禁止进口、限制进口技术目录》 钢铁/有色金属冶金技术、化工技术、石油炼制、消防技术、电子技术、印刷技术、医药技术、建筑材料生产技术等

续表 3.1

<table>
<tr><th colspan="2">类型</th><th>管理方式</th><th>管理范围</th></tr>
<tr><td rowspan="3">禁止出口</td><td rowspan="2">货物</td><td>目录管理</td><td>《禁止出口货物目录》,包括
第一批、第三批:为保护世界自然和生态资源,根据我国所缔结或参加的各种国际公约而禁止进口的,如虎骨、犀牛角、麝香、鸦片液汁及浸膏、四氯化碳、发菜、麻黄草等。
第二批:为保护我国的森林资源而禁止出口的,如任何木炭等
第四批:为保护我国的矿产资源而禁止出口的,如硅砂、石英砂、各种天然砂等
第五批:包括无论是否经化学处理过的森林凋落物以及泥炭(草炭)等</td></tr>
<tr><td>法律法规管理</td><td>国家有关法律明令禁止出口的商品
原料血浆、劳改产品、商业性出口的野生红豆杉及其部分产品、未命名或新发现并有重要价值的野生植物等</td></tr>
<tr><td>技术</td><td>其他</td><td>《中国禁止进口、限制进口技术目录》
核技术、测绘技术、地质技术、药品生产技术、农业技术、中国特有的物种资源技术、畜牧品种繁育技术、微生物肥料技术等</td></tr>
<tr><td rowspan="3">限制进口</td><td rowspan="2">货物</td><td>许可证管理</td><td>进口许可证、濒危物种进口、可利用废料进口、药品进口、音像制品进口、黄金及其制品进口、两用物项和技术进口许可证</td></tr>
<tr><td>关税配额管理</td><td>规定数量内凭“关税配额证明”享受配额内税率,规定数量外按配额外税率征收关税,主要有小麦、食糖、羊毛及毛条、化肥等</td></tr>
<tr><td>技术</td><td>目录管理</td><td>《中国禁止进口、限制进口技术目录》
生物技术、化工技术、石油炼制技术、石油化工技术、生物化工技术、造币技术等</td></tr>
</table>

续表 3.1

类型		管理方式	管理范围
限制出口	货物	出口配额管理	出口配额许可证,由国务院主管部门直接分配,绝对数量管理,主要有玉米、大米、小麦、玉米粉、大米粉、小麦粉、棉花、锯材、煤炭、焦炭、原油、成品油、稀土、锑及锑制品、钨及钨制品、锡及锡制品、铟及铟制品、白银、锌矿砂、磷矿石、钼;活鸡、活牛以及活猪(对港澳)
			出口配额招标管理,采取招标分配,主要有蔺草及蔺草制品、碳化硅、滑石块(粉)、矾土、甘草及甘草制品、轻(重)烧镁等
		许可证管理	出口许可证、濒危物种、两用物项出口及军品出口许可证、废黄金制品出口许可证、麻醉(精神)药品出口准许证等
	技术	目录管理	《核出口管制清单》《生物两用品及相关设备和技术出口管制清单》《导弹及相关物项和技术出口管理清单》《两用物项和技术出口许可证管理目录》《中国禁止出口、限制出口技术目录》
自由进口	货物	货物自动进口许可管理	进口前实行自动登记,凭自动进口许可证报关,任何情况都会予以批准,主要包括: 目录一:肉鸡、植物油、烟草、二醋酸纤维丝束、铜精矿、煤、废纸、废钢、废铝、铜; 目录二:商务部发证的 218 种机电产品和 8 种旧机电产品,地方或部门发证的 264 种机电产品 目录三:铁矿石、铝土矿、原油、成品油、天然气、氧化铝、化肥、钢材等
	技术	技术进出口合同登记管理	办理合同备案登记,凭技术进出口合同登记证报关
自由出口	货物	货物自动出口许可管理	出口前实行自动登记,凭自动出口许可证报关(基于国家统计和监督的目的),任何情况都会予以批准
	技术	技术进出口合同登记管理	办理合同备案登记,凭技术进出口合同登记证报关

二、对外贸易经营者管理制度

对外贸易经营者是指依照《对外贸易法》和其他有关法律、行政法规、部门规章的规定依法办理工商登记或其他职业手续,从事对外贸易经营活动的法人、其他组织或个人。目前,我国对对外贸易经营者的管理，主要实行备案登记制。法人、其他组织或个人在从事对外贸易活动前，必须按照国家的有关规定，依照法定程序在国务院商务主管部门或其委托的机构办理备案登记(法律、行政法规和国务院商务主管部门规定不需要备案登记的除外)，取得对外贸易经营资格后，方可在国家允许的范围内从事对外贸易经营活动。未按照规定办理备案登记的，海关不予办理进出口货物的报关验放手续。对外贸易经营者可以接受他人的委托，在经营范围内代为办理对外贸易业务。

三、出入境检验检疫制度

国家出入境检验检疫部门依据我国有关法律和行政法规以及我国政府所缔结或参加的国际条约、协定，确定、调整并公布《出入境检验检疫机构实施检验检疫的进出境商品目录》(又称《法检目录》)，列入《法检目录》的商品称为法定检验商品，即国家规定实施强制性检验的进出境商品。对关系国计民生、价值较高、技术复杂或涉及环境及卫生、疫情标准的重要进出口商品，收货人应当在对外贸易合同中约定在出口国装运前进行预检验、监造或监装，以及保留到货后最终检验和索赔的条款。

对于法定检验以外的进出境商品是否需要检验，由对外贸易当事人决定。检验检疫机构可以接受对外贸易合同约定或进出口商品的收发货人申请或委托，实施检验检疫并制发《出(入)境货物通关单》；也可以以抽查的方式对法检以外的进出口商品予以监督管理。《出(入)境货物通关单》采用“一批一证”制，即一个《出(入)境货物通关单》只能使用一次。《出(入)境货物通关单》一经签发不得擅自更改，如需更改，应向原签发部门提交《出(入)境货物通关单》原件，并申请重新检验检疫，换发新的《出(入)境货物通关单》。

我国出入境检验检疫制度包括进出口商品检验制度、进出境动植物检疫制度以及国境卫生监督制度。

(一)进出口商品检验制度

国家质量监督检验检疫总局及口岸出入境检验检疫机构根据《中华人民共和国进出口商品检验法》及其实施条例的规定，实施进出口商品检验制度，对进出口商品的质量、规格、数量、重量、包装以及是否符合安全、卫生的要求进行检验和监督管理。

我国商品检验分为法定检验、合同检验、公证鉴定和委托检验四种，对法律、行政法规、部门规章制度规定有强制性标准或其他必须执行的检验标准的进出口商品，依照法律、行政法规、部门规章规定的检验标准检验；对法律、行政法规、部门规章制度未规定有强制性标准或其他必须执行的检验标准的，依照对外贸易合同约定的检验标准检验。

(二)进出境动植物检疫制度

国家质量监督检验检疫总局及口岸出入境检验检疫机构根据《中华人民共和国进出境动植物检疫法》及其实施条例的规定，通过实行注册登记、疫情调查、检测和防疫指导等方式对进出境动植物、动植物产品的生产、加工、存放过程实行动植物检疫的进出境监督管理，主要包括进（出）境检疫、过境检疫、进出境携带和邮寄物检疫以及出入境运输工具检疫等。

（三）国境卫生监督制度

为了防止传染病由国外传入或由国内传出，保护人体健康，出入境检验检疫机构根据《中华人民共和国国境卫生检疫法》及其实施细则，以及其他卫生法律、法规和卫生标准，在进出口口岸对出入境的交通工具、货物、运输容器以及口岸辖区的公共场所、环境、生活措施、生产设备等进行卫生检查、鉴定、评价和采样检验，主要涉及进出境检疫、国境传染病检测和进出境卫生监督等（见表 3.2）。

表 3.2　进出境检验检疫制度一览表

检验制度	法律依据	检验机构	检验内容	检验方式	检验种类
进出口商品检验制度	《中华人民共和国进出口商品检验法》及其实施条例	国家质量监督检验检疫总局及口岸出入境检验检疫机构	进出口商品的质量、规格、数量、重量、包装以及是否符合安全、卫生的要求	检验或抽查检验等	法定检验、合同检验、公证鉴定和委托检验
进出境动植物检疫制度	《中华人民共和国进出境动植物检疫法》及其实施条例	国家质量监督检验检疫总局及口岸出入境检验检疫机构	进出境动植物、动植物产品的生产、加工、存放过程实行动植物检疫	注册登记、疫情调查、检测和防疫指导等	进（出）境检疫、过境检疫、进出境携带和邮寄物检疫以及出入境运输工具检疫
国境卫生监督制度	《中华人民共和国国境卫生检疫法》及其实施细则	出入境检验检疫机构	出入境的交通工具、货物、运输容器以及口岸辖区的公共场所、环境、生活措施、生产设备	卫生检查、鉴定、评价和采样检验	进出境检疫、国境传染病检测和进出境卫生监督

四、进出口货物收付汇管理制度

我国的进出口货物收付汇管理制度主要是指，国家外汇管理局、中国人民银行及国务院其他有关部门，依据国务院《中华人民共和国外汇管理条例》及其他有关规定，对包括经常项目外汇业务、资本项目外汇业务、金融机构外汇业务、人民币汇率的生成机制和外汇市场等领域实施的监督管理,主要包括进口货物付汇管理和出口货物收汇管理。

(一)进口货物付汇管理

为了防止汇出外汇而实际不进口商品的逃汇行为的发生,国家往往采取进口付汇核销形式,通过海关对进口货物的实际监管来监督进口付汇情况。

如图3.1所示,进口企业在进口付汇前需向付汇银行申请国家外汇管理局统一制发的“贸易进口付汇核销单”,凭此办理付汇。货物进口后,进口单位或其代理人凭海关出具的“进口货物报关单”付汇证明联及其相关电子数据等向国家外汇管理局指定银行办理核销付汇。

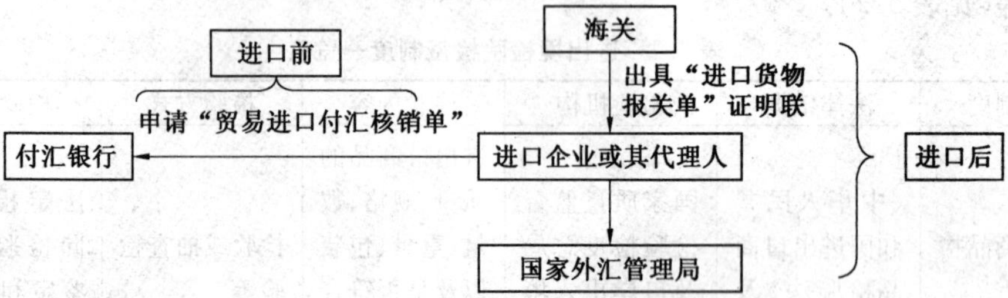

图3.1　进口货物付汇管理流程图

(二)出口货物收汇管理

为完善企业货物贸易出口收结汇管理,加强出口交易与收结汇的真实性及一致性的核查,防止出口单位在对外贸易过程中将外汇截留境外,提高外汇收汇率,国家外汇管理局根据《中华人民共和国外汇管理条例》及其他有关规定,先后颁布了《出口收汇核销管理办法》和《出口收汇核销管理办法实施细则》,并会同商务部和海关总署联合制定了《出口收结汇联网核查办法》,规定了出口货物收汇管理以“出口收汇核销单”管理的方式对出口货物实施直接收汇控制,明确通过“出口收结汇联网核查系统”进行出口电子数据联网核查的方式。一般来说,主要涉及以下三个方面:

1. 出口收结汇联网核查系统

根据海关提供的企业出口货物报关单有关数据以及外汇局提供的企业出口预收货款数据,结合企业贸易类别以及行业特点等,出口收结汇联网核查系统生成企业与出口相对应的可收汇额。

2. 出口企业

出口企业收汇前应当先进入银行直接以该企业名义开立的出口收汇待核查账户,对需要结汇或划出的外汇如实填写“出口收汇说明”,连同中国电子口岸操作员IC卡一并提交银行处理。

3. 银行

银行凭企业提交的操作员IC卡和自身操作员IC卡,登录核查系统,对企业出口收回进行联网核查,并在企业相应出口可收汇额内办理结汇或划出资金手续,同时在核查系统中核减其对应出口可收汇额。

五、对外贸易救济措施

世界贸易组织允许成员方在存在进口产品倾销、补贴等不公平贸易行为和进口过激增长等情况下，分别使用反倾销、反补贴措施以及保障措施等贸易救济手段来保护国内产业不受损害。

为充分利用世界贸易组织规则，维护国内市场上的国内外商品的自由贸易和公平竞争秩序，我国于2001年12月11日正式成为世界贸易组织成员国以后，依据世界贸易组织《反倾销协议》《补贴与反补贴措施协议》《保障措施协议》以及我国《对外贸易法》第三十条的有关规定，制定颁布了《中华人民共和国反倾销条例》《中华人民共和国反补贴条例》以及针对保障措施的有关规定。

（一）反倾销措施

1. 临时反倾销措施

《中华人民共和国反倾销条例》第28条规定，进口方主管机构经过调查，初步认定被指控产品存在倾销并对国内同类产业造成损害时，可依据世界贸易组织所规定的程序进行调查，并在全部调查结束以前采取临时性的反倾销措施，以防止在调查期间国内产业继续受到损害。《中华人民共和国反倾销条例》第31条规定，倾销进口产品的出口经营者在反倾销调查期间，可以向商务部做出改变价格或停止以倾销价格出口的价格承诺。商务部可以向出口经营者提出价格承诺的建议，但不得强迫出口经营者作出价格承诺。

临时反倾销措施主要有两种形式，一是征收临时反倾销税，一般是国务院关税税则委员会根据商务部提出的建议作出决定，并由商务部发出公告；二是由商务部作出要求提供保证金、保函或者其他形式担保的决定并予以公告。海关自公告规定实施之日起执行，实施的期限自临时反倾销措施决定公告规定实施之日起，不超过4个月，特殊情况下可以延长至9个月。

2. 最终反倾销措施

《中华人民共和国反倾销条例》第37条规定，对终裁确定倾销成立并由此对国内产业造成损害的，可以征收反倾销税。一般是由国务院关税税则委员会根据商务部提出的建议做出征收反倾销税的决定，并由商务部予以公告，海关自公告规定实施之日起执行。

（二）反补贴措施

1. 临时反补贴措施

《中华人民共和国反补贴条例》第29条规定，进口方主管机构经过调查，初步认定被指控产品补贴成立并对国内同类产业造成损害时，可依据世界贸易组织所规定的程序进行调查，并在全部调查结束以前采取临时性的反补贴措施，以防止在调查期间国内产业继续受到损害。同倾销一样，出口经营者在反补贴调查期间，可以向商务部提出取消、限制补贴、采取其他有关措施或者修改价格的价格承诺。商务部可以向出口经营者提出价格承诺的建议，但不得强迫出口经营者作出价格承诺。

临时反补贴措施一般是由国务院关税税则委员会根据商务部提出的建议作出要求提供保证金、保函或者其他形式担保的决定,并由商务部发出公告。海关自公告规定实施之日起执行,实施的期限自临时反补贴措施决定公告规定实施之日起,不超过4个月。

2. 最终反补贴措施

《中华人民共和国反补贴条例》第38条规定,对终裁确定补贴成立并由此对国内产业造成损害的,可以征收反补贴税。征收时一般是由国务院关税税则委员会根据商务部提出的建议作出征收反补贴税的决定,并由商务部予以公告,海关自公告规定实施之日起执行。

(三)保障措施

1. 临时保障措施

在有明确证据表明进口产品数量增加,将对国内产业造成难以补救的损害的紧急情况下,进口国与成员国之间可不经磋商而作出初裁决定,并采取临时性保障措施,实施期限自临时保障措施决定公告规定实施之日起核算,不得超过200天,并且此期限计入保障措施总期限。临时性保障措施一般是采取提高关税的形式,如果事后调查不能证实进口激增对国内有关产业已经造成损害,已征收的临时关税应当予以退还。

2. 最终保障措施

对终裁确定确实由于进口产品数量激增而对国内产业造成损害的,为防止、补救严重损害可以实施最终保障措施。征收最终保障措施时一般采取提高关税、数量限制等形式,实施期限一般不超过4年,如果经过调查发现延长后的措施没有延长前的措施严格且对于防止或补救严重损害仍有必要,并有证据表明相关国内产业正在进行调整,在已经履行有关对外通知、磋商的义务后可继续采取保障措施,全部实施期限(包括临时保障措施期限)不得超过10年(见表3.3)。

表3.3 对外贸易救济措施实施情况一览表

救济措施	实施前提	实施对象	实施形式	实施时间与期限
反倾销措施	因倾销存在并对进口国国内产业造成实质性损害	不公平贸易或不公平竞争	提供保证金、保函或者其他形式担保以及最终加征相应的税	临时措施:自临时反倾销措施决定公告规定实施之日起,不超过4个月,特殊情况下可以延长至9个月;最终措施:征收反倾销税,不超过5年
反补贴措施	因补贴存在对进口国国内产业造成实质性损害			临时措施:自临时反补贴措施决定公告规定实施之日起,不超过4个月,不可延长;最终措施:征收反补贴税,不超过5年

续表 3.3

救济措施	实施前提	实施对象	实施形式	实施时间与期限
保障措施	进口产品数量增加对国内产业造成难以补救的损害	数量猛增	提高关税、数量限制或最终加征税或实行关税配额	临时措施:自临时保障措施决定公告规定实施之日起核算,不得超过 200 天;最终措施:一般不超过 4 年,最长不超过 10 年

第三节　我国贸易管制主要管理措施及报关规范

一、进出口许可证管理

(一)管理范围

进出口许可证管理是指由商务部或由商务部会同国务院其他有关部门,依法制定并调整进出口许可证管理目录,以签发进出口许可证的方式对进出口许可证管理目录中的商品实行的行政许可管理。凡属于进出口许可证管理的货物,除国家另有规定外,对外贸易经营者应当在进口或出口前按规定向指定的发证机构申领进出口许可证,持有关进出口许可证向海关办理申报和验放手续。

作为全国进出口许可证的归口管理部门,商务部负责制定进出口许可证管理办法及规章制度,统一管理、指导全国各发证机构的进出口许可证签发工作,监督、检查进出口许可证管理办法的执行情况,处罚违规行为,并会同海关总署制定、调整和发布年度进口许可证管理货物目录及出口许可证管理货物目录。

作为海关验收货物的重要依据,进出口许可证是我国进出口许可证管理制度中具有法律效力,用来证明对外贸易经营者经营列入国家进出口许可证管理目录商品合法进出口的证明文件,不得买卖、转让、涂改、伪造或变造。

2012 年实施进口许可证管理的货物有 12 大类(84 个 10 位商品编码)重点旧机电产品和三氯氟甲烷、二氯二氟甲烷等(48 个 10 位商品编码)消耗臭氧层物质。

表 3.4　进口许可证管理商品明细

管理范围		商品明细
进口许可证管理	重点旧机电产品	旧化工设备类、旧金属冶炼设备类、旧工程机械类、旧造纸设备类、旧起重运输设备、旧电力电气设备类、旧食品加工及包装设备、旧农业机械类、旧印刷机械类、旧纺织机械类、旧船舶类、旧硒鼓
	消耗臭氧层物质	三氯氟甲烷、二氯二氟甲烷等

表 3.5　出口许可证管理商品目录

管理范围	商品明细
出口配额许可证管理	玉米、大米、小麦、玉米粉、大米粉、小麦粉、棉花、锯材、煤炭、焦炭、原油、成品油、稀土、锑及锑制品、钨及钨制品、锡及锡制品、铟及铟制品、白银、锌矿砂、磷矿石、钼;活鸡、活牛以及活猪(对港澳)
出口配额招标管理	蔺草及蔺草制品、碳化硅、滑石块(粉)、矾土、甘草及甘草制品、轻(重)烧镁等
出口许可证管理	消化臭氧层物质、石蜡、锌及锌基合金、钼制品、柠檬酸、维生素 C、青霉素工业盐、硫酸二钠、铂金、汽车及其底盘、摩托车及其发动机和车架、天然砂(仅限港、澳、台地区)、部分金属及制品;活鸡、活牛以及活猪(港澳以外市场)冰鲜牛肉、冻牛肉、冰鲜猪肉、冻猪肉、冰鲜鸡肉、冻鸡肉

(二)报关规范

1.进口许可证管理报关规范

(1)进口许可证的申领

在组织进口前,经营者应当根据所进口商品类型,通过网上或书面的方式向主管部门申领进口许可证,根据 2012 年《进口许可证管理货物分机发证目录》,2012 年对重点旧机电产品和消耗臭氧层物质实行进口许可证管理。

①进口重点旧机电产品。进口旧机电产品时,进口许可证应由最终用户提出申请,申请时进口单位应当向商务部提交申请进口的重点旧机电产品的制造年限证明材料、申请进口单位提供设备状况说明以及其他相关法律、行政法规规定需要提供的文件(见表 3.6)。

表 3.6　重点旧机电产品申领进口许可证所需材料一览表

进口商品	申领单位或部门	申领所需材料
旧工程机械	申请进口的单位	有法律效力的售后服务协议,售后维修服务机构或产品责任人的售后服务承诺,售后维修服务机构的资质证明或营业执照,原使用地官方机构或其授权机构签发的最后年度检验报告,每台工程机械的使用维修记录、相关的中文使用说明书及近期照片

续表 3.6

进口商品	申领单位或部门	申领所需材料
光盘生产设备	申请进口的单位	新闻出版主管部门关于引进光盘生产线的批复复印件、光盘生产许可证复印件、进口光盘生产设备的设备清单
移动通讯设备	申请进口的单位	无线电管理委员会对该产品的型号核准证书复印件
无线广播电视发射设备	申请进口的单位	国家广播电视总局的核准意见、国家无线电管理局的核准意见(在申请表的备注栏加盖两个部门的公章或批注的核准意见)
烟草加工设备	申请进口的单位	由国家烟草专卖局负责初审转报
旧船舶等产品	申请进口的单位	交通部水运证明或交通部办公厅批复复印件、旧船舶进口技术评定书或旧船舶出口技术评定书
旧胶印机	申请进口的单位	印刷经营许可证复印件、批准证书复印件(外商投资企业须提供)、新闻出版署意见反馈函、国家质检总局签发的旧机电产品备案联系单
进口数控机床	申请进口的单位	进口数控机床技术参数表;如果是自用的提供进口合同,如果是销售的提供进口和销售合同
化工、冶炼、制药、印染、造纸、皮革、能源等高风险、高污染、高能耗旧设备	申请进口的单位	环境预评估报告、安全预评估报告
外商投资企业投资项下进口旧机电产品	申请进口的单位	项目批复、投资设备清单(明确为旧设备)的复印件
涉及进口实施 CCC 认证制度管理,且用于销售、租赁、维修、再制造的旧机电产品	从事翻新业务的单位	相应的 CCC 认证证明文件;有物质要求的提供物质证明文件

申请进口单位申请材料齐全后，商务部应正式受理，并向申请进口单位出具受理通知单。商务部如认为申请材料不符合要求的，应在收到申请材料后的 5 个工作日内一次性告知申请进口单位，要求申请进口单位说明有关情况、补充相关文件或对相关填报内容进行调整。商务部应在正式受理后 20 日内决定是否批准进口申请；如需征求相关部门或行业协会意见的，商务部应在正式受理后 35 日内决定是否批准进口申请。

②进口消耗臭氧层物质。在组织进口该类商品前，经营者应事先向主管部门申领进口许可证，申请进口许可证时须提交加盖经营者公章的相对应的进口许可证申请表、主管机关签发的进口批准文件、进口合同正本复印件（进口商与收货人不一致的，应当提交委托代理协议正本复印件）、商务部规定的其他应当提交的材料。发证机构自收到符合规定的申请之日起 3 个工作日内发放进口许可证。特殊情况下，最多不超过 10 个工作日。发证机构凭加盖经营者公章的申请表取证联和领证人员本人身份证明材料发放进口许可证。

申请进口许可证时，可通过网上和书面两种形式申领。网上申请的，领取进口许可证明提交上述材料；书面申请的，申请时提交上述材料。如果为年度内初次申请进口许可证的，还应提交“企业法人登记营业执照”，加盖对外贸易经营者备案登记专用章的“对外贸易经营者备案登记表”或“中华人民共和国进出口企业资格证书”；经营者为外商投资企业的，还应当提交“外商投资企业批准证书”。

（2）进口许可证报关规范

进口许可证一经签发，不得擅自更改证面内容。如需更改，经营者应当在许可证有效期内提出更改申请，并将许可证交回原发证机构，由原发证机构重新换发许可证。一般来说，进口许可证有效期为 1 年，当年有效。特殊情况需要跨年度使用时，有效期最长不得超过次年 3 月 31 日，逾期自行失效。

进口许可证实行“一证一关”管理。一般情况下，进口许可证为“一批一证”，即在有效期内仅能一次报关使用。如要在有效期内实行“非一批一证”即多次报关使用，应当同时在进口许可证备注栏内打印“非一批一证”字样，但最多不超过 12 次，由海关在许可证背面“海关验放签注栏”内逐批签注核减进口数量。

对实行“一批一证”进口许可证管理的大宗、散装货物，其溢装数量在货物总量 3% 以内的原油、成品油予以免证，其他货物溢装数量在货物总量 5% 以内的予以免证；对实行“非一批一证”制的大宗、散装货物，在每批货物进口时，按其实际进口数量进行许可证证面数量核扣，在最后一批货物进口时，应按该许可证实际剩余数量溢装上限，即 5%（原油、成品油在溢装上限 3%）以内计算免证数额。

2. 出口许可证管理报关规范

（1）出口许可证的申领

根据商务部、海关总署发布的《2012 年出口许可证管理货物目录》，2012 年实行出口许可证管理的货物有 49 种共 680 个 10 位商品管理，分别实行出口配额许可证、出口配额招标和出口许可证管理。

在组织出口前，经营者应事先向配额许可证事务局、各地特派员办事处申领出口许可证，申请出口许可证时须提交加盖经营者公章的相对应的出口许可证申请表、主管机关签发的出口批准文件、出口合同正本复印件（出口商与发货人不一致的，应当提交委托代理协议正本复印件）、商务部规定的其他应当提交的材料。发证机构自收到符合规定的申请之日起3个工作日内发放出口许可证。发证机构凭加盖经营者公章的申请表取证联和领证人员本人身份证明材料发放出口许可证。

申请出口许可证时，可通过网上和书面两种形式申领。网上申请的，领取出口许可证明提交上述材料；书面申请的，申请时提交上述材料。如果为年度内初次申请出口许可证的，还应提交"企业法人登记营业执照"、加盖对外贸易经营者备案登记专用章的"对外贸易经营者备案登记表"或"中华人民共和国进出口企业资格证书"；经营者为外商投资企业的，还应当提交"外商投资企业批准证书"。

对于经营边境小额贸易企业，凡出口配额招标的货物、消耗臭氧层物质、汽车及其底盘、摩托车及其发动机和车架，应与其他贸易方式相同，按照上述程序向商务部授权的发证机构办理出口许可证；出口列入《边境小额贸易出口许可证管理货物目录》商品的，应事先获得商务部下达的边境小额贸易出口配额，凭以向商务部授权的边境省、自治区商务主管部门申领出口许可证。边境小额贸易企业出口除上述货物以外的其余列入《出口许可证管理货物目录》的货物，一律免领出口许可证。

（2）出口许可证报关规范

一般来说，出口许可证的有效期最长不得超过6个月，且有效期截止时间不得超过当年12月31日。商务部可视具体情况，调整某些货物出口许可证的有效期。出口许可证应当在有效期内使用，逾期自行失效。

凡列入禁止出口、出口配额许可证、出口许可证管理货物目录的商品，因添加、混合其他成分，或仅简单加工导致商品编号改变的，仍须按照原海关商品编号的管理方式进行管理。

凡申报出口的商品成分中含有（添加或混合）禁止出口、出口配额许可证、出口许可证管理的商品（贵金属超过2%，其他超过10%）的，须按含有禁止出口、出口配额许可证、出口许可证管理商品的管理方式进行管理。为维护正常的经营秩序，国家对部分出口货物实行指定出口报关口岸管理。出口此类货物，均须到指定的口岸报关出口。见表3.7。

表 3.7　部分指定口岸报关出口货物情况一览表

商品名称	许可证签发机构	指定报关出口口岸
锑及锑制品〔包括锑砂、氧化锑、锑(包括锑合金)及锑制品〕	大连特派员办事处	黄埔海关、北海海关、天津海关
轻(重)烧镁		大连(大窑湾、营口、鲅鱼圈、丹东、大东港)、青岛(莱州)、天津(新港)、长春(图们)、满洲里
甘草		天津海关、上海海关、大连海关
甘草制品		天津海关、上海海关
以进口原木加工锯材复出口方式出口的锯材		黑龙江省指定大连、绥芬河为出口报关口岸 内蒙古自治区指定满洲里、二连浩特、大连、天津、青岛为出口报关口岸 新疆维吾尔自治区指定阿拉山口、天津、上海为出口报关口岸 福建省指定福州、厦门、莆田和漳州为出口报关口岸

与进口许可证一样,出口许可证一经签发也不得擅自更改证面内容。如需更改,经营者应当在许可证有效期内提出更改申请,并将许可证交回原发证机构,由原发证机构重新换发许可证。

出口许可证实行“一证一关”(指只能在一个海关报关)管理。一般情况下,出口许可证为“一批一证”(指出口许可证在有效期内一次报关使用)。如要实行“非一批一证”(即出口许可证在有效期内可多次报关使用),应当同时在出口许可证备注栏内打印“非一批一证”字样,但最多不超过 12 次,由海关在许可证背面“海关验放签注栏”内逐批签注核减出口数量。

对实行“一批一证”出口许可证管理的大宗、散装货物,其溢装数量在货物总量 3% 以内的原油、成品油予以免证,其他货物溢装数量在货物总量 5% 以内的予以免证;对实行“非一批一证”制的大宗、散装货物,在每批货物出口时,按其实际出口数量进行许可证证面数量核扣,在最后一批货物出口时,应按该许可证实际剩余数量溢装上限,即 5%(原油、成品油在溢装上限 3%)以内计算免证数额。

二、两用物项和技术进出口许可证管理

(一)管理范围

两用物项和技术(也称敏感物项和技术)是指《中华人民共和国核出口管制条例》、《中华人民共和国核两用品及相关技术出口管制条例》、《中华人民共和国导弹及相关物项和技术出口管制条例》、《中华人民共和国生物两用品及相关设备和技术出口管制条例》、《中华人民共和国监控化学品管理条例》、《中华人民共和国易制毒化学品管理条例》及《有关化学品及相关设备和技术出口管制办法》所规定的相关物项和技术。

商务部和海关总署联合颁布了《两用物项和技术进出口许可管理办法》，并发布了《两用物项和技术进出口许可管理目录》，进出口经营者在进出口属于相关货物前凭批准文件到所在地发证机构申领两用物项和技术进出口许可证（在京的中央管理企业向许可证局申领），其中：①核、核两用品、生物两用品、有关化学品、导弹相关物项、易制毒化学品和计算机的批准文件为商务主管部门签发的两用物项和技术进口或者出口批复单。②监控化学品进出口的批准文件为国家履行禁止化学武器公约工作领导小组办公室签发的监控化学品进口或者出口核准单。监控化学品进出口经营者向许可证局申领两用物项和技术进口或出口许可证。

两用物项和技术进出口许可证实行网上申领，申领时除上述批准文件外还应提交：进出口经营者公函（介绍信）原件、进出口经营者领证人员的有效身份证明以及网上报送的两用物项和技术进出口许可证申领表。如因异地申领等特殊情况，需要委托他人申领两用物项和技术进出口许可证的，被委托人应提供进出口经营者出具的委托公函（其中应注明委托理由和被委托人身份）原件和被委托人的有效身份证明。

发证机构收到相关行政主管部门批准文件（含电子文本、数据）和相关材料并经核对无误后，应在 3 个工作日内签发两用物项和技术进口或出口许可证。

（二）报关规范

（1）对以任何方式进口或出口，以及过境、转运、通运列入《两用物项和技术进出口许可证管理目录》的商品，两用物项和技术的进出口经营者应当主动向海关出具有效的两用物项和技术进出口许可证，进出口经营者未向海关出具两用物项和技术进出口许可证而产生的相关法律责任由其自行承担。

（2）海关有权对进出口经营者进出口的货物是否属于两用物项和技术提出质疑，进出口经营者应按规定向相关行政主管部门申请进口或者出口许可，或者向商务主管部门申请办理不属于管制范围的相关证明。省级商务主管部门受理其申请，提出处理意见后报商务部审定。对进出口经营者未能出具两用物项和技术进口或者出口许可证或者商务部相关证明的，海关不予办理有关手续。

（3）两用物项和技术进口许可证实行“非一批一证”制和“一证一关”制，并在其备注栏内打印“非一批一证”字样；两用物项和技术出口许可证实行“一批一证”制和“一证一关”制。两用物项和技术进出口许可证有效期一般不超过 1 年。跨年度使用时，在有效期内只能使用到次年 3 月 31 日，逾期发证机构将根据原许可证有效期换发许可证。

（4）两用物项和技术进出口许可证仅限于申领许可证的进出口经营者使用，不得买卖、转让、涂改、伪造和变造；两用物项和技术进出口许可证应在批准的有效期内使用，逾期自动失效，海关不予验放。

（5）两用物项和技术进出口许可证一经签发，任何单位和个人不得更改证面内容，如需对证面内容进行更改，进出口经营者应当在许可证有效期内向相关行政主管部门重新申请进出口许可，并凭原许可证和新的批准文件向发证机构申领两用物项和技术进出口许可证。两用物项和技术进出口许可证证面的进口商、收货人应分别与海关进口货物报关单的经营单位、收货单位相一致;两用物项和技术进出口许可证证面的出口商、发货人应分别与海关出口货物报关单的经营单位、收货单位相一致。

三、自动进口许可证管理

(一)管理范围

1. 自动进口许可证管理的商品范围(见表3.8)

表3.8　自动进口许可证管理商品范围

目录	商品类别	发证机构	商品内容	种类	商品数量/个
目录一	一般商品	商务部	肉鸡、植物油、烟草、二醋酸纤维丝束、铜精矿、煤、废纸、废钢、废铝、铜、鲜奶、奶粉、乳清、大豆、菜籽油、豆粕、猪肉及副产品	17	152
目录二	机电产品	商务部	光盘生产设备、烟草机械、移动通信产品、卫星广播电视设备及关键部件、汽车产品、飞机、船舶、游戏机	8	211
			旧机电产品,目前仅有旧胶印机	1	1
		地方、部门机电产品进出口办公室	锅炉、汽轮机、发动机(非第八十七章车辆用)及关键部件、水轮机及其他动力装置、化工装置、食品机械、工程机械、造纸及印刷机械、纺织机械、金属冶炼及加工设备、金属加工机床、电气设备、铁路机车、汽车产品、飞机、船舶、医疗设备等	17	277
目录三	重要工业品		铁矿石、铝土矿、原油、成品油、天然气、氧化铝、化肥、钢材等	8	12

2. 免交自动进口许可证的情形

进口列入《自动进口许可管理货物目录》的商品,在办理报关手续时须向海关提交自动进口许可证,但下列情形免交:

①加工贸易项下进口并复出口的(原油、成品油除外)。

②加工贸易项下进口的不作价设备监管期满后留在原企业使用的。

③暂时进口的海关监管货物。

④进入保税区、出口加工区等海关特殊监管区域及进入保税仓库、保税物流中心的属自动进口许可管理的货物。

⑤货样广告品、实验品进口,每批次价值不超过5 000元人民币的。

⑥外商投资企业作为投资进口或者投资额内生产自用的(旧机电产品除外)。

⑦国家法律法规规定其他免领自动进口许可证的。

(二)报关规范

进口属于自动进口许可管理的货物,收货人(包括进口商和进口用户)在办理海关报关手续前,应向所在地或相应的发证机构提交自动进口许可证申请,提交其从事货物进出口的资格证书、备案登记文件或者外商投资企业批准证书(以上证书、文件权限公历年度内由初次申领者提交)、自动进口许可证申请表以及货物进口合同(属于委托代理进口的,应当提交进口货物协议正本)。

申请内容正确且形式完备的,发证机构收到后应当予以签发自动进口许可证,最多不超过10个工作日。自动进口许可证有效期为6个月,但仅限公历年度内有效。原则上自动进口许可证实行"一批一证"管理,部分货物也可实行"非一批一证"管理。对实行"非一批一证"管理的,在有效期内可以分批次累计报关使用,但累计使用不得超过6次。每次报关时,海关在自动进口许可证原件"海关验放签注栏"内批注后,留存复印件,最后一次使用后,海关留存正本。同一进口合同项下,收货人可以申请并领取多份自动进口许可证。

对实行"一批一证"的自动进口许可证管理的大宗、散装货物,其溢装数量在货物总量3%以内的原油、成品油、化肥、钢材等4种大宗散装货物予以免证,其他货物溢装数量在货物总量5%以内的予以免证;对"非一批一证"的大宗散装货物,每批货物进口时,按其实际进口数量核扣自动进口许可证额度数量,最后一批货物进口时,应按该自动进口许可证实际剩余数量的允许溢装上限,即5%(原油、成品油、化肥、钢材在溢装上限3%)以内计算免证数额。

四、密码产品和含有密码技术的设备进口许可证管理

密码技术属于国家秘密。为了加强商用密码管理,保护信息安全,保护公民和组织的合法权益,维护国家的安全和利益,国家密码产品和含有密码技术的设备实行限制进口管理。

作为密码产品和含有密码技术设备进口的国家主管部门,国家密码管理局会同海关总署依法制定、调整并公布《密码产品和含有密码技术的设备进口管理目录》,以签发"密码产品和含有密码技术设备进口许可证"(以下简称密码进口许可证)的形式,对该类产品实施进口限制管理。

(一)管理范围

列入《密码产品和含有密码技术的设备进口管理目录》(第一批)以及虽暂未列入目录但含有密码技术的进口商品。

(二)报关规范

对外贸易经营者进口列入《密码产品和含有密码技术的设备进口管理目录》(第一批)的商品,以及含有密码技术但暂未列入管理目录的商品,在组织进口前应事先向国家密码管理局申领密码进口许可证,凭此向海关办理通关手续。

(1)免于提交密码进口许可证的情形有以下几种：

①加工贸易项下为复出口而进口的。

②由海关监管，暂时进口后复出口的。

③从境外进入保税区、出口加工区及其他海关特殊监管区域和保税监管场所的，或在海关特殊监管区域、保税监管场所之间进出的。

(2)从海关特殊监管区域、保税监管场所进入境内区外，需交验密码进口许可证。

(3)进口单位知道或应当知道其所进口的商品含有密码技术，但暂未列入目录的，也应当申领密码进口许可证。进口时，应主动向海关提交密码进口许可证。

(4)在进口环节发现应提交而未提交密码进口许可证的，海关按有关规定进行处理。

五、濒危野生动植物种进出口管理

(一)适用范围

作为《濒危野生动植物种国际贸易公约》的成员国，我国进出口管理的濒危物种应包括《濒危野生动植物种国际贸易公约》成员国(地区)应履行保护义务的物种，除此之外，还应该包括我国颁布的《中华人民共和国森林法》《中华人民共和国野生动物保护法》以及《中华人民共和国野生植物保护条例》等相关法律、法规和我国《物种自主保护目录》中规定的为保护我国珍稀物种而自主保护的物种。

(二)报关规范

(1)凡进出口列入《进出口野生动植物种商品目录》内的依法受保护的珍贵、濒危野生动植物及其产品，必须严格依照有关法律、行政法规的程序进行申报和审批，并在进出口报关前取得濒管办或其授权的办事处签发的“公约证明”“非公约证明”或“非物种证明”后，向海关办理进出口手续。

(2)物种证明分“一次使用”和“多次使用”两种，“一次使用”的物种证明，有效期自签发之日起不得超过6个月，“多次使用”的物种证明只适用于同一物种、同一货物类型、在同一报关口岸多次进出口的野生动植物，有效期截至发证当年12月31日，持证者应于1月31日前将上一年度使用多次物种证明进出口有关野生动植物标本的情况汇总上报。

【案例 3.2】

西双版纳跨境野生动物走私链

云南是野生动植物的宝库,仅西双版纳州就生存着占全国 1/4 的野生动物和 1/6 的野生植物物种资源,是全球生物多样性保护 25 个热点地区之一,需要更猛烈的打击野生动物走私。动物保护组织 TRAFFIC 曾对云南省保山、腾冲、瑞丽和西双版纳边境地区以及缅甸境内木姐和小勐拉市场走访。在中国打洛口岸对面的缅甸掸邦东部第四特区的小勐拉,发现大量的野生动物及其产品出售。国内野生动物资源相对匮乏,但需求很大,价格很高。邻国资源丰富,经济比较落后,价格低。周边国家的野生动物资源必然会流入。所以,边境走私、非法收购、运输、出售珍稀动植物及其产品案件仍呈多发态势。从缅甸、越南、老挝流入云南的活体野生动物,大部分被运往外地,一部分在当地餐馆食用,一部分被配制成各种药酒内销或外运。边民零散运入的野生动物,在各口岸被公开和暗地的收购处集中,或汇入国际大商贩的贸易渠道,或直接再运往国内各地联络销售处。据介绍,一般种类野生动物多数供边境地区当地消费;珍稀种类销路很好,但数量越来越少,非常紧俏;而适宜长时间远途运输的野生动物,如爬行类的龟、蛇、巨蜥,哺乳类的穿山甲等,市场需求和贸易数量都特别大。

调查显示,野生动物从邻国流入主要有两种方式:一是两国的大商贩事先已联系好,内外接应,设法批量运入,在云南中转,销往其他地方;二是口岸设有公开和暗地收购处,将边民零散运入的野生动物集中,再运往中国各地。

来自西双版纳森林公安局的资料显示,仅 2010 年 1 月 1 日至 10 月 30 日,西双版纳州就查获野生动物及其制品案 13 起,收缴野生动物 3 731 头(只)。其中国家一级野生动物 7 头(只)、国家二级野生动物 6 头(只),一级动物皮张 2 张,一级动物制品 16 件,二级动物制品 5 件。这些野生动物主要为鼷鹿、巨蜥、蟒、熊、猴子、果子狸、大头龟、眼镜蛇等,途径很大一部分即为走私。

云南林业部门用建立野生动物收容站和野生动物收容中心的方式,来处理边境野生动物大量流入中国的问题。但一些野生动物收容中心或成为二次贩售点,或资金紧张无以为继。

2010 年 2 月 4 日凌晨,版纳州勐海县森林公安查获一起走私案件,当场收缴蛇 124 箱,计(净)重 2 480 千克,约 3 720 余条。

资料来源:21 世纪经济报道

六、药品进出口管理

进出口药品从管理角度可分为进出口精神药品、进出口麻醉药品、进出口兴奋剂、进口放射性药品及医用毒性药品以及进口一般药品。国家食品药品监督管理局依据《中华人民共和国药品管理法》、有关国际公约以及国家其他法规,对上述药品依法制定并调整管理目录,以签发许可证件的方式对其进出口加以管制。目前我国公布的药品进出口管理目录主要有《进口药品目录》《生物制品目录》《精神药品管制品种目录》《麻醉药品管制品种目录》《兴奋剂目录》。

(一)精神药品进出口管理

国家食品药品监督管理局依据《中华人民共和国药品管理法》和国务院《精神药品管理办法》以及有关国际条约,对进出口直接作用于中枢神经系统,使之兴奋或抑制,连续使用能产生依赖性的药品,制定和调整《精神药品管制品种目录》,并以签发"精神药品进口准许证"或"精神药品出口准许证"的形式对《精神药品管制品种目录》商品实行进出口限制管理。任何单位以任何贸易方式进出口列入《精神药品管制品种目录》范围的药品,不论用于何种用途,均须事先申领精神药品进出口准许证。

1. 适用范围

(1)进出口列入《精神药品管制品种目录》的药品,包括肾上腺素、咖啡因、去氧麻黄碱等精神药品标准品及对照品。

(2)对于列入《精神药品管制品种目录》的药品可能存在的盐、醋、醚,虽未列入《精神药品管制品种目录》,但仍属于精神药品管制范围。

2. 报关规范

(1)报关单位进出口精神药品管理范围内的药品,应主动向海关申报并提交有效的精神药品进出口准许证及其他有关单据。

(2)精神药品的进出口准许证的证面内容不得自行更改,如需更改,应到国家食品药品监督管理局办理换证手续。

(3)精神药品进出口准许证实行"一批一证"制度,并仅限在该证注明的口岸海关使用。

(二)麻醉药品进出口管理

国家药品监督管理部门依据《中华人民共和国药品管理法》和国务院《麻醉药品管理办法》,以及有关国际条约,对进出口连续使用后易使身体产生依赖性、能成瘾癖的药品,制定和调整《麻醉药品管制品种目录》,并以签发"麻醉药品进口准许证"或"麻醉药品出口准许证"的形式对该目录商品实行进出口限制管理。

1. 适用范围

(1)进出口列入《麻醉药品管制品种目录》的麻醉药品,包括鸦片类、可卡因类、大麻类、合成麻醉药类及其他易成瘾癖的药品、药用原植物及其制剂。

(2)列入《麻醉药品管制品种目录》的麻醉药品,及仍属于麻醉药品管制范围,并可能存在的盐、醋、醚(尽管未列入该目录)。

(3)任何单位以任何贸易方式进出口列入上述范围的药品,不论用于何种用途,均须事先申领麻醉药品进出口准许证。

2. 报关规范

(1)报关单位申报进出口麻醉药品管理范围内的药品,应主动向海关申报并提交有效的麻醉药品进出口准许证及其他有关单据。

(2)麻醉药品的进出口准许证的证面内容不得自行更改,如需更改,应到国家食品药品监督管理局办理换证手续。

(3)麻醉药品进出口准许证实行"一批一证"制度,并仅限在该证注明的口岸海关使用。

(三)兴奋剂进出口管理

为了防止在体育运动中使用兴奋剂,保护体育运动参加者的身心健康,维护体育竞赛的公平竞争,根据《中华人民共和国体育法》和其他有关法律,我国制定颁布了《反兴奋剂条例》,并由国家体育总局会同商务部、卫生部、海关总署、国家食品药品监督管理局制定颁布了《兴奋剂目录》。

1. 适用范围

列入《兴奋剂目录》的药品包括蛋白同化制剂品种、肽类激素品种、麻醉药品品种、刺激剂(含精神药品)品种、药品类易制毒化学品品种、医疗用毒性药品品种、其他品种等共7类。

2. 报关规范

(1)进出口列入《兴奋剂目录》的精神药品、麻醉药品、易制毒化学品、医疗用毒性药品,应按照现行规定向海关办理通关验放手续。对《兴奋剂目录》中的"其他品种",海关暂不按照兴奋剂实行管理。

(2)国家对进出口蛋白同化制剂和肽类激素,根据《蛋白同化制剂品种、肽类激素进出口管理办法(暂行)》的相关规定,分别实行"进口准许证"和"出口准许证"管理。进出口蛋白同化制剂、肽类激素贸易中,进出口单位因医疗需要携带或邮寄进出境自用合理数量范围内的蛋白同化制剂和肽类激素药品,凭医疗机构处方予以验放。无法出具处方或超出处方剂量的,均不准进出境。办理报关手续时,应多提交一联报关单,并向海关申请签退该联报关单。海关凭药品"进口准许证"或"出口准许证"验放货物后,在该联报关单上加盖"验讫章"后退回进出口单位;进出口单位应当在海关验放后1个月内,将"进口准许证"或"出口准许证"的第一联、海关签章的报关单退回发证机关。

(四)放射性药品及医用毒性药品管理

1. 放射性药品管理

国家药品监督管理部门依据《中华人民共和国药品管理法》和国务院《放射性药品管理办法》,以审批签发批准文件的形式,对进出口用于临床诊断或治疗的放射性核素制剂或其标记药物进行监督管理。一般来说,放射性药品主要包括裂变制品、堆照制品、加速器制品、放射性同位素发生器及其配套药盒、放射性免疫分析药盒等。

2. 医用毒性药品管理

国家药品监督管理部门依据《中华人民共和国药品管理法》和《国务院医疗用毒性药品管理办法》规定和调整毒性药品的管理品种,以审批签发批准文件的形式,对进出口毒性剧烈、治疗剂量与中毒剂量相近、使用不当会致人中毒或死亡的医疗用毒性药品进行监督管理。

毒性药品管理分中西药两种:①中药品种:主要有砒石(红砒、白砒)、砒霜、水银、生马钱子、生川乌、生草乌、生白附子、生附子、生半夏、生南星、生巴豆、斑蝥、青娘虫、红娘虫、生甘遂、生狼毒、生藤黄、生千金子、生天仙子、闹羊花、雪上一枝蒿、红升丹、白降丹、蟾酥、羊金花、红粉、轻粉、雄黄等。②西药品种:主要有去乙酰毛花甙丙、阿托品、洋地黄毒甙、氢溴酸后马托品、三氧化二砷、毛果芸香碱、升汞、水杨酸毒扁豆碱、亚砷酸钾、氢溴酸东莨菪碱、士的年等。

对上述毒性药品的进出口,实行严格的"一票一批"审批制度,对符合规定的,由国家药品监督管理局签发批准进出口文件,海关凭此办理进出口手续。

(五)一般药品进口管理

国家食品药品监督管理局依据《中华人民共和国药品管理法》《中华人民共和国药品管理法实施条例》制定和调整《进口药品目录》《生物制品目录》;国家食品药品监督管理局授权的口岸药品检验所通过签发进口药品通关单,对列入《进口药品目录》和《生物制品目录》的商品实行进口限制管理。进口暂未列入《进口药品目录》的原料药的单位,必须遵守《进口药品管理办法》中的各项有关规定,主动到各口岸药品检验所报验。任何单位以任何贸易方式进口列入管理目录的药品,不论用于何种用途,均须事先申领进口药品通关单。

1. 适用范围

(1)进口用于预防、治疗、诊断人的疾病,有目的地调节人的生理机能并规定有适应症、用法和用量的物质,包括中药材、中药饮品、中成药、化学原料药及其制剂、抗生素、生化药品、血清疫苗、血液制品等共计约200种列入《进口药品目录》的药品。

(2)进口包括疫苗类、血液制品类及血源筛查用诊断试剂等列入《生物制品目录》的商品。

(3)首次在我国境内进口销售的药品。

2. 报关规范

(1)报关单位进口列入管理目录中的药品,应主动向海关申报,并提交有效的进口药品通关单及其他有关单据。

(2)进口药品通关单实行"一批一证"制度,并仅限在该单注明的口岸海关使用。进口药品通关单的证面内容不得更改,如需更改,必须换发新证。

(3)对一些既可用作药品、也可用作工业原料或其他用途的商品,如果企业以工业原料或其他用途进口,也应出具"入境货物通关单"。

【案例 3.3】

父子走私“康泰克”胶囊粉出境 涉嫌卖毒受审

康泰克胶囊在新西兰属于违禁药品，市场上禁止出售。但因康泰克中含有盐酸伪麻黄碱，可以提炼出冰毒，在中国售价约 13 元的一盒康泰克在新西兰的黑市，可卖到人民币约 330 元。

2004 年，解群英陪儿子到新西兰留学，得知该情况后，通过非法手段在国内购买了 1 万多盒康泰克，夹带在沙发中托运至新西兰，不想被警方查获。解在新西兰被判刑 6 年 4 个月，服刑 4 年后获释并被驱逐出境。2009 年开始，解群英父子拉拢外甥梁兴“重操旧业”，先在昌平租了一间房屋，雇小时工把买来的药全部拆开，倒出粉末装袋。然后找人定做了 10 张中空的大理石桌，将康泰克粉末塞入桌子中空层，以家具的名义出口到新西兰。2006 年底至 2010 年 1 月间，解群英、梁兴和解飞先后从陕西人张海明手中购买新康泰克 700 余箱，3 人将胶囊内的药粉装袋出售。这些新康泰克中共含有盐酸伪麻黄碱 126 000 余克，经营数额 127 万余元。

2011 年 3 月 22 日，卫生部全国合理用药监测网专家孙忠实表示，康泰克中含有的“伪麻黄碱”成分，的确是合成冰毒的一种原料。含麻黄碱类药物是老百姓的常用药品，在临床上主要用于治疗感冒、咳嗽、哮喘等常见疾病。这类药物中的麻黄碱含量很少，按医嘱或说明书指导用药是很安全的。“从药理上来说，康泰克药粉确实能提炼冰毒。但一方面含量少，另一方面制毒的成本也很高。”

据了解，2008 年 11 月，国家药监局曾发布通知称，药品零售企业零售含麻黄碱类复方制剂的，一次不得超过 5 个最小包装。

资料来源：石狮日报

七、黄金及其制品进出口管理

(一)适用范围

列入中国人民银行、海关总署联合发布的《黄金及其产品进出口管理目录》的黄金及其制品，主要包括氰化金、氰化金钾(含金 40%)、其他金化合物、非货币用金粉、非货币用未锻造金、非货币用半制成金、货币用未锻造金(包括镀铂的金)、金的废碎料、镶嵌钻石的黄金制首饰及其零件、镶嵌濒危物种制品的金首饰及零件、其他黄金制首饰及其零件、金制工业用制品、实验室用制品等。

(二)报关规范

自 2008 年 1 月 1 日起，进出口列入《黄金及其制品进出口管理商品目录》的货物，海关凭中国人民银行或其授权的中国人民银行分支机构签发的“黄金及其制品进出口准许证”办理验放手续。保税区、出口加工区及其他海关特殊监管区域和保税监管场所与境外进出及海关特殊监管区域、保税监管场所之间进出的黄金及其产品，免予办理“黄金及其制品进出口准许证”，由海关实施监管。保税区、出口加工区及其他海关特殊监管区域和保税监管场所与境内区外之间进出黄金及其产品，应办理“黄金及其制品进出口准许证”(加工贸易除外)。

八、有毒化学品进出口管理

(一)适用范围

有毒化学品是指进入环境后通过环境蓄积、生物累积、生物转化或化学反应等方式损害健康和环境,或者通过接触对人体具有严重危害和具有潜在危险的化学品。为了保护人体健康和生态环境,加强有毒化学品进出口的环境管理,国家根据《关于化学品国际贸易资料交流的伦敦准则》,发布了《中国禁止或严格限制的有毒化学品名录》,对列入《中国禁止或严格限制的有毒化学品名录》的有毒化学品进行监督管理。

(二)报关规范

作为有毒化学品进口管理的行政机构,国家环保总局在审批有毒化学品进出口申请时,对符合规定准予进出口的,签发有毒化学品环境管理放行通知单。有毒化学品环境管理放行通知单是我国进出口许可管理制度中具有法律效力、用来证明对外贸易经营者经营列入《中国禁止或严格限制的有毒化学品名录》的化学品合法出口的证明文件,是海关验放该类货物的重要依据。

九、农药进出口管理

(一)适用范围

国家农业主管部门依据《中华人民共和国农药管理条例》,对进出口用于预防、消灭或控制危害农业、林业的病、虫、草和其他有害生物,有目的地调节生物、昆虫生长的化学合成或来源于生物以及其他天然物质的一种物质或几种物质的混合物及其制剂实施目录管理。一般,由农业部会同海关总署依据《中华人民共和国农药管理条例》和《在国际贸易中对某些危险化学品和农药采用事先知情同意程序的鹿特丹公约》,制定《中华人民共和国进出口农药登记证明管理名录》。

(二)报关规范

进出口列入《中华人民共和国进出口农药登记证明管理名录》的农药时,应事先向农业部农药检定所申领“进出口农药登记证明”,以向海关办理进出口报关手续。对一些既可用作农药,也可用作工业原料的商品,如果企业以工业原料用途进出口,则不需办理进出口农药登记证明,进出口通关时海关将不再验核进出口农药登记证明,而是验核农业部出具的“非农药登记管理证明”。

进出口农药登记证明实行“一批一证”制度,一经签发,任何单位或个人不得修改证明内容,如果需要更改证明内容,应在有效期内将原证交回农业部农药检定所,并申请重新办理进出口农药登记证明。

十、废物进口管理

废物是指在生产建设、日常生活和其他活动中产生的污染环境的废弃物质，包括工业固体废物、城市生活垃圾、危险废物以及液态废物和置于容器中的气态废物。为防止以上固体废物污染环境，保障人体健康，国务院环境保护行政主管部门根据《中华人民共和国固体废物污染环境防治法》和《废物进口环境保护管理暂行规定》等法律、法规，会同有关部门指定、调整并公布《限制进口类可用作原料的废物目录》及《自动进口许可管理类可用作原料的废物目录》，对进口废物实施禁止、限制以及自动许可管理。

（一）适用范围

（1）对不能用作原料的和未列入《限制进口类可用作原料的废物目录》及《自动进口许可管理类可用做原料的废物目录》或虽列入上述目录但未取得有效废物进口许可证的废物，一律不得进口或存入保税仓库。

（2）对列入《限制进口类可用作原料的废物目录》及《自动进口许可管理类可用作原料的废物目录》的废物，废物进口部门或废物利用单位经国家环境保护部审查批准后，直接向环境保护部提出废物进口申请，在取得环境保护部门签发的“中华人民共和国自动进口许可管理类可用作原料的固体废物进口许可证”或“中华人民共和国限制进口类可用作原料的固体废物进口许可证”（以下统称为“废物进口许可证”）后方可组织进口。

（3）未列入《限制进口类可用作原料的废物目录》及《自动进口许可管理类可用做原料的废物目录》的废物或虽列入上述目录但未取得有效废物进口许可证的废物，一律不得进口或存入保税仓库。

（二）报关规范

（1）进口列入《限制进口类可用作原料的废物目录》的废物，进口单位应主动向海关申报，并提交有效的废物进口许可证、口岸检验检疫机构出具的入境货物通关单及其他有关单据。

（2）进口列入《自动进口许可管理类可用作原料的废物目录》的废物，进口单位应主动向海关申报，并提交有效的废物进口许可证、口岸检验检疫机构出具的入境货物通关单及其他有关单据。

（3）进口的废物只有废纸可以进行转关运输，其他废物的进口一律不得进行转关运输，只能在口岸海关办理申报入境手续。

（4）进口废物批准证书实行“非一批一证”管理。

十一、音像制品进口管理

（一）适用范围

为了加强对音像制品进口的管理，促进国际文化交流，丰富人民群众的文化生活，我国颁布了《音像制品管理条例》《音像制品进口管理办法》及其他有关规定，对音像制品实行进口许可管制，由新闻出版总署制定音像制品进口规划，审查进口音像制品内容，确定音像制品成品进口经营单位总量、布局以及结构，负责全国音像制品进口的监督管理。

(二)报关规范

音像制品成品进口单位凭新闻出版总署进口音像制品批准文件到海关办理母带或母盘或音像制品成品的进口手续,海关凭有效的“新闻出版总署进口音像制品批准单”办理验放手续;对随机器设备同时进口及进口后随机器设备复出口的记录操作系统、设备说明、专用软件等内容的音像制品,海关凭进口单位提供的合同、发票等有效单证验放。

未经新闻出版总署指定,任何单位或个人不得从事音像制品成品进口业务;学校、科研机构、图书馆、音像资料馆等单位进口供教学、研究参考用的音像制品成品,也应当委托新闻出版总署指定的音像制品成品进口经营单位办理有关进口审批手续。

十二、兽药进口管理

受管理的兽药是指用于预防、治疗、诊断畜禽等动物疾病,有目的地调节其生理机能并规定作用、用途、用法、用量的物质。农业部会同海关总署制定、调整并公布《进口兽药管理目录》,企业进口列入《进口兽药管理目录》的兽药,应向进口口岸所在地省级人民政府兽医行政管理部门申请办理“进口兽药通关单”,凭此向海关办理报关手续,“进口兽药通关单”实行“一单一关”制,在30日有效期内只能一次性使用。

兽药进口单位进口暂未列入《进口兽药管理目录》的兽药时,应如实申报,主动向海关出具“进口兽药通关单”;对进口同时列入《进口药品目录》的兽药,海关免予验核“进口药品通关单”;对进口的兽药,因企业申报不实或伪报用途所产生的后果,企业应承担相应的法律责任。

表3.9 部分货物许可证管理及报关规范比较表

证件名称			主管部门	发证部门	适用范围	报关规范
进出口管理	濒危野生动植物种	非公约证明	国家濒危物种进出口管理办公室	濒管办或其授权的办事处	《进出口野生动植物种商品目录》中属于我国自主规定管理的野生动植物及其产品	提交“非公约证明”;实行“一批一证”制度
		公约证明		濒管办或其授权的办事处	《进出口野生动植物种商品目录》中属于《濒危野生动植物种国际贸易公约》的物种	提交“公约证明”;实行“一批一证”制度
		非物种证明		濒管办指定机构认定并出具	《进出口野生动植物种商品目录》中除适用“非公约证明”、“公约证明”物种以外的其他野生动植物及相关货物或物品和含野生动植物成分的纺织品	提交“非物种证明”,分一次和多次;按照规定的口岸、方式、时限、物种、数量和货物类进出口,超过范围海关不予受理

续表 3.9

证件名称			主管部门	发证部门	适用范围	报关规范
进出口管理	药品	精神药品进出口准许证	国家食品药品监督管理局	国家食品药品监督管理局	《精神药品管制品种目录》的药品,以及列入《精神药品管制品种目录》的药品可能存在的盐、醋、醚	提交有效的精神药品进出口准许证及其他有关单据;实行"一批一证"制度
		麻醉药进出口准许证			《麻醉药品管制品种目录》的麻醉药品以及列入《麻醉药品管制品种目录》的麻醉药品可能存在的盐、醋、醚	提交有效的麻醉药品进出口准许证及其他有关单据;实行"一批一证"制度
		兴奋剂进/出口准许证			《兴奋剂目录》的药品	"进口准许证"有效期 1 年,"出口准许证"有效期不超过 3 个月,均实行"一证一关"制度
		进口药品通关单			《进口药品目录》的药品;《生物制品目录》的商品;首次在我国境内进口销售的药品	提交有效的进口药品通关单及其他有关单据;实行"一批一证"制度,并仅限在该单注明的口岸海关使用
	黄金制品	黄金及其制品进出口准许证	中国人民银行、海关总署	中国人民银行或其授权的中国人民银行分支机构	列入中国人民银行、海关总署联合发布的《黄金及其产品进出口管理目录》的黄金及其制品	提供有效的黄金及其制品进出口准许证
	有毒化学品	有毒化学品环境管理放行通知单	国家环保总局	国家环保总局	列入《中国禁止或严格限制的有毒化学品名录》的有毒化学品	提交"有毒化学品环境管理放行通知单"
	农药	进出口农药登记证明	农业部	农业部农药检定所	列入《中华人民共和国进出口农药登记证明管理名录》的农药	实行"一批一证"制度

续表 3.9

证件名称			主管部门	发证部门	适用范围	报关规范
进口管理	废物进口	废物进口许可证	国务院环境保护行政主管部门	环境保护部门	列入《限制进口类可用作原料的废物目录》及《自动进口许可管理类可用作原料的废物目录》的废物	提出废物进口申请,取得环境保护部门签发的“中华人民共和国自动许可进口类可用作原料的固体废物进口许可证”或“中华人民共和国限制进口类可用作原料的固体废物进口许可证”实行“非一批一证”制度
	音像制品进口	新闻出版总署进口音像制品批准单	新闻出版总署	新闻出版总署	新闻出版总署指定的音像制品成品进口经营单位经营指定的音像制品母带或母盘或成品	凭新闻出版总署进口音像制品批准文件、有效的“新闻出版总署进口音像制品批准单”以及进口单位提供的合同、发票等有效单证
	兽药进口	进口兽药通关单	农业部	进口口岸所在地省级人民政府兽医行政管理部门	列入《进口兽药管理目录》的兽药;进口暂未列入《进口兽药管理目录》的兽药时也应如实申报	“进口兽药通关单”实行“一单一关”制,在30日有效期内只能一次性使用

本章小结

1. 我国按管制对象不同,分为货物进出口贸易管制、技术进出口贸易管制和国际服务贸易管制。

2. 进出口许可管理制度的主体是货物、技术进出口许可管理制度,包括货物和技术的禁止进出口、货物和技术的限制进出口、货物和技术的自由进出口以及自由进出口中货物的部分实行自动许可管理。

3. 世界贸易组织允许成员方在存在进口产品倾销、补贴等不公平贸易行为和进口过激增长等情况下,分别使用反倾销、反补贴措施以及保障措施等贸易救济手段来保护国内产业不受损害。

4. 我国实行出口许可证管理主要采用出口配额许可证、出口配额招标和出口许可证管理，出口许可证实行“一证一关”管理。一般情况下，出口许可证为“一批一证”。

5. 关税配额管理属限制进口，实行关税配额证管理。对外贸易经营者经国家批准取得关税配额证后允许按照关税配额税率征税进口，如超出限额则按照配额外税率征税进口。

自　测　题

一、单项选择题

1. 我国出入境检验检疫的主管部门是(　　)。

A. 国家质量监督检验检疫总局　　B. 海关

C. 工商局　　D. 税务局

2. 对于限制出口货物管理，国家规定有数量限制的出口货物，实行(　　)。

A. 许可证件管理　　B. 配额管理

C. 自动出口管理　　D. 禁止出口管理

3. 下列关于进口废物管理的说法，不正确的是(　　)。

A. 向海关申报允许进口的废物，应主动向海关提交废物进口许可证、入境货物通关单及其他有关单据

B. 对未列入《限制进口类可用做原料的废物目录》的废物一律不得进口

C. 废物进口许可证实行“一批一证”管理

D. 存入保税仓库的废物必须取得有效废物进口许可证

4.《进口药品通关单》是针对(　　)的进口管理批件。

A. 所有药品　　B. 一般药品　　C. 精神药品　　D. 麻醉药品

5. 临时反倾销措施实施的期限，自临时反倾销措施决定公告规定实施之日起，不得超过(　　)个月，特殊情况下，可以延长至(　　)个月。

A. 3，6　　B. 4，9　　C. 5，8　　D. 6，12

6. 单位以任何贸易方式进出口列入《精神药品管制品种目录》的药品，均需取得(　　)核发的《精神药品进出口准许证》，准许证实行“一批一证”制度。

A. 商务部　　B. 国家环境保护总局

C. 卫生部　　D. 国家食品药品监督管理局

7. 最终保障措施的实施期限一般不超过(　　)年，特殊情况需要延长的，保障措施全部实施期限不得超过(　　)年。

A. 2；5　　B. 4；10　　C. 5；8　　D. 10；20

8. 无论以何种方式进口列入《进出口野生动植物商品目录》属于我国自主规定管理的野生动植物及其产品，均须事先申领(　　)。

A. 进口许可证　　B. 公约证明

C. 非公约证明　　　　D. 非物种证明

9. 向海关申报出口列入《法检目录》属出境管理的商品，报关单位应主动向海关提交有效的(　　)及有关单据。

A. 进境货物通关单　　　　B. 出境货物通关单

C. 进口许可证　　　　D. 出口许可证

10. (　　)负责全国音像制品的进口管理，省、自治区、直辖市人民政府音像制品行政管理部门负责管理本行政区域内的音像制品进口工作。

A. 中宣部　　B. 商务部　　C. 新闻出版总署　　D. 出入境检验检疫局

11. 进出口农药登记证明实行"一批一证"制，证面内容不得更改，如需更改，应在有效期内将原证交回(　　)，并重新办理新证。

A. 商务部　　　　B. 农业部农药检定所

C. 出入境检验检疫局　　　　D. 林业局农药检定所

12. 下列进口的废物中，可以申请转关运输的是(　　)。

A. 废电机、电器产品　　　　B. 废纸

C. 木制品废料　　　　D. 旧服装

13. 下列进出口许可证中实行"非一批一证"管理的是(　　)。

A. 两用物项和技术出口许可证

B. 濒危野生动植物国际贸易公约允许进出口证明书

C. 精神药品进口准许证

D. 进口废物批准证书

14. 某企业持一份证面数量为200吨的化肥自动进口许可证("非一批一证")，以海运散装形式分两批进口化肥200吨，在第一批实际进口数量100吨的情况下，该企业可凭该份自动进口许可证总共最多可进口(　　)化肥。

A. 210吨　　B. 205吨　　C. 203吨　　D. 206吨

15. (　　)属于我国禁止进口的商品。

A. 象牙　　　　B. 成品油

C. 汽车　　　　D. 化妆品

16. 反补贴措施实施的期限是(　　)。

A. 4个月　　　　B. 5年

C. 9个月　　　　D. 10年

17. 对于限制出口货物管理，国家规定有数量限制的出口货物实行(　　)管理。

A. 许可证件　　　　B. 自动出口

C. 配额　　　　D. 禁止出口

二、判断题

1. 出口许可证的有效期为1年，当年有效。（　）
2. 对于法定检验的进出境商品是否需要检验，由对外贸易当事人决定。（　　）
3. 我国进出口货物收付汇管理包括进口货物付汇管理和出口货物收汇管理。（　　）
4. 自动进口许可证的有效期为1年，当年有效。（　　）
5. 最终保障措施实施期限一般不超过4年，特殊情况全部实施期限不超过8年。（　　）
6. 自动进口许可证的有效期不超过6个月，从申请之日到满6个月为止。（　　）
7. 我国目前主要针对重点旧机电产品和消耗臭氧物质实行配额管理。（　　）
8. 进口废物批准证书实行“一批一证”管理。（　　）

三、简答题

1. 比较“公约证明”“非公约证明”以及“物种证明”的适用范围。
2. 简述进口药品的报关规范。
3. 分析黄金及其制品、音像制品、有毒化学品、兽药进口时，使用的报关单种类的区别。
4. 我国对外贸易管制的目的及目标实现。
5. 简述我国现行主要贸易管制制度。

三、案例分析

一辆非法入境货轮满装大批挖掘机和奔驰、宝马零配件等，在北海电厂码头抛锚等待接货时，被北海边防检查站查获。经过对船长和船员的询问，北海边防检查站初步了解到，该货轮于2010年5月22日上午11时许从×国开往北海，24日中午到达北海电厂码头抛锚，等待中国货主接货电话，但一直未有货主与他们联系。5月24日晚上11时许，调查人员将船长押送上货轮，要求把船停靠在电厂重件码头，提供货物单据和相关证件，但对方除了提供7人×国身份证和船舶证书外，始终无法提供与该船货物有关的任何单据。该货轮及人员还属于非法入境。5月26日上午10时许，检查站要求船长将货轮开至石步岭码头，与北海海关部门协商，准备将集装箱全部装车。货轮上有18个集装箱，一个集装箱有四五十吨重，有关部门花了数十万元，请来切割机、大型叉车以及吊车，先将集装箱切开，再用叉车或吊车将挖掘机、货车机头等全部拉出或吊出。5月27日开始，10多名调查人员开始对查获的涉嫌走私物品进行清点登记，因物品和型号规格多，直到6月14日，调查人员才清点完毕，并将案件移交给海关部门处理。经清点，18个集装箱内共有旧挖掘机49台、货车机头5台，以及一大批高档旧汽车发动机、零配件、汽车切割件等货物。经初步估算，涉嫌走私物品价值超过1 000万元，这是广西目前破获的最大钩机、汽配件走私案。7月1日，有关部门完成了对全部涉嫌走私物品的鉴定，调查人员发现，这批二手挖掘机有的还装着油，可以直接开动。旧的汽车发动机、零配件、汽车切割件以及一些全新的奔驰、宝马等刹车碟等，按其规格和型号组装，可以重新装成完整的汽车。再由现场情况看来，不法分子是为了方便运输，才将完整的汽车用切割机切成配件装运，到了目的地再将型号、规格翻新，装成一辆辆高档名牌汽车处理。

1. 根据以上资料，不法分子是为了逃避什么进出口管理条例而对汽配件进行伪装？

2. 如果按照正规程序，不法分子需要提交什么资料报关进口？

第四章

Chapter 4

一般进出口货物的报关

【学习要点及目标】

通过本章学习，使学生了解报关程序的含义和分类，掌握海关监管货物内容，熟悉电子报关和电子报关系统；理解一般进出口货物的含义及特征，掌握一般进出口货物的报关程序及报关注意事项，应用一般进出口货物报关程序内容分析解决实际业务问题。

【引导案例】

企业通关迈入"E"时代

企业不需要办理纸质单证报关手续，直接通过电子报关，既省时间又省钱。昨天上午，"直通车"接访开进深圳海关，深圳海关副关长陈振冲会同8位企业代表及市民，就"通关单电子放行"、企业的海关信用等级、个人物品申报等政策与问题进行了交流和沟通。

实行通关单电子放行。在活动中记者了解到，今年，深圳海关与深圳出入境检验检疫局共同推进了"出境法定检验检疫货物通关单电子放行"改革试点项目，并于2011年8月18日，以中兴、华为两家公司为试点企业，正式启动该项目，企业通关正式迈入"E"时代。海关介绍，"通关单电子放行"是指海关、检验检疫部门在通关单电子数据联网核查的基础上，深圳检验检疫部门对检验检疫合格的试点企业出境法定检验检疫货物实行无纸报检，不再出具纸质通关单；深圳海关对试点企业出口货物实行"单证暂存"或"事后交单"的无纸报关，凭经通关单联网核查数据比对正常的通关单电子数据办理出境货物报关手续。"企业无须申领、交验通关单；纳入试点范围的出口货物不用缴纳通关单签证费"，深圳海关负责人介绍，"通关单电子放行"模式简化了企业手续办理，降低了企业成本，同时缩短了企业出口业务通关作业周期。

将增加试点企业数量。那么该如何成为试点企业呢？面对来访企业的疑惑，深圳海关负责人解释，试点企业主要是从现有的海关"事后交单""单证暂存"企业和国检高资信企业里甄选出来，"前期试点的中兴、华为就符合这一资质"。下一阶段，深圳海关还将进一步增加试点企业数量，让更多的企业享受便利。

资料来源：广州日报

第一节 报关程序概述

一、报关程序

(一)报关程序的含义

报关程序是指进出口货物收发货人、运输工具负责人、物品所有人或其代理人按照我国海关的规定,办理货物、物品、运输工具进出境及相关海关事务的手续和步骤。对海关而言,货物的进出境须经过海关审单、查验、征税、放行四个作业环节。对进出口收发货人或其代理人而言,货物的进出境应当按程序办理进出口申报、配合查验、缴纳税费、提取或装运货物等手续。

【知识库】

通关与报关

通关即结关、清关,是指进口货物、出口货物和转运货物进入一国海关关境或国境,必须向海关申报,办理海关规定的各项手续,履行各项法规规定的义务;只有在履行各项义务,办理海关申报、查验、征税、放行等手续后,货物才能放行,放行完毕叫通关,货主或申报人才能提货。同样,载运进出口货物的各种运输工具进出境或转运,也均需向海关申报,办理海关手续,得到海关的许可。货物在结关期间,不论是进口、出口或转运,都是处在海关监管之下,不准自由流通。

报关是指进出口货物收发货人、进出境运输工具负责人、进出境物品所有人或者他们的代理人向海关办理货物、物品或运输工具进出境手续及相关海关事务的过程,包括向海关申报、交验单据证件,并接受海关的监管和检查等。报关是履行海关进出境手续的必要环节之一。

资料来源:百度百科

(二)报关程序的分类

目前,报关程序从报关的对象和报关的时间不同主要分为以下两种。

1. 按照报关的对象分类

报关程序按报关对象不同可以分为一般进出境货物报关程序、保税货物报关程序、特定减免税货物报关程序,暂准进出境货物报关程序及其他货物报关程序。一般进出境货物是指在进出境环节缴纳了所有进出口税费并办结了所有海关手续,海关放行后不再进行监管的货物,其报关程序包括申报、配合查验、缴纳税费和提取或装运货物四个环节。保税货物是指经海关批准未办理纳税手续进境在境内加工、装配或存储后复运出境的货物,其报关程序包括保税备案、进出境报关和核销三个环节。特定减免税货物是指海关依据国家的政策规定准予减免税进口使用于特定地区特定企业和特定用途的货物,其报关程序包括减免税的申请、进出境报关和后续解除海关监管手续三个环节。暂准进出境货物是指为了特定的目的,经海关批准暂时进出境,在规定期限内原状复运进出境的货物,其报关程序包括进出境担保、进出境和销案三个环节。其他货物是指诸如租赁、维修、出料加工等货物，报关程序按海关相关规定办理。

2. 按照报关的时间分类

报关程序按报关时间不同可分为三个阶段，即前期阶段、进出境阶段和后续阶段。在报关的含义中提到货物的进出境须经过进出口申报、配合查验、缴纳税费、提取或装运货物四个环节，然而这四个环节不能满足海关对所有进出境货物的实际监管要求。例如，保税货物的备案与核销，特定减免货物的申请与解除监管，暂准进出境货物的担保与销案等不能在上述四个环节的任何一个环节内完成。所以，为了能将这些行为纳入到海关监管中来，保证进出境货物海关监管的严密性，报关程序就必须有前期阶段、进出境阶段、后续阶段。

（1）前期阶段。前期阶段是指根据海关的监管要求，进出口收发货人或其代理人在货物进出境以前，向海关办理备案手续的过程。通常，前期阶段包括：保税货物的进口收货人或其代理人在保税加工货物进口之前办理加工贸易备案，申请建立加工贸易电子账册或者申领加工贸易纸质手册的手续（出口加工区和保税区除外）；特定减免税货物的进口收货人或其代理人进口之前办理企业的减免税申请和申领减免税证明手续；暂准进出境货物的进出境货物收发货人或其代理人在展览品实际进境之前办理展览品进境备案申请的手续；其他进出境货物的进出口收发货人或其代理人办理海关规定的相关手续。

（2）进出境阶段。进出境阶段是指根据海关对进出境货物的监管制度，进出口收发货人或其代理人在一般进出口货物、保税货物、特定减免税货物、暂准进出境货物、其他进出境货物进出境时，向海关办理进出口申报、配合查验、缴纳税费、提取或装运货物手续的过程。这一过程适用于所有进出境货物。

（3）后续阶段。后续阶段是指根据海关的监管要求，进出口收发货人或其代理人在货物进出境储存、加工、装配、使用、维修后，在规定的期限内，按照规定的要求，向海关办理上述进出口货物核销、销案、申请解除监管等手续的过程。通常，后期阶段包括：保税货物的进口货物收货人或其代理人在规定期限内办理核销手续；特定减免税货物的进口收货人或其代理人应在海关监管期满后或者在海关监管期内经海关批准出售、转让、退运、放弃并办妥有关手续后，向海关申请办理解除海关监管的手续；暂准进出境货物的收发货人或其代理人在暂准进出境规定期限内，或者在经海关批准延长暂准进出境期限到期前，办理复运出境或复运进境或正式进出口手续，然后申请办理销案手续；其他进出境货物的进出口收发货人或其代理人办理海关规定的相关手续。不同监管货物的报关程序见表4.1。

表 4.1　不同监管货物的报关程序阶段对比表

报关程序 货物类别	前期阶段 （货物在进境前办理）	进出口阶段 （货物在进出境时办理的 4 个环节）	后续阶段 （进出关境后需要办理才能结关）
一般进出口货物	不需要办理	申报（海关审单） ↓	不需要办理
保税进出口货物	备案、申请登记手册	配合查验（查验） ↓	办理申请核销手续
特定减免税货物	特定减免税申请和申领免税证明		办理解除海关监管手续
暂准进出境货物	展览品备案申请	缴纳税费（征税）/纳税暂缓 ↓	办理销案手续
其他进出境货物	出料加工货物的备案 加工贸易不作价设备备案	提取、装运货物（放行）	办理销案手续

二、海关监管货物

海关监管货物是指自进境起到办结海关手续止的进口货物，自向海关申报起到出境的出口货物，以及自进境起到出境止的过境、转运和通运货物等应当接受海关监管的货物。具体而言，海关监管货物包括一般进出口货物、保税货物、特定减免税货物、暂准进出境货物，以及过境、转运、通运货物和其他尚未办结海关手续的货物。根据货物进出境的不同目的，海关监管货物可以分为一般进出口货物、保税货物、特定减免税货物、暂准进出境货物和其他进出境货物五大类，进出境货物需要由收发货人或其代理人根据不同的货物类别，按照海关的监管规定，办理相关的海关手续，包括在货物进出境前、在进出口货物现场办理有关海关手续，以及最终办结海关手续。货物从进出境起到最终办理结关手续截止的期限，就是海关对监管货物的监管期限。

三、电子报关与电子报关系统

（一）电子报关

所谓电子报关，是指进出口货物收发货人或其代理人按照《中华人民共和国海关进出口货物报关单填制规范》的相关规定，通过计算机系统向海关传送报关单电子数据，接收到海关计算机系统返回的表示接受申报的信息后，打印向海关提交的纸质报关单，并备齐随附单证的申报方式。

《海关法》规定："办理进出口货物的海关申报手续，应当采用纸质报关单和电子数据报关单的形式。"这一规定确定了电子报关的法律地位，使电子数据报关单和纸质报关单具有同等的法律效力。

一般情况下，进出口货物收发货人或其代理人应当采用纸质报关单形式和电子数据报关单形式向海关申报。特殊情况下经海关同意，允许先采用纸质报关单形式申报，电子数据事后补报。某些特定情况下,进出口货物收发货人或其代理人可以保存纸质报关单据单独使用电子数据报关单向海关申报,也可以仅采用纸质报关单申报。

(二)电子通关系统

1. 海关 H883/EDI、H2000 通关系统

我国海关已经在进出境货物通关作业中全面使用计算机进行信息化管理,通过启用海关自动化系统实现监管、征税和统计三大海关业务一体化管理。目前中国启用的主要是海关 H883/EDI 以及海关 H2000 通关系统,其中海关 H2000 通关系统是海关 H883/EDI 通关系统的更新换代,在集中式数据库的基础上建立了全国统一的海关信息作业平台,不但提高了海关管理的整体效能,而且使进出口企业真正享受到简化报关手续的便利,进出口企业可以在其办公场所办理加工贸易登记备案、特定减免税证明申领、进出境报关等各种海关手续。

2. 中国电子口岸系统

中国电子口岸系统又称口岸电子执法系统,简称电子口岸,是利用现代计算机信息技术,将与进出口管理有关的政府机关分别管理的进出口业务信息电子底账数据集中存放在公共数据中心,为管理部门提供跨部门、跨行业联网数据核查,为企业提供网上办理各种进出口业务的国家信息系统。

电子口岸系统和海关 H2000 系统共同构成了覆盖全国进出口贸易服务和管理的信息网络系统,与进出口贸易有关的海关及其他有关国家管理机关可以在网上对进出口贸易进行有效管理,进出口企业也可以在办公室上网向海关及其他有关国家管理机构办理与进出口贸易有关的各种手续。

第二节　一般进出口货物概述

一、一般进出口货物的含义及特征

(一)一般进出口货物的含义

一般进出口货物是一般进口货物和一般出口货物的合称,是指在进出口环节缴纳了应征的进出口税费并办结了所有必要的海关通关手续,海关放行后不再进行监管,可以直接进入国内(境外)生产、消费领域流通的进出口货物。在进出口货物的实际报关业务中,海关对各种不同货物进出口有着不同的监管要求,采用不同的监管模式,因此,在不同的货物进出口报关时,其业务程序也不尽相同。一般进出口货物是指在进出境环节缴纳了应征的进出口税费,并办结了所有必要的海关手续,海关放行后不再进行监管的进出口货物。一般进出口货物是从海关监管的角度来划分的,一般进出口货物,海关放行后不再进行监管。这里的一般进出口货物是相对于保税货物、特定减免税货物、进出口货物而言的,因为这些货物都需要经过前期和后续的监管阶段。因此,“一般进出口”是指海关的一种监管制度,使用“一般”是为了便于与海关其他监管制度相区别。例如,“保税进出口”中的“保税”则代表着另外一种监管制度。

一般进出口货物并不完全等同于一般贸易货物。一般贸易是国际贸易中的一种交易方式。在我国的对外贸易中,一般贸易是指中国境内有进出口经营权的企业单边进口或单边出口的贸易。按一般贸易方式进出口的货物为一般贸易货物。

如图4.1所示,一般贸易货物在进口时可以按一般进出口监管制度办理海关手续,这时它就是一般进出口货物;符合条件的可以享受特定减免税优惠,按特定减免税监管制度办理海关手续,这时它就是特定减免税货物;经海关批准保税,也可以按保税监管制度办理海关手续,这时它就是保税货物。

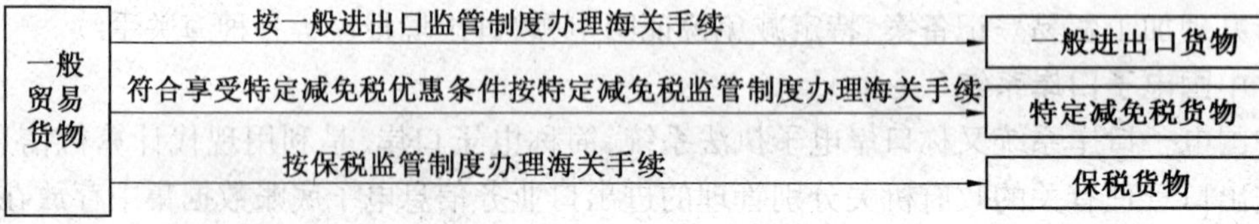

图4.1　一般进出口货物与一般贸易货物关系图

(二)一般进出口货物的特征

1. 进出境时缴纳进出口税费

一般进出口货物的收发货人应当按照《海关法》和其他有关法律、行政法规的规定,在货物进出境时向海关缴纳应当缴纳的税费。

2. 进出口时提交相关的许可证件

货物进出口应受国家法律、行政法规管制并需要申领进出口许可证件的,进出口货物收发货人或其代理人应当向海关提交相关的进出口许可证件。

3. 海关放行即办结海关手续

海关征收了全额的税费,审核了相关的进出口许可证件,并对货物进行实际查验(或作出不予查验的决定)以后,按规定签章放行。这时,进出口货物收发货人或其代理人才能办理提取进口货物或者装运出口货物的手续。

对一般进出口货物来说,海关放行就意味着海关手续已经全部办结,海关不再监管,可以直接进入生产和消费领域流通。

二、一般进出口货物范围及报关注意事项

(一)一般进出口货物范围

一般进出口货物适用于除特定减免税货物以外的实际进出口货物。具体而言,它包括如下范围:

(1)一般贸易方式进出口货物(不包括享受特定减免和准予保税进口的货物)。

(2)易货贸易、补偿贸易、寄售代销货易方式进出口货物(准予保税进口的寄售代销货物除外)。

(3)承包工程项目实际进出口货物。

(4)边境小额贸易进出口货物。

(5)外国旅游者小批量订货出口的商品。

(6)外国驻华机构进出口陈列用的样品。

(7)随展览品进境的小卖品。

(8)租赁进出口货物。

(9)进口货样广告品(不包括暂时进出口的货样广告品)。

(10)免费提供的进口货物。具体包括:①外商在经济贸易活动中赠送的进口货物;②外商在经济贸易活动中免费提供的试车材料、消耗性物品;③我国在境外的企业、机构向国内单位赠送的进口货物。

(二)一般进出口货物报关注意事项

(1)熟悉国家有关进出口管理的法律、行政法规,掌握国家禁止和限制进出口的货物、物品范围。

(2)涉及配额和许可证件管理等贸易管制的货物应向海关提交许可证件。

(3)属于出入境检验检疫范围的货物,应当先办理报检手续,后办理报关手续。

(4)对于国家已经宣布采取反倾销措施的货物,报关时应当向海关提交原产地证明和原厂商发票。

(5)对于国家宣布采取临时保障措施的货物,对海关总署公告宣布已经达到配额总量或国别限量的,该货物报关进口时应当向海关缴纳特别关税。

(6)国家出口货物复运进口报关时应当向海关提交国家商务主管部门的批准文件。

(7)外商投资企业应当按其经营范围进口本企业自用的设备、材料和其他物品,出口自产产品。

(8)租赁贸易方式进口货物,应当填写两份报关单:一份按货物的实际价格填写,作为海关的统计专用;一份按货物的实际支付租金填写,作为海关征收关税专用。

三、一般进出口货物报关流程

一般进出口货物报关时报关人员应交验的材料有:报关员证,代理报关委托书,预录入报关单,发票、装箱单、合同、提单/运单等随附单证据,对外贸易管理制度规定应向海关递交的各种证件,加工贸易需提供加工手册,其他有特殊监管条件的有关单证以及海关要求出示的单证。

一般进出口货物的报关流程如图 4.2 所示。

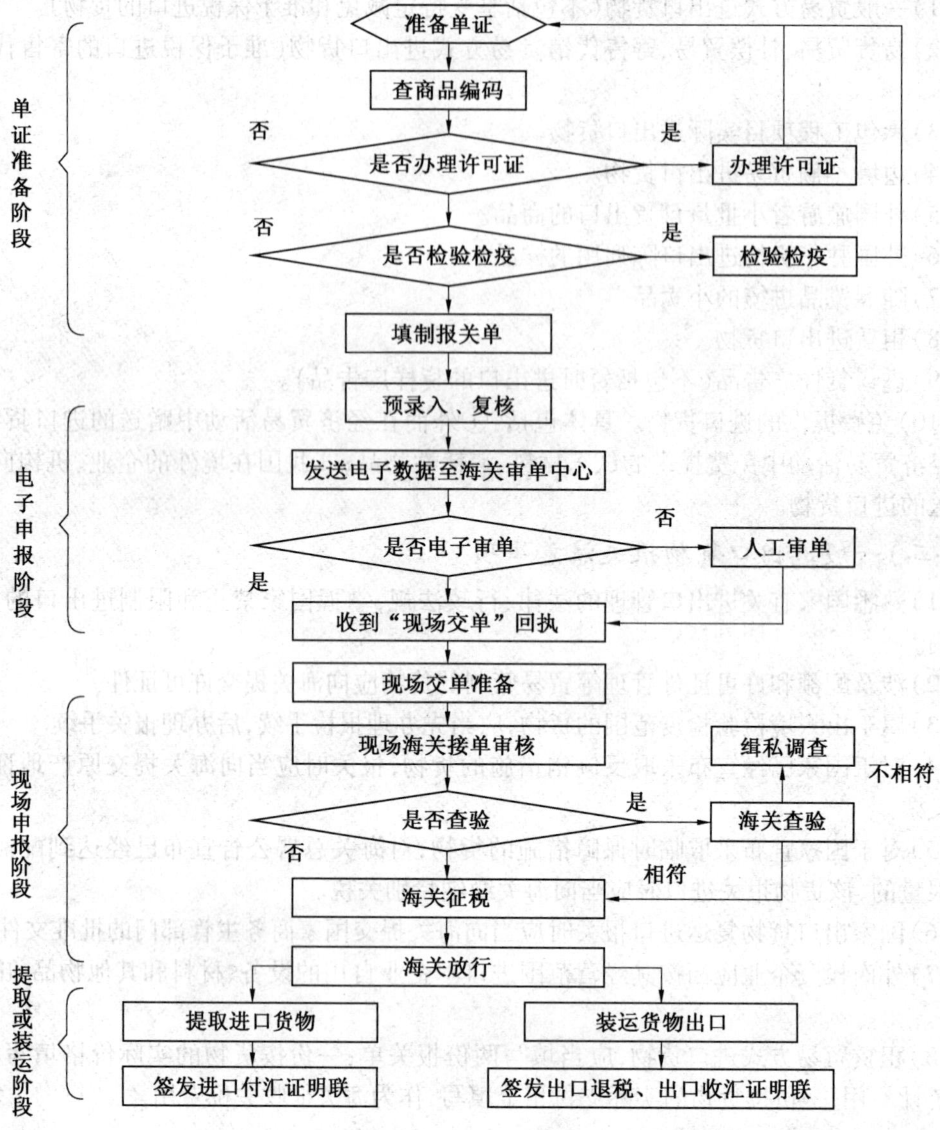

图 4.2　一般进出口货物报关流程图

第三节　一般进出口货物的报关程序

报关程序是指报关活动的手续和步骤。熟悉和掌握报关程序是报关工作的基本要求。总体来说,对报关单位而言,一般进出口货物报关中最重要的基本程序是:申报→配合查验→缴税→放行，如图 4.3 所示。

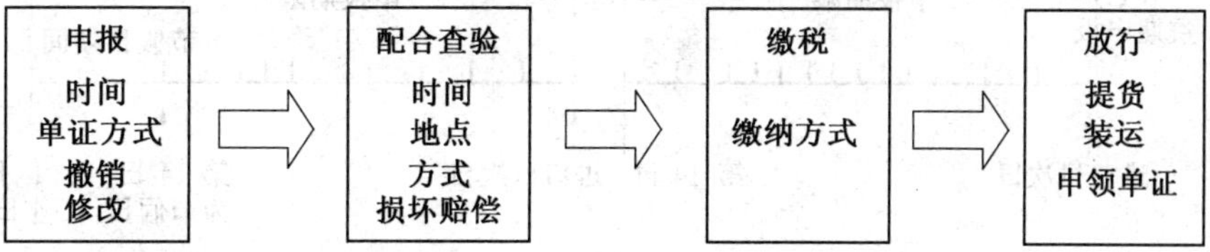

图 4.3　一般进出口货物报关程序图

一、申报

（一）申报的含义

根据《海关进出口货物申报管理规定》的定义，申报是指进出口货物收发货人以及受委托的报关企业，依照《海关法》及有关法律、行政法规的要求，在规定的期限和地点，采用电子数据报关单和纸质报关单形式，向海关报告实际进出口货物的情况并接受海关审核的行为。因此，简单地说，申报是指货物、运输工具和物品的所有人或其代理人在货物、运输工具、物品进出境时，向海关呈送规定的单证（可以书面或者电子数据交换方式）并申请查验、放行的手续。申报与否，包括是否如实申报是区别走私和非走私的重要界限之一。因此，海关法律对货物、运输工具的申报，包括申报时间、申报单证、申报内容都做了明确的规定，把申报制度以法律的形式固定下来。

（二）申报前的准备

报关申报前的准备工作有很多，对于不能自行办理报关的企业须办理报关委托，即与报关企业签订委托书；准备报关单证，包括基本单证、特殊单证、预备单证；填制报关单及其他报关单证；报关单预录入；申报前查看货样。报关单预录入是指在实行报关自动化系统处理《进（出）口货物报关单》的海关，报关单位或报关人将报关单上申报的数据、内容录入计算机，并将数据、内容传送到海关报关自动化系统的工作。按照《海关法》的规定，进口货物收货人可以在申报前向海关要求查看货物或者提取货样。这主要是因为境外发货人传递信息资料的问题，造成境内收货人单证不清，无法准确掌握货物的实际情况，为如实申报，收货人可向海关申请先看货取样，然后再办理报关手续。海关接受申请后，会派员到场监管，或提取货样。

（三）申报期限与日期

1. 申报期限

进口货物的申报期限为自装载货物的运输工具申报进境之日起 14 日之内。申报期限的最后一天是法定节假日或休息日的，顺延至法定节假日或休息日后的第一个工作日。如图4.4所示。

出口货物的申报应在货物运抵海关监管区后、装货的 24 小时以前。

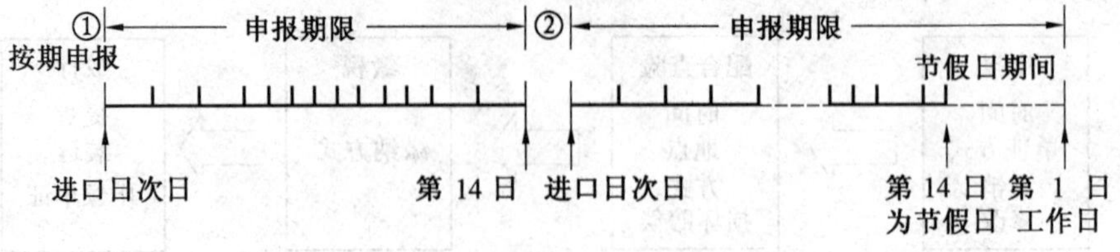

图 4.4　进口货物申报期限规定示意图

经海关批准允许集中申报的进口货物，在运输工具申报进境之日起 1 个月内办理申报；特殊货物，经电缆、管道或其他方式进出境的货物，按照海关规定定期申报；超期 3 个月（运输工具申报进境之日起）由海关变卖处理；不宜长期保存的货物，根据实际情况提前处理。

2. 申报日期

申报日期是指申报数据被海关接受的日期。采用先电子数据报关单申报，后提交纸质报关单，或者仅以电子数据报关单方式申报的，申报日期为海关计算机系统接受申报数据时记录的日期，经过海关计算机检查被退回的，应当按照要求修改后重新申报，申报日期为海关接受重新申报的日期。先纸质报关单申报，后补报电子数据，或只提供纸质报关单申报的，海关工作人员在报关单上作登记处理的日期，为海关接受申报的日期。

3. 滞报金

根据海关相关规定，进口货物收货人超过规定时限未向海关申报产生滞报的，由海关按照《中华人民共和国海关征收进口货物滞报金办法》征收滞报金。进口货物滞报金按日计征。起始日和截止日均计入滞报期间。进口货物滞报金期限的起算日期为运输工具申报进境之日起第 15 日，以海关接受申报之日为截止日。

进口货物收货人在向海关传送报关单电子数据申报后，未在规定期限或核准的期限内提交纸质报关单，海关予以撤销电子数据报关单处理，进口货物收货人因此重新向海关申报产生滞报的，滞报金的征收以自装载货物的运输工具申报进境之日起第 15 日为起始日，以海关重新接受申报之日为截止日。进口货物因收货人在运输工具申报进境之日起超过 3 个月未向海关申报，被海关提取作变卖处理后，收货人申请发还余款的，滞报金的征收，以自运输工具申报进境之日起第 15 日为起始日，以该 3 个月期限的最后一日为截止日。

进口货物收货人申报并经海关依法审核，必须撤销原电子数据报关单重新申报的，如产生滞报，经进口货物收货人申请并经海关审核同意，以撤销原报关单之日起第 15 日为滞报金起征日，以海关重新接受申报之日为截止日。

转关运输滞报金起算日期有两个：一是运输工具申报进境之日起第 15 日，二是货物运抵指定地之日起第 15 日。两个条件只要达到一个即征滞报金，如果两个条件均达到则要征两次滞报金。

滞报金的起征点为人民币 50 元，日征收金额为进口货物完税价格的 0.5‰，以人民币

"元"为计征单位,不足人民币1元的部分免予计收。因完税价格调整等原因需补征滞报金的,滞报金金额应当按照调整后的完税价格重新计算,补征金额不足人民币50元的,免予征收。因不可抗力等特殊情况产生的滞报可以向海关申请减免滞报金。

征收滞报金的计算公式为

$$滞报金额=进口货物完税价格\times 0.5‰\times 滞报期间(滞报天数)$$

(四)申报的地点

对于进口货物,收货人或其代理人应当在货物的进境地海关进行申报;出口货物则应由发货人或其代理人在货物的出境地海关进行申报。经过收发货人申请,海关同意,进口货物可以在指运地申报;出口货物可以在启运地申报。保税、特定减免税货物、暂准进境货物,因故改变使用目的从而改变货物的性质为一般进口货物时,向货物所在地主管海关申报。

(五)申报的方式

目前我国海关按两种申报方式接受申报:电子数据报关单申报和纸质报关单申报。在一般情况下,当事人应按顺序,先以电子数据报关形式向海关申报,后提交纸质报关单。在一些没有配备电子通关系统的偏远地区,当事人可单独以纸质报关单向海关申报。在实行无纸通关项目的海关,当事人也可以单独以电子数据报关单形式向海关申报。

(六)申报的接受

按海关接受申报方式的不同,其接受申报也分为两种。

1. 接受电子数据报关单的申报

海关收到当事人发送的报关数据后,按预先设定的参数进行逻辑处理,并将处理结果发送给当事人,或公布于海关业务现场,即为"海关接受申报"。海关审结电子数据报关单后,当事人应当自接到海关"现场交单"或"放行交单"通知之日起10日内,持打印的纸质报关单,备齐规定的随附单证,到货物所在地海关提交书面单证并办理相关海关手续。

2. 接受纸质报关单的申报

海关人员收到报关员提交的纸质报关单和随附的有关单证后,进行登记处理。报关单经过海关关员登记处理的,即为"海关接受申报"。自海关接受申报之日起,申报单证就产生了法律效力,进出口收发货人或其代理人就要承担"如实申报"的法律责任。

(七)申报内容的修改或申报撤销

当海关接受申报后,申报的内容就不能再进行修改了,报关单证也不能撤销了。但海关也允许当事人在提出某些正当的理由并得到海关的审核批准后,进行修改或撤销。这方面的原因主要包括:由于计算机、网络系统等方面的原因导致电子数据错误的;海关在办理出口货物的放行手续后,由于装运、配载等原因造成原申报货物部分或全部退关需要修改或撤销报关单证及其内容的;报关员由于操作或书写失误造成的非涉及国家贸易管制政策、税费征收、海关统计指标等内容的差错;海关在商品归类、商品估价后认为需要修改申报内容的;根据贸易惯例先行采用暂时价格成交、实际结算时按商检品质认定或国际市场实行价格付款方式需要修改原申报数据的。海关已经决定布控、查验的进出口货物,不得修改报关单内容或撤销报关单。

二、查验

进出口货物在通过申报环节后,即进入查验环节。查验是国家赋予海关的一种依法行政的权力,也是通关过程中必不可少的重要环节。通过查验,海关可以确定进出境货物的性质、价格、数量、原产地、货物状况等是否与报关单上的内容相符,核实有无伪报、瞒报、申报不实等走私和违规行为,并可为海关的征税、统计、后续管理提供可靠的资料。进出口货物,除海关总署特准免验的以外都应该接受海关查验。

(一)查验的含义

为确定进出境货物收发货人向海关申报的内容是否与进出口货物的真实情况相符,或者确定商品的归类、价格、原产地等,海关须依法对进出口货物进行实际核查,这种执法行为称为海关查验。海关查验也称验关,简单地说,是指海关通过对进出口货物进行实际核查,以确定实际货物是否与报关单证申报内容相一致的一种监管方式。

(二)查验的时间

当海关决定查验时,即将查验的决定以书面通知的形式通知进出口货物收发货人或其代理人,约定查验的时间。查验时间一般约定在海关正常工作时间内。在一些进出口业务繁忙的口岸,海关也可接受进出口货物收发货人或其代理人的请求,在海关正常工作时间以外实施查验。

对于危险品或者鲜活、易腐、易烂、易失效、易变质等不宜长期保存的货物,以及因其他特殊情况需要紧急验放的货物,经进出口货物收发货人或其代理人申请,海关可以优先实施查验。海关也可在当事人的请求下,在海关正常工作时间以外安排查验工作。海关查验部门自查验受理时起到实施查验结束、反馈查验结果最多不得超过 48 小时,出口货物应于查验完毕后半小时内予以放行。查验过程中,海关发现有涉嫌走私、违规等情况的,不受此时限限制。

(三)查验的地点

一般来说,查验应当在海关监管区内实施。如因货物易受温度、静电、粉尘等自然因素影响,不宜在海关监管区实施查验,或者因其他特殊原因,需要在海关监管区外查验的,经进出口货物收发货人或其代理人书面申请,海关可以派工作人员到海关监管区外实施查验。

海关的查验一般是在进出口口岸,诸如码头、车站、机场、邮局等海关的监管区内进行。但在有些情况下,查验也可在收发货人或其代理人的申请下到其他地点进行。例如,对于进出口大宗散货、危险品、鲜活商品、落驳运输的货物,在当事人的申请下,海关可同意在装卸货物的现场进行查验。在特殊情况下,经当事人的申请海关也可派员到海关监管区以外的地方查验货物。如果在海关监管场所以外的地方进行查验,应当事先报请海关同意,海关按规定收取规费。

(四)查验的方法

海关实施查验可以彻底查验,也可以抽查。彻底查验是指一票货物逐件开拆包装,验核货物实际状况;抽查是指按照一定比例有选择地对一票货物中的部分货物验核实际状况,对于集装箱货物的抽验必须卸货,卸货程序和开箱(包)比例视情况而定。

查验操作可以分为人工查验和设备查验。海关可以根据货物情况及实际执法需要,确定具体的查验方式。人工查验分外形查验和开箱查验。外形查验是指对外部特征直观、易于判断基本属性的货物的包装、运输标志和外观等状况进行验核;开箱查验是指将货物从集装箱、货柜车厢等箱体中取出并拆除外包装后对货物实际状况进行验核。设备查验是指以技术检查设备为主对货物实际状况进行的验核。使用 H986X 光机集装箱检查设备对集装箱进行查验。运输集装箱的货车通过 H986X 光检查设备不用开箱即可完成一般性检查工作。对于机验不能确定货物性质、数量,需要通过现场卸货查验的,要与其他检验方法配合使用。

海关也可进行复验和径行查验。在海关认为有必要时,可以依法对已完成查验的货物进行第二次查验,即复验。海关复验时已经参加过查验的查验人员不得参加对同一票货物的复验。海关可以进行复验的情形有:经初次查验未能查明货物的真实属性,需要对已查验货物的某些性状作进一步确认的;货物涉嫌走私违规,需要重新查验的;进出口货物收发货人对海关查验结论有异议,提出复验要求并经海关同意的;其他海关认为必要的情形。径行查验是指海关在进出口货物收发货人或其代理人不在场的情况下,对进出口货物进行开拆包装查验。进行径行查验的情况有:进出口货物有违法嫌疑的;经海关通知查验,进出口货物收发货人或其代理人届时未到场的;海关径行查验时,存放货物的海关监管场所经营人、运输工具负责人应当到场协助,并在查验记录上签名确认。

(五)查验货物的赔偿

因进出口货物所具有的特殊属性,容易因开启、搬运不当等原因导致损毁,需要海关查验人员在查验过程中予以特别注意的,进出口货物收发货人或其代理人应当在海关实施查验前申明。

在查验过程中,或者证实海关在径行查验过程中,因为海关检查人员的责任造成被查验货物损坏的,进出口货物的收发货人或其代理人可以要求海关赔偿。海关赔偿的范围仅限于实施查验过程中,由于查验人员的责任造成被查验货物损坏的直接经济损失。直接经济损失的金额根据被损坏货物及其部件的受损程度确定,或者根据修理费确定。

不属于海关赔偿的情况有:海关正常查验时产生的不可避免的磨损;在海关查验之前已发生的损坏和海关查验之后发生的损坏;易腐、易失效货物在海关正常工作程序所需时间内(含扣留或代管期间)所发生的变质或失效;进出口货物的收发货人或其代理人搬移、开拆、封装货物或保管不善造成的损失;由于不可抗拒的原因造成货物的损坏、损失。进出口货物的收发货人或其代理人在海关查验时对货物是否受损坏未提出异议,事后发现货物有损坏的,海关不负赔偿的责任。

三、一般进出口货物的缴税

进出口货物收发货人或其代理人将报关单及随附单证提交给货物进出境地指定海关,海关对报关单进行审核,对需要查验的货物先由海关查验,然后核对计算机计算的税费,开具税款缴款书和收费票据。进出口货物收发货人或其代理人在规定时间内,持缴款书或收费票据向指定银行办理税费交付手续;在试行中国电子口岸网上缴税和付费的海关,进出口货物收发货人或其代理人可以通过电子口岸接收海关发出的税款缴款书和收费票据,在网上向指定银行进行电子支付税费。一旦收到银行缴款成功的信息,即可报请海关办理货物放行手续。

有关税费缴纳的具体操作请参见本书第九章有关内容。

四、一般进出口货物的放行

(一)放行的含义

放行是海关对进出口货物进行监管的最后一个工作环节,是指海关对进出口货物,在审单、查验,办理征收税费或担保以后,作出结束海关进出境现场监管决定,允许进出口货物离开海关监管现场的行为。具体表现为,海关在进出口货物的提货或装货凭证上签盖"海关放行章",进出口货物收发货人或其代理人签收进口提货凭证或出口装货凭证,并凭此提取进口货物或装运出口货物离境。

在实行"无纸通关"申报方式的报关,海关作出现场放行决定时,通过计算机将海关决定放行的信息发送给进出口货物收发货人或其代理人和海关监管货物保管人。进出口货物收发货人或其代理人从计算机上自行打印海关通知放行的凭证,凭此提取进口货物或将出口货物装运到运输工具上离境。

(二)放行手续的办理

1. 提取进口货物

进口货物收货人或其代理人签收海关加盖海关放行章戳记的进口提货凭证,凭此到货物进境地的港区、机场、车站、邮局等地的海关监管仓库办理提取进口货物的手续。

2. 装运出口货物

出口货物发货人或其代理人签收海关加盖海关放行章戳记的出口装货凭证,凭此到货物出境地的港区、机场、车站、邮局等地的海关监管仓库,办理将货物装上运输工具离境的手续。

签发"进(出)口货物证明"。进出口货物收发货人或其代理人办理完提取货物和装运货物手续后,如需要海关签发有关进、出口证明的,均可向海关提出申请。常见的证明主要有如下五种：

(1)进口付汇证明。它适用于需要在银行或国家外汇管理部门办理进口付汇核销的进口货物。其申办手续为：报关员向海关申请签发“进口货物报关单付汇证明联”，海关审核后，在进口货物报关单上签名，并加盖海关验讫章，作为进口付汇证明联签发给报关员。同时通过海关电子通关系统向银行和国家外汇管理部门传送证明联电子数据。

(2)出口收汇证明。它适用于需要在银行或国家外汇管理部门办理出口收汇核销的出口货物。申办时，报关员向海关申请，海关审核后，在出口报关单收汇证明联上签名，并加盖海关验讫章，作为出口收汇证明联签发给报关员。同时，通过电子口岸执法系统向银行和国家外汇管理部门发送证明联电子数据。

(3)出口收汇核销单。它适用于需要办理出口收汇核销的出口货物。在办理该类货物的手续时，报关员还应向海关提交由国家外汇管理部门核发的“出口收汇核销单”。海关放行货物后，海关关员会在“出口收汇核销单”上签字盖章。出口发货人凭“出口货物报关单收汇证明单”和“出口收汇核销单”办理出口收汇核销手续。

(4)出口退税证明。它适用于需要在国家税务机构办理出口退税的出口货物。申办时，报关员向海关申请，海关审核后，在“出口货物报关单出口退税证明联”上签字，加盖海关验讫章，发给报关员，并通过电子口岸执法系统向国家税务机构发送证明联电子数据。

(5)进口货物证明书。它适用于进口汽车、摩托车等进口货物。报关员应向海关申请签发“进口货物证明书”，进口收货人将凭此向国家交管部门办理汽车、摩托车等的牌照申领手续。海关向报关员签发此证明后，将该证明的内容用电子信息发送给海关总署，再传输给国家交通管理部门。

(三)货物结关

进出境货物由收发货人或其代理人向海关办理所有的海关手续，履行了法律规定的与进出口有关的一切义务，就办结了海关手续，海关不再进行监管。对于一般进出口货物，放行时进出口货物收发货人或其代理人已经办理了所有海关手续，因此，海关进出境现场放行即等于结关。

【知识库】

什么是货物结关？它与海关放行有什么关系？

货物结关就是进出口货物办结海关手续的简称。进出口货物由收发货物人或其代理人向海关办理完所有的海关手续后，海关将不对货物进行监管。货物结关与海关放行有两种情况：一种情况是货物已结关，对于一般进出口货物，放行时进出口货物收发货人或其代理人已经办理了所有海关手续，因此，海关放行即等于结关；另一种情况是，货物尚未结关，对于保税货物、特定减免税货物、暂准进出境货物等，放行时进出口货物的收发货人或其代理人并未全部办完所有的海关手续，海关在一定时期内还需进行后续管理，所以该类货物的海关放行不等于结关。

资料来源：山东电子口岸

本章小结

1. 报关程序是指进出口货物收发货人、运输工具负责人、物品所有人或其代理人按照我国海关的规定,办理货物、物品、运输工具进出境及相关海关事务的手续和步骤。对海关而言,货物的进出境须经过海关审单、查验、征税、放行四个作业环节。对进出口货物收发货人或其代理人而言,货物的进出境应当按程序办理进出口申报、配合查验、缴纳税费、提取或装运货物等手续。

2. 报关程序根据报关的对象和报关的时间不同有不同的分类。按照报关的对象不同,可以分为一般进出口货物报关程序、保税货物报关程序、特定减免税货物报关程序、暂准进出境货物报关程序及其他货物报关程序;按照报关的时间不同,可以分为三个阶段,即前期阶段、进出境阶段和后续阶段。

3. 海关监管货物是指自进境起到办结海关手续止的进口货物,自向海关申报起至出境止的出口货物,以及自进境起到出境止的过境、转运和通运货物等应当接受海关监管的货物。

4. 电子报关是指进出口货物收发货人或其代理人按照《中华人民共和国海关进出口货物报关单填制规范》的相关规定,通过计算机系统向海关传送报关单电子数据,接收到海关计算机系统返回的表示接受申报的信息后,打印向海关提交的纸质报关单,并备齐随附单证的申报方式。

5. 一般进出口货物是一般进口货物和一般出口货物的合称,是指在进出口环节缴纳了应征的进出口税费并办结了所有必要的海关通关手续,海关放行后不再进行监管,可以直接进入国内(境外)生产、消费领域流通的进出口货物。一般进出口货物的特征主要包括进出境时缴纳进出口税费、进出口时提交相关的许可证件、海关放行即办结海关手续三个方面。

自测题

一、单选题

1. 关于海关接受申报的时间,下列表述错误的是(　　)。

A. 经海关批准单独以电子数据报关单形式向海关申报的,以"海关接受申报"的信息发送给进出口货物收发货人或其代理人,或者公布于海关业务现场的时间为接受申报的时间

B. 经海关批准单独以纸质报关单形式向海关申报的,以海关在纸质报关单上进行登记处理的时间为接受申报的时间

C. 在先以电子数据报关单向海关申报,后以纸质报关单向海关申报的情况下,海关接受申报的时间以海关接受纸质报关单申报的时间为准

D. 在采用电子和纸质报关单申报的一般情况下,海关接受申报的时间以海关接受电子数据报关单申报的时间为准

2. 下列关于海关征收滞报金的表述，正确的是(　　)。

A. 计征起始日为运输工具申报进境之日起第 15 日，截止日为海关接受申报之日(即申报日期)，起始日计入滞报期间，但截止日不计入滞报期间

B. 滞报金的日征收金额为进口货物完税价格的 5‰

C. 滞报金计算至人民币“分”

D. 滞报金的起征点为人民币 50 元

3. 货物进出境阶段，进出口货物收发货人或其代理人应当按照哪些步骤完成报关工作(　　)。

A. 进出口的申报－配合查验－缴纳税费－提取或装运货物

B. 提取或装运货物－进出口的申报－配合查验－缴纳税费

C. 进出口的申报－配合查验－提取或装运货物－缴纳税费

D. 提取或装运货物－配合查验－进出口的申报－缴纳税费

4. 进口货物的收货人自运输工具申报进境之日起，超过(　　)时间未向海关申报的，其进口货物由海关提取依法变卖处理(　　)。

A. 1 个月　　B. 3 个月　　C. 6 个月　　D. 1 年

5. 出口货物的发货人或其代理人除海关特准的外，根据规定应当在货物运抵监管区后，(　　)向海关申报。

A. 装货前 24 小时

B. 装货的 24 小时以前

C. 货物运抵口岸 24 小时内

D. 承载的运输工具起运(或起航)的 24 小时前

6. 一般情况下，进口货物应当在(　　)海关申报。

A. 进境地　　B. 启运地　　C. 目的地　　D. 附近

7. 申报日期是指(　　)。

A. 向海关提交电子数据报关单的日期

B. 向海关提交纸质报关单的日期

C. 申报数据被海关接受的日期

D. 海关放行日期

8. 滞报金计征起始日为运输工具申报进境之日起第(　　)日为起始日，海关接受申报之日为截止日。

A. 7　　B. 10　　C. 14　　D. 15

9. 海关在决定放行进出口货物后，需在有关报关单上加盖(　　)，进出口货物收发货人凭此办理提取进口货物或装运出口货物手续(　　)。

A. 海关验讫章　　B. 海关监管章

C. 海关放行章　　　　　　　　D. 海关结算章

10. 下列关于申报地点的表述，错误的是（　　）。

A. 进口货物应当在进境地海关申报

B. 出口货物应当在出境地海关申报

C. 经海关同意，进口货物可以在指运地海关申报，出口货物可以在起运地海关申报

D. 特定减免税货物改变性质转为一般进出口时，应当在货物原进境地海关申报

11. 下列关于一般进出口货物叙述正确的是（　）。

A. 一般进出口货物即一般贸易货物

B. 一般进出口货物放行即等于结关

C. 所有的实际进出口货物都属于一般进出口货物

D. 外国政府无偿援助的物资属于一般进口货物

12. 运载进口货物的运输工具 5 月 15 日申报进境，收货人 5 月 18 日向海关传送报关单电子数据，收货人于 5 月 20 日发现申报有误，申请撤销电子数据报关单，海关审核于当日撤销电子数据报关单，收货人 5 月 30 日重新向海关申报，海关当天受理申报并发出现场交单通知，收货人 5 月 31 日提交纸质单证。如以上日期均不涉及法定节假日，滞报天数应（　　）。

A. 0 天　　B. 6 天　　C. 7 天　　D. 8 天

13. 装载进口货物的运输工具于 7 月 1 日（周四）申报进境，进口货物收货人于 7 月 20 向海关申报，海关当天即受理了申报并发出了现场交单通知，则滞报的天数为（　）。

A. 0 天　　B. 3 天　　C. 4 天　　D. 5 天

14. 运载进口货物的运输工具 5 月 9 日申报进境，收货人 5 月 15 日向海关传送报关单电子数据，海关当天受理申报并发现场交单通知。收货人于 5 月 27 日提交纸质报关单时，发现海关已于 5 月 26 日撤销电子数据报关单，遂于 5 月 30 日重新向海关申报，海关当天受理申报并发出现场交单通知，收货人 5 月 31 日提交纸质单证。如以上日期均不涉及法定节假日，滞报天数应为（　　）。

A. 0 天　　B. 6 天　　C. 7 天　　D. 8 天

15. 进口货物收货人申报并经海关依法审核，必须撤销原电子数据报关单重新申报的，如产生滞报，经进口货物收货人申请并经海关审核同意，以（　　）为滞报金起征日。

A. 运输工具申报进境之日

B. 运输工具申报进境之日起第 15 日

C. 撤销原报关单之日

D. 撤销原报关单之日起第 15 日

16. 装载货物的运输工具于 5 月 9 日（周二）申报进境，进口货物收货人于 5 月 26 日向海关申报，海关当天受理申报并发现场交单通知，则滞报的天数是（　　）。

A. 2　　B. 3　　C. 4　　D. 5

17. 进出口货物收发货人在办理报关业务向海关递交纸质的报关单必须加盖(　　)。

A. 本公司财务章　　　　　　B. 本公司人事章

C. 本公司公章　　　　　　D. 在海关备案的海关专用章

18. 海关的监管程序分为三个阶段，下列货物中，只通过海关进出境阶段，海关放行即为结关的货物为(　　)。

A. 保税加工货物　　　　　　B. 特定减免税货物

C. 一般进口货物　　　　　　D. 暂准进出境货物

19. 下列有关进出口货物的报关时限说法正确的有(　　)。

A. 进口货物自货物进境之日起 14 日内

B. 出口货物运抵口岸 24 小时内

C. 进口货物自运输工具申报进境之日起 14 日内

D. 出口货物运抵口岸 48 小时内

20. 进出口货物收发货人或其代理人应当自接到海关"现场交单"或"放行交单"通知之日起(　　)日内，持打印的纸质报关单及随附单证并签名盖章，到货物所在地海关提交书面单证并办理相关手续。

A. 1　　　　B. 5　　　　C. 7　　　　D. 10

二、判断题

1. 进口货物关税滞纳金的日征收金额为关税税额的1‰。(　　)

2. 在采用电子和纸质报关单申报的一般情况下，海关接受申报的时间以海关接受电子数据报关单申报的时间为准。(　　)

3. 在一般情况下，进出口货物收发货人或其代理人应当先以电子数据报关单形式向海关申报，海关接受并审结电子数据报关单后，进出口货物收发货人或其代理人应当自接到海关"现场交单"或者"放行交单"通知之日起 10 日内，持打印的纸质报关单，备齐规定的随附单证并签名盖章，到货物所在地海关提交单证并办理相关海关手续。(　　)

4. 某企业向当地海关申报进口一批烤面包机，货物已运抵海关监管区内的仓库，海关根据情报，在没有通知该公司的情况下，由仓库人员陪同对这批货物进行了查验，发现该批货物是高档音响器材。该企业以海关查验时报关员不在场为由，拒绝承认查验结果。因此，当地海关不得以此对其进行处罚。(　　)

5. 电子数据报关单被海关退回的，进出口货物收发货人或其代理人应当按照要求修改后重新申报，申报日期为海关接受重新申报的日期。(　　)

6. 一般进出口货物也称为一般贸易货物，是指在进出境环节缴纳了应征的进出口税费并办结了所有必要的海关手续，海关放行后不再进行监管，可以直接进入生产和流通领域的进出口货物。(　　)

7. 进出境货物的海关现场放行就是结关。(　　)

8. 关税纳税义务人或其代理人应当自海关填发税款缴款书之日起15个工作日内向指定银行缴纳税款。(　　)

9. 海关查验货物认为有必要时,可以径行提取货样。(　　)

10. 海关关员在实施查验过程中,造成被查验货物损坏的间接经济损失也要负赔偿责任。(　　)

三、简答题

1. 海关对进出境货物进行查验时,报关人员的职责是什么?

2. 简要回答一般进出口货物的含义及基本特征。

3. 简要回答一般进出口货物的报关程序。

4. 一般进出口货物通关过程中,海关对于申报环节有哪些规定。

四、案例分析

2011年4月20日,昆明海关副关长薛屹、贵阳海关副关长耿国强分别代表双方签署《昆明海关、贵阳海关区域通关合作备忘录》。根据备忘录,双方海关正式开通以"云南"为口岸,以"贵阳"为属地的跨关区"属地申报、口岸验放"通关模式。

据了解,跨关区"属地申报、口岸验放"是海关通关制度的一项重要改革,它有效地整合了口岸和内地海关的管理资源,使得内陆的进出口企业可以向企业所在地的海关进行进出口货物的申报,提高货物通关效率,有效降低企业的经营成本。

为大力支持云南面向西南桥头堡建设,昆明海关与重庆海关、西安海关等西部内陆海关开展合作后,现在又与贵阳海关建立了以云南作为"口岸",其他西部海关作为"属地"的通关模式。

1. 请你通过查阅资料回答:什么是"属地申报、口岸验放"?

2. 一般进出口货物申报地点一般在哪里?

第五章

Chapter 5

保税货物进出口的报关

【学习要点及目标】

通过本章学习,使学生了解保税货物的概念和范围,掌握保税货物的基本特征,理解并掌握保税加工货物、保税储存货物和区域保税货物的报关程序,能结合我国海关对保税货物监管的要求,将保税货物报关程序及其相关理论运用于海关报关事务中。

【引导案例】

天津海关稽查中规范管理21家企业获评"海关A类"

在稽查工作中为企业指出内部管理、进出口经营工作的问题,引导企业规范企业管理,今年,已经有21家曾接受海关稽查的企业被评定为海关A类以上企业,享受海关担保验房等便捷措施,便利企业进出口货物。

2011年10月13日前,天津三星泰科光电子有限公司顺利通过天津海关的稽查,稽查中,海关关员不仅运用稽查手段实现了严密监管,还为该企业指出了进出口经营活动中的问题。通过稽查后,天津三星泰科光电子有限公司最终被天津海关授予海关AA类企业,公司通关效率提升了50%左右,并且适用较低查验率等便捷措施,预计今年公司进出口业务将增长30%~40%。

2011年10月13日前,天津海关更加注重稽查与企业管理的有效衔接,突出了对企业的规范和引导。在有计划开展常规稽查和专项稽查的同时,通过定期汇总查发问题,加大了海关政策宣传。为有效防范企业非故意行为引发违法违规问题的发生,天津海关稽查部门建立了与地方政府外经贸部门、行业协会等定期召开工作联席会的沟通机制,加大海关与政府、协会多方参与的共管力度,并通过宣讲会的方式,帮助企业正确、深入地理解相关政策,有效降低违法违规行为的发生。

据统计,2011年先后有电装(天津)汽车导航系统有限公司、英泰汽车饰件有限公司等21家曾经接受过稽查的企业被评定为海关A类以上企业,享受了担保验放、开展加工贸易业务可不用设立台账保证金、适用较低查验率等便捷措施,为企业发展打下良好基础。

资料来源:中国海关总署网

第一节 保税货物概述

一、保税货物的概念及特征

(一)保税货物的概念

我国《海关法》有明确规定,保税货物是指经海关批准未办理纳税手续进境,在境内储存、加工、装配后复运出境的货物。

(二)保税货物的特征

1. 经海关批准为特定目的而进出口的货物

按照《海关法》的规定,任何货物不经过海关批准,是不能成为保税货物的。保税货物必须经海关批准。海关是国家对进出关境管理的机构,进出口货物是否可以保税必须由海关来决定。

海关批准的保税货物范围很广,但大体可以分为按两种特定目的而进口的,一类是为了开展贸易而进口的储存类保税货物,另一类是为了加工制造而进口的加工、装配类保税货物。储存类保税货物是指存放在海关准许的特定场所并在规定期限内复运出境的货物。加工类保税货物主要是进料加工和来料加工所进口的货物。

2. 保税货物是海关监管的暂缓纳税货物

保税货物进境之后,主要用于临时储存和加工产品复出口,这些货物并不会因为暂缓征税而对国内经济造成不良的冲击和影响。所以在这些货物确定其最终流向前,海关对其关税的征收采取暂缓办理的措施。

由于保税货物在入境时不办理纳税手续,所以从其进境之日起就必须置于海关的监管之下,保税货物在境内的运输、加工、储存等活动都必须接受海关的监管,直到货物确定了最终的流向,复运出境或正式办理进口手续,海关再决定对其是免税还是征税。也就是在这时,海关的监管才最终结束。

3. 保税货物最终应复运出境

按照《海关法》规定,保税货物的最终流向应当是复运出境,这是构成保税货物的重要前提。保税货物由于没有按一般货物办理进口和纳税手续,因此保税货物就必须按原状或加工成产品复运出境。经海关批准保税进境的货物,一旦决定不复运出境,那么该货物的保税性质就改变了,就不再是保税货物了,而应当按照留在境内的实际性质办理相应的进口手续。

【知识库】

保税制度的起源

保税制度最早产生于16世纪的欧洲，随着资本主义商品经济的发展，各国之间的贸易行为日趋频繁，由于交通工具的改善以及生产力的进步，使得市场上产品的品种日益增多，人们也产生了不同的消费需求，出现了大量专门从事转口贸易的商人。而在中世纪的欧洲，是诸侯分立、由众多小公国分别占据一片领土。而转口贸易中的商品，很难在贸易之初确定货物的最终流向，若进口则需交纳一笔进口税费，于是，当时热衷于争夺航运权的公国就为这些商人提供了一种便利，即让转口的货物在免税的状况下在境内储存，直到最终确定货物流向时才做出相关的处理。这样，转口贸易商便可以有效地减少其货物流转的成本。在16世纪中期，意大利的里窝那成为世界上第一个实行保税制度的城市，产生了最初的保税形式——保税储存制度。

现代的保税制度是伴随着商品经济的不断发展，为了满足进出口贸易商人不同的需求而逐渐发展和完善。保税制度从根本上来说，是一国为了鼓励特定行业的发展而在税收上对特定的进出境行为给予便利的一种规则。经过几百年的发展，保税制度服务的对象不再仅仅局限于原来的转口贸易，而是被不同国家根据其需要适用于不同贸易方式中的货物，如加工贸易、寄售维修贸易等。

资料来源：合众外贸论坛

二、保税货物的分类

依据《海关法》规定，保税货物可分为储存和加工装配两大类。保税货物按照海关监管形式可分为加工贸易保税货物、仓储保税货物、区域保税货物三大类。

(一)储存类保税货物

储存类保税货物又可以分为两种情况，即储存后复运出境的保税货物和储存后进入国内市场的保税货物。

1. 储存后复运出境的保税货物

这类保税货物是指经海关批准保税进境暂时存放后再复运出境的货物。其主要包括转口贸易货物、供应国际运输工具的货物、免税商品等。

2. 储存后进入国内市场的保税货物

这类货物是指经海关批准，缓办纳税手续进境，最终办理进口纳税或免税手续而不复运出境的货物。其主要包括进口寄售用于维修外国商品的零配件、外汇免税商品等。

(二)加工装配类保税货物

加工装配类保税货物是指专为加工、装配出口产品从国外进口且海关准予保税的原材料、零部件、元器件、包装物料、辅助材料以及用这些料件生产的成品、半成品。这主要包括经海关批准保税的来料加工进口的料件，以及用这些保税进口料件生产的半成品和成品；经海关批准保税的进料加工进口的料件，以及用这些保税进口料件生产的半成品和成品；经海关批准保税的外商投资企业为履行产品出口合同的进口料件，以及用保税料件生产的半成品和成品。

海关对这类加工贸易的主要监管方式大致可分为来料加工、进料加工、外商投资企业履行产品出口合同、保税工厂、保税集团。

(三)区域保税货物

区域保税货物是指经国家批准设立的保税区、出口加工区,从境外运入区内储存、加工、装配后复运出境的货物,已经整体批准保税,这类货物称为区域保税货物。

三、保税货物监管的要求

相对于海关对一般进出口货物的监管,海关对保税货物的监管更为复杂,其监管时间也更长,其主要表现在如下四个方面。

(一)批准保税

对于一般进出口货物而言,其进出口是不需要得到海关批准的,海关只对其有审核验收权,而无批准权。而对于保税货物,海关既有审核权,又有批准权,即进境货物是否可以保税必须得到海关的批准。海关批准进口货物保税的原则有三条:

(1)合法经营。这是指申请保税的货物或申请保税的形式合法,或保税申请人本身不属于国家禁止的范围,并获得有关主管部门的许可,有合法进出口的凭证。

(2)复运出境。这是指申请保税的货物流向明确,即进境储存、加工、装配后的最终流向表明是复运出境,而且申请保税的单证能够证明进出口基本是平衡的。

(3)可以监管。这是指申请保税的货物无论在进出口环节,还是在境内储存、加工、装配环节,海关都可以监管,不会因为某种不合理因素造成监管失控。

(二)纳税暂缓

一般进口货物和特定减免税货物,都必须在进境地海关办理好纳税手续或减免税手续后,才能提取货物。保税货物虽然不必在进境地海关办理纳税手续就可以提取货物,但这并不表明保税货物不需要办理纳税手续,只是办理这一手续的时间可以推迟,其纳税手续要到货物最终复运出境,或改变保税货物特性按货物不复运出境的实际性质申报时进行办理。所以,保税货物不是不办理纳税手续,而是推迟办理,缓办纳税手续。

(三)监管延伸

海关对一般进出口货物的监管时间,是自进口货物进境起到办结海关手续提取货物为止,出口货物自向海关申报起到装运出境为止,海关监管的地点主要是货物进出境口岸的海关监管场所。可对于保税货物来说,海关的监管从时间到地点都必须进一步延伸。从时间上看,保税进境货物被提取不是海关监管的结束,而正是海关监管的开始;从地点上看,海关对保税货物的监管也不局限在进出境口岸的海关监管区内,而是要延伸到这些货物的储存、加工、装配场所。

海关对保税货物的监管期限主要包括两个部分,一是进境货物经海关批准准予保税的期限，二是保税货物所有人向海关申请核销的期限。

1. 准予保税的期限

该期限是指经海关批准保税后，在境内储存、加工、装配等的时间限制。这种限制根据保税的形式不同，而分为如下三种情况。

（1）区域保税期限。我国海关对区域保税的期限尚未作出具体的规定，只是笼统地规定从进境地区起，到出境或出区办结海关手续为止。但是明确规定了保税区内企业委托区外企业加工返回保税区的期限最长为半年，如需要在特殊情况下延长的，可申请延长一次，但最长期限也是半年。出口加工区委托区外企业加工返回出口加工区的期限是半年，并且不能延期。

（2）仓储保税期限。保税货物从进境入库到出库出境或办结海关手续为止，最长时间为一年，如有特殊情况需要延长的，要向海关提出申请，经批准可延长时间，但其最长延长期限为一年。

（3）加工贸易保税期限。加工贸易的保税期限原则上最长为1年，如需要延长，可以申请，但延长的期限最长也是1年。具体执行时还要根据不同合同与不同料件情况，海关作出具体的规定。见表5.1。

表5.1　监管延伸

保税货物种类	保税期限	核销期限
区域保税货物	从进境进区起至出区出境或出区办结海关手续止	每半年1次分别为每年6月底和12底前
仓储保税货物	从进境入库至出库办结海关手续为1年，经批准可以延长1年	为每个月5日前，每月1次
加工贸易保税货物	一般保税期限为1年，经批准可以延长1年	按照保税期限到期后30天内或最后一批成品出口后30天内

2. 申请核销的期限

该期限是指保税货物的经营人向海关申请核销的最后日期。其具体情况也可分为三种。

（1）区域保税报核期限。以区内企业为责任人，每半年报核一次，每年的6月底和12月底前，向海关报核本企业所有保税货物的进出情况和存货情况。

（2）仓储保税报核期限。以保税仓库的经营人为责任人，每月报核一次，在每月的5日前向海关报核上1个月的所有保税货物的进出情况和存货情况。

（3）加工贸易保税报核期限。以经营加工贸易的企业为责任人，按"加工贸易登记手册"为报核单位，在保税期限到期后的1个月内或最后一批成品出运后1个月内向海关报核。报核期限是一种法定期限，企业向海关报核是一项法定的义务，如果不按时报核，海关有权对其进行处理，采取追缴有关货物的税款、罚款、停止批准保税等措施。

（四）核销结关

一般进出口货物的海关放行标志着其通关过程已结束，意味着货物已经结关。保税进出口货物报关时，海关也盖“放行”章，也执行放行程序。但是，这种放行并不代表着保税货物的结关，而只是整个监管过程的一个环节。保税货物的结关是核销结关，核销才是保税货物结关的标志。所以核销是保税货物与一般进出口货物在海关监管方面的又一个区别。

储存类保税货物相对来说，其核销程序比较简单，这类货物无论是复运出境，还是转为进入国内市场，都不会改变原来的形态，因此它们只要按原进口数量在规定时间里复运出境，或按原进口数量办妥进口纳税手续，即可核销结关。

加工装配类保税货物的核销则相对复杂一些，因为这类货物要改变原进口料件的形态，复出口时的商品已不再是原进口的商品。因此这类货物在向海关报核时，不仅要确认数量在进出时是否一致，而且还要确认成品是否是由原进口料加工生产而成的。

四、保税货物的报关程序

保税货物与一般进出口货物报关不同，其报关手续比较复杂，不是在某一时办理进口或出口手续后即可完成所有的通关，而是在经历了进境、储存或加工、复运出境的全过程，并办理了这一整个过程的各种海关手续，才真正完成了保税货物的通关。其通关手续主要包括三个阶段，即合同备案阶段、进出境报关阶段、报核结案阶段。

（一）合同备案

申请保税是保税业务的开始，是企业与海关建立承担法律责任和履行监管职责的法律关系的起点，是保税货物进口前向海关办理的第一个手续。经国家批准的保税区域内货物，例如保税区货物，出口加工区货物，从区外运入区内的储存、加工、装配后复运出境的货物等，已经整体批准了保税，备案阶段与报关阶段合并，省略了按照每一个合同或每一批货物备案申请保税的环节。

经海关批准的保税仓库在货物进境入库之前，仓库经营人必须向主管海关提出备案保税申请，主管海关审核后批准保税，仓库经营人凭海关批准的保税证件，办理申报货物进境入库的手续。

加工贸易料件在进口之前，例如来料加工、进料加工、外商投资企业履行产品出口合同、保税工厂、保税集团等形式下的进口料件，都必须以每一个合同为单位进入备案申请保税阶段。其具体的环节为，企业合同备案→海关批准保税→设立或不设立银行台账→海关核发手册。

（二）进出境报关

进出境报关是所有经海关核准保税的货物在整个通关程序中必经的环节。区域保税货物、仓储保税货物和加工贸易经海关批准准予保税的货物，在进出境时都必须和其他货物一样进入进出境报关阶段，但与一般进出口货物报关阶段不同的是，这些保税货物可以暂缓纳税，也就是在通关过程中不经过纳税环节，而只收取监管手续费。

（三）报核结案

报核结案是保税货物整个通关程序的最终环节，意味着海关与经营单位之间的监管法律关系的最终结束。报核结案是指经营单位在备案合同期满或加工产品出口后的一定期限内，持有关进出口货物报关单及其他有关资料，向合同备案海关办理核销手续，海关对保税货物的进口、储存、加工、使用和出口情况进行核实并确定最终征免之后，对该备案合同予以核销结案的过程。这一阶段的具体环节为，企业报核→海关受理→实施核销→结关销案。

经海关批准的保税货物都必须按规定由保税货物的经营者向主管海关报核，海关受理报核后进行核销，核销后视不同情况，分别予以结关销案。区域保税货物由于没有规定具体的保税期限，因此最终的结案应当以进区货物最终全部出境或办结海关手续为结案的标志。本期核销该批保税货物没有全部出境或出区办结海关手续的，则不能结案，结转到下期继续监管，直到能够结案为止。仓储保税货物应当以该货物在规定的保税期限内，最终全部出境或出库办结海关手续为结案标志。这种货物一般来说每月报核一次，本期核销该批保税货物没有全部出境或出库办结海关手续的，则不能结案，需结转到下期继续接受监管，直到能够结案或者到期变卖处理时为止。经海关批准准予保税的加工贸易货物，应当以该加工贸易合同项下产品在规定期限内全部出口或者部分出口，不出口部分得到合法处理为结案的标志。海关受理报核后，在规定的核销期限内实施核销，对不设立台账的予以结案；对设立台账的，应当到银行撤销台账再结案。

第二节　加工贸易保税货物的报关

一、加工贸易概念及其保税货物监管模式

（一）加工贸易概念

加工贸易是指从境外进口全部或部分原材料、元器件、零部件、配套件和包装物料及辅助料等，经过境内企业加工或装配，将制成品或半制成品出口的经营活动。我国的加工贸易主要有来料加工和进料加工两种形式，见表5.2。

表5.2　来料加工和进料加工对比表

加工种类	交易笔数	货物所有权	风险承担	收益形式	交易性质	优点	缺点
来料加工	一笔或相关的两笔	外方	外方	固定的加工费	委托加工	收入稳定、不承担风险	收益低、被动
进料加工	两笔	中方	中方	利润	买卖	主动接近国际市场	风险

(二)加工贸易保税货物监管模式

海关对保税加工货物的监管模式有两大类,一类是物理围网的监管模式,即指经国家批准,在关境内或关境线上划出一块地方,采用物理围网,让企业在围网内专门从事保税加工业务,由海关进行封闭式的监管,包括出口加工区和跨境工业区。另一类是非物理围网的监管模式,采用计算机联网监管,建立电子账册或电子手册,备案、进口、出口、核销,全部通过计算机进行。计算机联网监管又分为两种,一种是针对大型企业的,以建立电子账册为主要标志,以企业单元进行管理;另一种是针对中小企业的,以建立电子手册为主要标志,以合同为单元进行管理。

保税加工货物
- 非物理围网监管模式(采用电子化手册管理或电子账册管理)
- 物理围网监管模式(采用电子帐册管理)
  - 出口加工区
  - 跨境工业园区(珠海园区)

二、加工贸易进口料件银行保证金台账制度

(一)加工贸易进口料件银行保证金台账制度的含义

加工贸易进口料件银行保证金台账制度,是指加工贸易合同在向海关登记备案时,经营单位或企业持商务主管部门签发的加工贸易合同批准文件和海关核准的手续,向指定的中国银行提出申请,按照合同备案金额设立“加工贸易进口料件保证金台账”,加工成品在规定的加工期限内全部出口,经海关核销合同后,由银行核销保证金台账的加工贸易管理制度。

(二)分类分级管理加工贸易

银行保证金台账制度的核心内容,是对企业和商品实行分类管理,海关根据企业分类管理标准对加工贸易企业设定 AA、A、B、C、D 五类管理措施,将商品分为禁止类、限制类、允许类三类,根据企业所在地区不同,分为东部和中西部地区企业,进行不同管理。

1. 国家对商品的分类管理

(1)禁止类。它是指《对外贸易法》中规定的禁止进口的商品,以及海关无法实行保税监管的商品。任何企业都不得开展禁止类商品的加工贸易。

(2)限制类。它是指进口料件属国内外差价大,并且海关不易监管的敏感商品。

(3)允许类。它是指除禁止类和限制类以外的商品。

2. 海关对企业的分类管理

海关根据与进出口活动直接相关的企业各方面的情况,将企业分为 AA、A、B、C、D 五个管理类别。分类的依据主要考核这些企业的经营状况、报关情况、遵守海关法律法规的情况等。在具体管理时,海关对 AA 类、A 类企业采取便利措施,使其通关速度和通关手续上在不超出现行法律法规许可的范围的基础上取得便利。企业对照《办法》规定的条件进行自我评估后,认为符合适用 A 类管理条件的,均可向海关提出申请,海关核准后 30 日内通知企业。海关对 B 类管理的企业实施常规

的监管制度。海关对C类管理的企业实施重点监管，例如重点查验、重点稽查、不予办理异地报关、加工贸易企业提交风险担保金、通报商务主管部门等。适用C类管理的企业一年内没有发生违规或走私行为的可按B类管理。海关对D类管理的企业采取“黑名单”内部布控措施；不予办理新的加工贸易合同备案；进出口货物逐票开箱查验；暂停或取消企业的报关资格；通报商务主管部门，并由商务部或其授权的省级外经贸主管部门根据《对违规、走私企业给予警告、暂停或撤销对外贸易、国际货运代理经营许可行政处罚的暂行规定》对企业进行行政处罚。适用D类管理的企业两年内没有发生违规或走私行为的可按C类管理。

3. 地区划分

东部地区包括北京市、天津市、上海市、辽宁省、河北省、山东省、江苏省、浙江省、福建省、广东省。“中西部”，指除东部地区以外的其他地区。企业所在地区不同，海关对加工贸易企业管理不同。

（三）银行保证金台账的分类运作

银行保证金台账的实施是与加工贸易企业所签合同数额的大小，所加工商品的种类，以及海关对企业分类管理制度有着密切的关系。在此基础上台账采取了“不纳入保证金台账制度”，即不“不转”，“空转”和“实转”不同级别的运作方式。

1. 不纳入银行保证金台账制度管理

对于一些资信状况较好，海关有严密监管措施，且合同数额较小的企业，采取不纳入银行保证金台账制度的管理，即在海关批准的情况下，可以不开设台账。具体的情况是：①A类企业从事飞机、船舶等特殊行业的加工贸易，或年进出口额较大；②A类或B类企业，加工贸易合同数额在1万美元及以下；③企业对外履行出口合同，由外商提供辅料，且辅料属78种客供辅料，每批合同进口辅料在0.5万美元及以下者。

2. 银行保证金台账“空转”

所谓“空转”是指加工贸易企业按规定在指定的中国银行开设银行保证金台账，但并不向中国银行交付保证金的台账运作方式。适合“空转”的情况有：①除不纳入台账管理的A类企业，在加工限制类和允许类商品时，均可采用“空转”的方式；②B类企业在加工允许类商品时，适合“空转”的方式。

3. 银行保证金台账“实转”

银行保证金台账的“实转”，是指加工企业开设保证金台账时，必须将保证金存在中国银行的指定账户里，企业在产品加工完毕，并办理了核销手续后，银行再退还其保证金和相当于活期存款的利息。适合于“实转”方式的情况有：①B类企业加工限制类商品；②C类企业加工限制类和允许类商品。

4. 保证金台账管理的其他相关规定

①合同变更后保证金台账的变更。加工贸易合同在执行中发生变化时，加工企业必须向主管部门和主管海关申报核准，并由海关签发“保证金台账变更联系单”，经营单位凭此单去

指定银行办理台账的变更。②加工产品转内销后保证金台账的变更。加工企业因故不能复出口产品而将其转内销时,经营单位必须报批主管部门和海关,办理产品进口纳税的手续,经核销后,再去银行办理保证金台账的核销。③保税区、出口加工区进口加工贸易进口料件,不实行银行保证金台账制度。

任何企业都不得开展禁止类商品的加工贸易;适用 D 类管理的企业不得开展加工贸易;适用 C 类管理的企业,不管在什么地区开展加工贸易,进口限制类、允许类商品都要设台账,按全部进口料件应征税款金额全额征收保证金;东部地区适用 B 类管理的企业开展加工贸易,进口限制类、允许类商品均设台账,进口限制类商品按进口的限制类商品应征税款的 50% 征收保证金,进口允许类商品不征收保证金;东部地区适用 B 类管理的企业开展加工贸易,进口限制类、允许类商品均设台账,按进口限制类商品应征税款的 50% 征收保证金,进口允许类商品不征收保证金;东部地区适用 A 类管理的企业,中西部地区 A 类、B 类管理的企业开展加贸易,进口限制类、允许类商品均设台账,但实际保证金台账空转;适用 AA 类管理的企业,不管在什么地区开展加工贸易,进口允许类商品不设台账,进口限制类商品设台账,但实行保证金台账空转;适用 AA 类、A 类、B 类管理的企业,不管在什么地区,进口料件(不管是限制类还是允许类商品)金额在 1 万美元及以下的,可以不设台账,因此也不征收保证金。加工贸易银行保证金台账分类管理的大体内容如表 5.3。

表 5.3 加工贸易银行保证金台账分类管理的大体内容表

<table>
<tr><td>台账分类</td><td colspan="2">禁止类商品</td><td colspan="2">限制类商品</td><td colspan="2">允许类商品</td><td>1 万美元及以下</td><td>0.5 万美元及以下</td></tr>
<tr><td>管理内容</td><td>东部</td><td>中西部</td><td>东部</td><td>中西部</td><td>东部</td><td>中西部</td><td>零星料件</td><td>78 种客供辅料</td></tr>
<tr><td>AA 类企业</td><td colspan="2" rowspan="4">不准开展加工贸易</td><td colspan="2" rowspan="2">空转</td><td colspan="2">不转</td><td rowspan="3">不转</td><td rowspan="3">不转/免册,但须备案</td></tr>
<tr><td>A 类企业</td><td colspan="2">空转</td></tr>
<tr><td>B 类企业</td><td>半实转</td><td colspan="3">空转</td></tr>
<tr><td>C 类企业</td><td colspan="6">实转</td></tr>
<tr><td>D 类企业</td><td colspan="8">不准开展加工贸易</td></tr>
</table>

表中"不转"指不设台账,"空转"指设台账不付保证金,"实转"指设台账付保证金,"半实转"指设台账减半支付保证金。

三、电子化手册管理下的保税加工货物报关程序

电子化手册管理是以企业的单个加工贸易合同为单元实施对保税加工货物的监管,海关为联网企业建立电子底账。一个加工贸易合同建立一个电子化手册。

(一)电子化手册建立

电子化手册建立要经过加工贸易经营企业的联网监管申请和审批、加工贸易业务的申请和审批、建立商品归并关系和电子化手册等 3 个步骤。

电子化手册商品归并关系的建立是针对联网企业的所有料号级保税加工货物的,是一项

基础性预备工作。海关审核通过企业提交的预归类、预归并关系后，企业将申报地海关、企业内部编号、经营单位、加工单位、主管海关、管理对象等企业基本信息，以及保税进口料件和出口成品的序号、货号、中文品名、计量单位、法定单位等企业料号级物料数据传送到电子口岸数据中心，海关对数据进行审核，审核通过后，系统自动向企业发送回执。企业接收回执后，再将包括归并关系列表、归并后物料信息、归并前物料信息列表等数据在内的料件归并关系和成品归并关系发送至电子口岸，海关予以审核通过，建立电子底账。

（二）报关程序

1. 合同备案

企业办理加工贸易合同备案前需要报商务主管部门审批合同，领取“加工贸易业务批准证”和“加工贸易企业经营状况和生产能力证明”；需要领取其他许可证件的还要向有关主管部门申领许可证件。

合同备案的步骤：将合同相关内容预录入与主管海关联网的计算机；海关审核确定该合同是否准予备案；准予备案的由海关确定是否需要开设加工贸易银行保证金台账，需办理开设银行保证金台账手续的开立台账，企业在预录入端收到回执后，凭银行签发的电子“银行保证金台账登记通知单”向海关办理加工贸易备案手续，不需要开立台账的直接由海关建立电子化手册或核发其他备案凭证。

合同备案的单证，主要包括：商务主管部门按照权限签发的“加工贸易业务批准证”和“加工贸易企业经营状况和生产能力证明”；加工贸易合同或合同副本；加工贸易合同备案申请表及企业加工贸易合同备案呈报表；属于加工贸易国家管制商品的需交验主管部门的许可证件或许可证复印件；为确定单耗和损耗率所需的有关资料；其他备案所需要的单证等。

2. 进出口报关

保税加工货物进出境由加工贸易经营单位或其代理人凭电子化手册编号或持有其他准予合同备案的凭证向海关申报，办理报关手续。保税加工货物进出境的报关程序有4个环节，即申报、配合查验、暂缓纳税、提取货物或装运货物。

企业在加工贸易货物进出境报关前，应从企业管理系统导出料号级数据生成归并前的报关清单，或通过电子口岸电子化手册系统按规定格式录入当次进出境的料号级清单数据，并向电子口岸数据中心报送。数据中心按归并关系和其他合并条件，将企业申报的清单生成报关单。企业通过中小企业模式联网监管系统的报关申报系统调出清单所生成的报关单信息后，将报关单上剩余各项填写完毕，即可生成完整的报关单，向海关进行申报。如属异地报关的，本地企业将报关单补充完整后，将报关单上载，由异地报关企业下载报关单数据，进行修改、补充后向海关申报。

加工贸易企业在主管海关备案的情况下，在计算机系统中已生成电子底账，有关电子数据通过网络传输到相应的口岸海关。报关数据必须与备案数据一致，一种商品报关的商品编码、品种、规格、计量单位、数量、币制等必须与备案数据无论在字面上还是在计算机格式上都要完全一致，否则报关不能通过。

保税加工货物进出境报关的许可证件管理和税收征管要符合国家相关法律法规要求。

3. 报核和核销

(1)报核

经营企业应当在规定的期限内将进口料件加工复出口,并自加工贸易电子化手册项下最后一批成品出口之日起或者手册到期之日起30日内向海关报核。

企业报核所需的单证有:企业合同核销申请表;进出口货物报关单;核销核算表;其他海关需要的资料。

一般情况下,企业报核步骤为:合同履行后,及时收集、整理、核对手册和进出口货物报关单;根据有关账册记录、仓库记录、生产工艺资料等查清此合同加工生产的实际单耗,并据以填写核销核算表;填写核销预录入申请单,办理报核预录入手续;携带有关报核需要的单证,到主管海关报核,并填写报核签收回联单。

(2)核销

海关自受理企业报核之日起20个工作日内核销完毕,特殊情况下可以由直属海关的关长批准或者由直属海关关长授权的隶属海关关长批准,延长10个工作日。

未开设台账的电子化手册,海关向经核销准予结案的经营单位签发"核销结案通知书";海关核销开设台账且核销情况正常的,签发"银行保证金台账核销联系单";海关核销"实转"台账企业,企业在银行领回保证金和应得的利息或者撤销保函,并领取"银行保证金台账核销通知单",凭以向海关领取核销结案通知书。

四、电子账册管理下的保税加工货物报关

电子账册管理是加工贸易联网监管中海关以加工贸易企业的整体加工贸易业务为单元对保税加工货物实施监管的一种模式。海关为联网企业建立电子底账,联网企业只设立一个电子账册。电子账册模式的适用对象是加工贸易进出口较为频繁、规模较大、原料和产品较为复杂、管理信息化程度较高较完善的大型加工贸易企业。电子账册模式联网监管的基本管理原则是"一次审批、分段备案、滚动核销、控制周转、联网核查"。

为贯彻落实《国务院关于促进加工贸易创新发展的若干意见》(国发[2016]4号),全面深化海关加工贸易及保税监管改革,深入推进简政放权,引导企业自律管理,释放企业活力,提升企业内生动力,海关对于适用于以企业作为监管单元的加工贸易企业进行试点改革,实行新的监管模式,经过一年试点,有关企业积极配合,取得了初步成效。为此,海关总署决定全面推广实施"以企业为单元加工贸易监管模式"(以下简称新监管模式)改革。新监管模式改革是海关深化加工贸易监管改革的重要举措,是支持加工贸易企业发展、提升企业综合竞争力以及支持与加工贸易相关的生产性服务业发展的有力保障,是促进加工贸易创新发展的重要内容。新监管模式自2018年6月21日起开始实施。

新监管模式改变的内容如下:

(一)改革实施范围

1. 新监管模式企业适用范围

实施新监管模式改革的企业,必须是以自己名义开展加工贸易业务的生产型企业,且符合以下条件之一:

(1)海关信用等级为一般认证及以上的;

(2)海关信用等级为一般信用企业,且企业内部加工贸易货物流和数据流透明清晰,逻辑链完整,耗料可追溯,满足海关监管要求的。

2. 新监管模式的业务范围

账册设立(变更)、进出口、外发加工、深加工结转、内销、剩余料件结转、核报和核销、本企业或本集团的售后维修等。

(二)电子账册建立

电子账册的建立要经过加工贸易经营企业的联网监管申请和审批、加工贸易业务的申请和审批、建立商品归并关系和电子账册等3个步骤。

1. 联网监管的申请和审批

加工贸易经营企业申请电子账册管理模式的加工贸易联网监管,一般应当具备下列条件:在中国境内具有独立法人资格,并具备加工贸易经营资格,在海关注册的生产型企业守法经营,资信可靠,内部管理规范,对采购、生产、库存、销售等实行全程计算机管理;能按照海关监管要求提供真实、准确、完整并具有被查核功能的数据。

申请电子账册管理模式的加工贸易联网监管的企业在向海关申请联网监管前,应当先向企业所在地商务主管部门办理前置审批手续,由商务主管部门对申请联网监管企业的加工贸易经营范围依法进行审批。

经商务主管部门审批同意后,加工贸易企业向所在地直属海关提出书面申请,并提供加工贸易企业联网监管申请表、企业进出口经营权批准文件、企业上一年度经审计的会计报表、工商营业执照复印件、经营范围清单(含进口料件和出口制成品的品名及4位数的HS编码)及海关认为需要的其他单证。

主管海关在接到加工贸易企业电子账册管理模式的联网监管申请后,对申请实施联网监管的企业进口料件、出口成品的归类和商品归并关系进行预先审核和确认。经审核符合联网监管条件的,主管海关制发“海关实施加工贸易联网监管通知书”。

2. 加工贸易业务的申请和审批

联网企业的加工贸易业务由商务主管部门审批。商务主管部门总体审定联网企业的加工贸易资格、业务范围和加工生产能力。商务主管部门收到联网企业申请后,对非国家禁止开展的加工贸易业务,予以批准,并签发“联网监管企业加工贸易业务批准证”。

3. 建立商品归并关系和电子账册

联网企业凭商务主管部门签发的“联网监管企业加工贸易业务批准证”向所在地主管海

关申请建立电子账册。海关以商务主管部门批准的加工贸易经营范围、年生产能力等为依据，建立电子账册。

电子账册包括加工贸易“经营范围电子账册”和“便捷通关电子账册”。“经营范围电子账册”用于检查控制“便捷通关电子账册”进出口商品的范围，不能直接报关。“便捷通关电子账册”用于加工贸易货物的备案、通关和核销。电子账册编码为12位。“经营范围电子账册”第一、二位为标记代码“IT”，因此“经营范围电子账册”也叫“IT账册”；“便捷通关电子账册”第一位为标记代码“E”，因此“便捷通关电子账册”也叫“E账册”。电子账册是在商品归并关系确立的基础上建立起来的，没有商品归并关系就不能建立电子账册，所以联网监管的实现依靠商品归并关系的确立。

新监管模式要求企业可以根据行业特点、生产规模、管理水平等因素选择以料号或项号设立账册；账册的最大进口量为《加工贸易企业经营状况和生产能力证明》所载生产能力，即进口料件对应金额。

(三)报关程序

1. 备案

(1)“经营范围电子账册”备案

企业凭商务主管部门的批准证通过网络向海关办理“经营范围电子账册”备案手续，备案内容为：①经营单位名称及代码；②加工单位名称及代码；③批准证件编号；④加工生产能力；⑤加工贸易进口料件和成品范围(商品编码前4位)。企业在收到海关的备案信息后，应将商务主管部门的纸质批准证交海关存档。

(2)“便捷通关电子账册”备案

企业可通过网络向海关办理“便捷通关电子账册”备案手续。“便捷通关电子账册”的备案包括以下内容：

①企业基本情况表，包括经营单位及代码、加工企业及代码、批准证编号、经营范围账册号、加工生产能力等；②料件、成品部分，包括归并后的料件、成品名称、规格、商品编码、备案计量单位、币制、征免方式等；③单耗关系，包括出口成品对应料件的净耗、损耗率等。

其他部分可同时申请备案，也可分阶段申请备案，但料件必须在相关料件进口前备案，成品和单耗关系最迟在相关成品出口前备案。

海关将根据企业的加工能力设定电子账册最大周转金额，并对部分高风险或需要重点监管的料件设定最大周转数量。电子账册进口料件的金额、数量，加上电子账册剩余料件的金额、数量，不得超过最大周转金额和最大周转数量。

(3)备案变更

①“经营范围电子账册”变更

企业的经营范围、加工能力等发生变更时，经商务主管部门批准后，企业可通过网络向海关申请变更，海关予以审核通过，并收取商务主管部门出具的“联网监管企业加工贸易业务批准证变更证明”等相关书面材料。

②“便捷通关电子账册”变更

“便捷通关电子账册”的最大周转金额、核销期限等需要变更时，企业应向海关提交申请，海关批准后直接变更。

2. 进出口报关

电子账册模式下联网监管企业的保税加工货物报关有进出境货物报关、深加工结转货物报关和其他保税加工货物报关 3 种情形。

（1）进出境货物报关

①报关清单的生成

使用“便捷通关电子账册”办理报关手续，企业应先根据实际进出口情况，从企业系统导出料号级数据生成归并前的报关清单，通过网络发送到电子口岸。报关清单应按照加工贸易合同填报监管方式，进口报关清单填制的总金额不得超过电子账册最大周转金额的剩余值，其余项目的填制参照报关单的填制规范。

②报关单的生成

联网企业进出口保税加工货物，应使用企业内部的计算机，采用计算机原始数据形成报关清单，报送中国电子口岸。电子口岸将企业报送的报关清单根据归并原则进行归并，并分拆成报关单后发送回企业，由企业填报完整的报关单内容后，通过网络向海关正式申报。

③报关单的修改、撤销

不涉及报关清单的报关单内容可直接进行修改，涉及报关清单的报关单内容修改必须先修改报关清单，再重新进行归并。报关单申报后，一律不得修改，只能删除。

④填制报关单要求

联网企业备案的进口料件和出口成品等内容，是货物进出口时与企业实际申报货物进行核对的电子底账。因此申报数据与备案数据应当一致。企业按实际进出口的“货号”（料件号和成品号）填报报关单，并按照加工贸易货物的实际性质填报监管方式。海关按照规定审核申报数据，进口货物报关单的总金额不得超过电子账册最大周转金额的剩余值，如果电子账册对某项下料件的数量进行限制，那么报关单上该项商品的申报数量不得超过其最大周转量的剩余值。

（2）深加工结转等其他规定

新监管模式对深加工结转等内容做了新的规定，具体内容如下：

①深加工结转。企业在办理深加工结转手续时，应于每月月底前对上月深加工结转情况进行集中申报，不再报送收发货记录，同时应保存相关资料、记录备查。

②外发加工。企业开展外发加工业务时，不再报送收发货清单，同时应保存相关资料、记录备查。

③集中内销。企业应于每月 15 日前对上月发生的内销保税货物，在依法提供税收担保的前提下，集中办理纳税手续，但不得跨年。

④剩余料件结转。企业应在核报前,以剩余料件结转方式处置实际库存。

3. 报核和核销

电子账册实行滚动核销的形式。在核销周期内,企业采用自主核报方式向海关办理核销手续,其中对核销周期超过一年的,企业应进行年度申报。

(1)企业报核

自主核报指企业自主核定保税进口料件的耗用量并向海关如实申报的行为。企业可自主选择采用单耗、耗料清单和工单等保税进口料件耗用的核算方式,向海关申报当期核算结果,并办理核销手续。企业申报核算结果时,应报送本核销周期内的下列数据:申请核报加工贸易账册的相关材料;进、出、转、销和期末实际库存数据;边角料、残次品、副产品、受灾保税货物、销毁货物的相关情况;料件、成品退换情况;国内购买料件情况;消耗性物料情况;企业需要申报其他情况的补充说明。

年度申报是针对核销周期超过1年的企业,每年至少向海关申报1次保税料件耗用量等账册数据。年度申报数据的累加作为本核销周期保税料件耗用总量。

(2)海关核销

海关核销的基本目的是掌握企业在某个时段所进口的各项保税加工料件的使用、流转、损耗的情况,确认是否符合以下的平衡关系:

进口保税料件(含深加工结转进口)=出口成品折料(含深加工结转出口)+内销料件+内销成品折料+剩余料件+损耗-退运成品折料

海关核销除了对书面数据进行必要的核算外,还会根据实际情况采取盘库的方式。经核对,企业报核数据与海关底账数据及盘点数据相符的,海关通过正式报核审核并打印核算结果,系统自动将本期结余数转为下期期初数。企业实际库存量多于电子底账核算结果的,海关会按照实际库存量调整电子底账的当期结余数量;企业实际库存量少于电子底账核算结果且可以提供正当理由的,对短缺部分联网企业按照内销处理;企业实际库存量少于电子底账核算结果且联网企业不能提供正当理由的,对短缺部分海关将移交缉私部门处理。

(四)新监管模式取消

企业出现以下情形之一的,海关不再对其实施新监管模式:

1. 海关信用等级降为失信企业的;

2. 内部信息化系统不完备,加工贸易货物流和数据流逻辑链条不完整,耗料管理不能满足海关监管要求的;

3. 不能规范办理海关手续,不能按要求及时提交、保留、存储相关数据、单证和资料的;

4. 主动申请不实施新监管模式的;

5. 其他需要撤销新监管模式的。

海关不再对其实施新监管模式账册管理的,自确定之日起30日内,企业应向海关办理该账册核销手续。

第三节 保税仓库货物的报关

一、保税仓库货物的概念及分类

(一)保税仓库的概念

保税仓库是指经海关批准设立专门存放保税货物及其他未办结海关手续货物的仓库。

(二)保税仓库的分类

从我国的现状来看,按照使用对象和范围来分类,我国的保税仓库主要分为公用型和自用型两种。但根据货物的特定用途来看,公用型和自用型仓库下面还可衍生出一种专用型保税仓库。因此,目前我国大体上有如下三种保税仓库:

(1)公用型保税仓库。该种仓库是由主营仓储业务的中国境内独立企业法人经营,专门向社会提供保税仓储服务。

(2)自用型保税仓库。该种仓库是由特定的中国境内独立企业法人经营,仅存储本企业自用的保税货物。

(3)专用型保税仓库。该种仓库是专门用来储存具有特定用途或特殊种类商品的保税仓库。专用型保税仓库包括液体危险品保税仓库、备料保税仓库、寄售维修保税仓库和其他专用保税仓库。

【案例 5.2】

福建闽台农产品公共保税仓库通过验收

据《福建日报》报道 日前,厦门海关加贸处和泉州海关对福建闽台农产品公共保税仓库进行验收。该保税仓库位于泉州市南安石井镇,是我省(福建)首家以经营台湾农产品保税仓储业务为主的公共保税仓库,该保税仓库于 2010 年 6 月 18 日由厦门海关正式批准成立。保税仓包括 1 800 平方米的低温冷库和 2 500 平方米的普通仓库,能够为农产品进出口提供一站式服务。经过前期建设改造,目前已基本符合海关对保税仓库的各项管理规定。

据了解,自闽台农产品公共保税仓库批准成立以来,已有多家台湾企业前来咨询相关业务开展事宜。经过几次海关政策宣讲,“保税仓库可以有效减少企业的资金压力和运营成本。”“保税仓的通关时间快,农产品的保鲜当然更好。”已经成为企业共识

资料来源:中国海关总署网

二、保税仓库的设立和存放的货物

(一)保税仓库的设立

在设立保税仓库时,仓库经理人必须具有法人资格,并具备向海关缴纳税款的能力,保税

仓库所经营的主要业务要得到相关主管部门的批准，经营特殊许可商品储存的，还应当持有规定的特殊许可证件。设立保税仓库的最低注册资本为300万元人民币，并具有专门储存保税货物的场所，而且还要达到相关的要求。

（二）保税仓库存放的货物

保税仓库在经营时，经海关批准可以存放的货物有如下一些种类：加工贸易进口货物；转口货物；供应国际航行船舶和航空器的油料、物料和维修用的零部件；供维修外国产品所进口寄售的零配件；外商进境暂存货物；未办结海关手续的一般贸易进口货物；经海关批准的其他未办结海关手续的进境货物。

保税仓库不得存放国家禁止进境货物，不得存放未经批准的影响公共安全、公共卫生或健康、公共道德或秩序的国家限制进境货物以及其他不得存入保税仓库的货物。

三、保税仓库货物的报关

保税仓库货物的报关程序可以分为进仓报关和出仓报关两个阶段，见表5.4。

表5.4　保税仓库货物的报关

<table>
<tr><td rowspan="3">进仓报关</td><td rowspan="3">进口报关</td><td>在保税仓库所在地入境</td><td>除三种情况外，免证</td></tr>
<tr><td rowspan="2">在保税仓库所在地以外入境</td><td>按照进口货物转关运输办理</td></tr>
<tr><td>按照进口货物异地传输办理</td></tr>
<tr><td rowspan="4">出仓报关</td><td rowspan="3">进口报关</td><td>出仓用于加工贸易</td><td>按加工贸易货物报关程序办理</td></tr>
<tr><td>出仓用于特定减免税用途</td><td>按特定减免税货物报关程序办理</td></tr>
<tr><td>出仓用于国内市场或其他</td><td>按一般进出口货物报关程序办理</td></tr>
<tr><td>出口报关</td><td colspan="2">出仓出口</td></tr>
</table>

1. 进仓报关

货物在保税仓库所在地进境时，除能够制造化学武器的化工品和易制毒化学品外，其他货物均免领许可证件，由货物的收货人或其代理人按申报、配合查验，缴纳或免纳税费、提取货物的报关程序办理货物的进口报关手续，海关放行后即可将货物存入保税仓库。

货物在保税仓库所在地以外的其他口岸入境时，经海关批准，收货人或其他代理人应按转关运输程序办理转关运输手续，也可以直接在口岸海关办理异地传输报关手续。当货物运抵保税仓库所在地时，再按申报、配合查验、缴纳手续费、入库的报关程序来办理进仓报关手续。

2. 出仓报关

保税仓库货物出库可能会出现进口报关和出口报关两种情况。另外根据报关数量来看，还可能出现集中报关的情况。

（1）进口报关。保税仓库货物出仓用于加工贸易的，由加工贸易企业及其代理人按加工贸易的报关程序办理进口报关手续；②保税仓库货物出仓用于可以享受特定减免税的特定地区、特定企业和特定用途的，由享受特定减免税的企业及其代理人按特定减免税货物的报关程序办理进口报关手续；③保税仓库货物出仓进入国内市场或用于境内其他方面的，由用户或其代理人按一般贸易货物的报关程序办理进口报关手续。

(2)出口报关。保税仓库货物出库转口或退运，由保税仓库经营企业或其代理人按一般出口货物的报关程序办理出口报关手续，但免纳出口税，免予交验出口许可证件。

(3)集中报关。保税货物出仓批量少、批次频繁的经海关批准可以办理定期集中报关手续。

四、保税仓库货物报关的注意要点

(1)保税仓库所存货物的储存期为1年。如因特殊情况需要延长储存期限，应向主管海关申请延期，延长的最长期限不能超过1年。

(2)保税仓库所存货物是海关监管货物，在未经海关批准并按规定办理相关的手续的情况下，任何人不能对货物进行出售、提取、交付、调换、抵押、转让或移作他用。

(3)在仓库储存期间，货物如发生短少或灭失，除不可抗力原因外，保税仓库的经营单位应对短少或灭失的货物承担缴纳税款的责任，并承担相应的法律责任。

(4)保税仓库必须独立设置，专库专用，保税货物不能与非保税货混放在一起。

(5)保税仓库经营者不得对所存货物进行实质性的加工。如需对货物进行包装、分级分类、加刷唛码、分拆、拼装等简单加工的，则必须在海关的监管下进行。

(6)保税仓库经营单位自己使用的设备、装置、车辆和用品，均不属于保税货物，进口时应按一般贸易办理进口手续，并缴纳进口税款。

(7)保税仓库的经营者应于每月前5个工作日内以电子数据和书面形式向主管海关申报上一个月的仓库收、付、存情况，并随附相关的单证，由主管海关核销。

第四节　区域保税货物的报关

一、保税区货物

(一)保税区

保税区是经国务院批准在中华人民共和国境内设立的由海关进行监管的特定区域，区内主要从事出口加工、转口贸易、保税仓储等涉外经济活动。保税区是海关实施特殊监管的区域，海关对保税区实行封闭管理，境外货物进入保税区，实行保税管理，境内其他地区货物进入保税区，视同进出境。

目前，经国务院批准，我国已设立了上海、天津、大连等15个保税区。

(二)保税区优惠政策

国家在保税区实行了许多外经贸方面的优惠政策,其中为了支持保税区的发展,保税区享有以下的免税优惠的特殊政策。

(1)区内生产性的基础设施建设项目所需的机器、设备和其他基建物资,予以免税。

(2)区内企业自用的生产、管理设备和自用合理数量的办公用品及其所需的维修零配件,生产用燃料,建设生产厂房、仓储设施所需的物资、设备,除交通车辆和生活用品外,予以免税。

(3)保税区行政管理机构自用合理数量的管理设备和办公用品及其所需的维修配件,予以免税。

(三)保税区货物的报关

保税区货物的报关分为进出境报关和进出区报关,见表5.5。

表5.5 保税区货物的报关

<table>
<tr><td rowspan="2">进出境报关</td><td>与境外之间进出境货物,属自用的</td><td colspan="2">报关制</td></tr>
<tr><td>与境外之间进出境货物,属非自用的</td><td colspan="2">备案制</td></tr>
<tr><td rowspan="5">进出区报关</td><td rowspan="2">保税进口料件以及用保税进口料件生产的成品、半成品进出区</td><td>进区</td><td>报出口</td></tr>
<tr><td>出区</td><td>报进口,根据货物不同流向填写不同的进口报关单</td></tr>
<tr><td rowspan="2">进出区外发加工</td><td>进区加工</td><td>凭外发加工合同向保税区海关备案,加工出区后核销</td></tr>
<tr><td>出区加工</td><td>由区外加工企业向其所在地海关办理加工贸易备案,加工进区后核销</td></tr>
<tr><td>设备进出区</td><td>进出区</td><td>向保税区海关备案</td></tr>
</table>

1. 进出境报关

进出境报关采用报关制和备案制相结合的运行机制,即保税区与境外之间进出境货物,属自用的,采取报关制,填写进出口报关单;属非自用的,包括加工、转口、仓储和展示,采取备案制,填写进出境备案清单,进入备案程序。

2. 进出区报关

货物在进出区时,要根据不同的情况进入不同的报关程序。

(1)进出区货物。各种保税进口的料件和用这些料件生产的成品和半成品进区时,要报出口,要提交"加工贸易登记手册",填写出口报关单,并提供有关的许可证件,海关不签发出口退税报关单。货物出区时,则要报进口,按货物不同的流向填写不同的进口货物报关单。货物出区进入国内市场,按一般进口货物进行报关,填写进口货物报关单,并提供相关的许可证件。采用进口料件制成的成品和半成品,要根据所含进口料件的比例缴纳进口税。货物出区用于加工贸易的;按保税货物进行报关,要填写加工贸易报关单,提交"加工贸易登记手册",

按照已经批准的保税额度进行保税。货物出区给享受特定减免税企业使用时，要采用特定减免税的报关程序，当事人要提供“进口免征税证明”，以及相关的许可证件，免缴进口税。

(2)进出区外发加工。外发加工是指加工贸易企业出口产品生产某一环节由其他企业代为加工的业务。保税区企业的外发加工分为两种情况：出区外发加工和进区外发加工，两者的开展均需经过主管海关的批准。进区进行外发加工的，要提交外发加工合同向保税区海关备案，加工出区后核销，但不进入进出境的报关程序，即不填写进出口报关单，不缴纳税费。出区进行外发加工的，须由区外加工贸易经营企业在当地海关办理加工贸易备案手续，进入保税加工贸易合同备案程序，包括台账程序，加工的期限最长为半年，情况特殊的，经海关批准，可以延长，但延长的最长期限为半年，备案后，进入保税加工货物出区的报关程序。

(3)设备进出区。进区设备无论是施工还是投资所用，均要向保税区海关提交设备清单进行备案，但不进入报关程序，不缴纳出口税，海关也不签发出口货物报关单、退税报关单，设备是国外进口设备并已征进口税的，不退进口税。设备出区时，也不进入报关程序，由保税区海关凭设备清单核销结案。

3. 保税区货物报关的注意要点

(1)除特殊货物外，不实行配额、许可证管理。保税区与境外之间进出的货物，一般不实行进出口配额、许可证管理，也不需提供许可证。但一些特殊的商品和货物则需受到配额和许可证的限制，这主要包括：实行出口被动配额管理的商品、易制毒化学品、能够制造化学武器的化工品、消耗臭氧层物质以及废纸等国家规定的特殊货物。

(2)不实行银行保证金台账制度，加工料件全额保税。在保税区进行加工贸易时，有些方面是要受到国家管制的，如国家明令禁止进出口的货物是不准开展加工贸易的，而有些货物的加工也需要有许可证或主管部门的批准。但在保税区进行加工贸易的，而有些货物的加工也需要有许可证或主管部门的批准。但在保税区进行加工贸易是不实行银行保证金台账制度的，加工单位不需交纳保证金，加工料件可以享受全额保税的便利。

(3)从区外进入保税区的货物，按照出口货物办理手续。货物从区外进入保税区，相当于货物的离境出口，需要办理货物的出口手续。企业在办结海关出口手续后，可办理结汇、外汇核销、加工贸易核销等手续。但出口退税则必须在货物实际报关离境后，才能办理。

(4)转口货物可以在保税区进行简单的加工。保税区内的转口货物可以在区内的仓库等地进行分级、挑选、刷贴标志、改换包装形式等简单加工。

二、出口加工区货物

(一)出口加工区的概念及功能

出口加工区是由国务院批准设立在中华人民共和国境内的专门从事保税加工的专门区域,也是海关监管的特定区域。

与保税区相比,出口加工区的功能比较单一,其主要功能是从事加工贸易,以及为区内加工贸易服务的储运业务。出口加工区内企业生产的产品应当全部返销出口。海关按照对进口货物的有关规定,对出口加工区运往区外的货物办理海关手续,对于制成品要征进口税,如属于许可证管理的商品,还会要求当事人出具有效的进口许可证件。出口加工区从境外进口属于生产、管理所需的设备和物资,可以享受特定减免税的优惠,但这不包括交通车辆和生活用品。区外境内物资进入出口加工区,视为出口报关手续,并可以退出口税。

(二)出口加工区货物的报关

出口加工区实行计算机联网管理和海关稽查制度。区内企业应建立符合海关监管要求的电子计算机管理数据库,并与海关实行电子计算机联网,进行电子数据交换。出口加工企业在进出境(进出口)货物前,应向出口加工区主管海关申请设立电子账册,包括“加工贸易电子账册”和“企业设备电子账册”。企业凭海关审核通过的电子账册办理进出境(进出口)货物报关手续。

(1)出口加工区与境外进出货物的管理。货物在出口加工区与境外之间进出,报关上实行备案制,即由货主或其代理人根据加工区管理委员会的批件,填写进出境货物备案清单,向主管海关备案。对于跨关区进出境的出口加工区货物,一般按转关运输中的直转方式办理转关。对于同一关区内进出境的出口加工区货物,一般按直通方式报关。加工区与境外之间进出的货物,除实行出口被动配额管理的外,不实行进出口配额、许可证管理。从境外进入加工区的货物,其进口关税和进口环节税,除法律法规另有规定的除外,一般按下列规定办理:①区内生产性的基础设施建设项目所需的机器、设备和建设生产厂房、仓储设施所需的基建物资,予以免税。②区内企业生产所需的机器设备及维修零配件,予以免税。③区内企业为加工出口产品所需的原材料、零部件、元器件、包装物等,予以保税。④区内企业和行政管理机构自用合理数量的办公用品,予以免税。⑤区内企业和行政管理机构自用的交通运输工具、生活消费品,按进口货物的有关规定办理报关手续,海关予以照章征税。

(2)出口加工区与境内区外其他地区之间货物进出的管理。对加工区运往境内区外的货物,海关将按进口货物的报关予以办理手续,进入一般进口报关程序,如属于许可证管理的,要向海关出具有效的进口许可证件,并要缴纳进口关税、增值税和消费税。区内企业的加工产品在生产过程中产生的边角料、残次品、废品复运出境,由企业向主管海关申请核准后,根据其使用价值估价征税,如属于许可证管理的商品,还应向海关出具有效的许可证件。对无商业价值的边角料和废料,需运往区外销毁的,海关将予以免进口许可证和免税。海关对于境内进入加工区的货物,按货物出口对待,当事人要办理货物出口报关手续。从区外进入加工区的货物和物品,应运人加工区海关指定的仓库和地点,区外企业要填写出口报关单,并持境内购货发票、装箱单,向加工区的主管海关办理报关手续。

出口报关时的出口退税按照以下规定办理:①从区外进入加工区供区内企业使用的国产机器、设备、原材料、零部件、元器件、包装物料,以及建造基础设施、加工企业和行政管理部门生产、办公用房所需合理数量的基建物资等,海关按照对出口货物的有关规定办理报关手续,并签发出口退税报关单。区外企业凭报关单出口退税联向税务部门申请办理出口退(免)税手续。②从区外进入加工区供区内企业和行政管理机构使用的生活消费用品、交通运输工具等,海海关不予签发出口退税报关单。③从区外进入加工区的机器、设备、原材料、零部件、元器件、包装物料、基建物资等,区外企业应当向海关提供上述货物或物品的清单,并办理出口报关手续,经海关查验后放行。上述货物或物品,已缴纳的进口环节税不予退还。④因国内技术无法达到产品要求,需要将国家禁止出口或统一经营商品运至加工区内进行某项工序加工的,应报商务主管部门批准,海关按照出料加工管理办法进行监管,其运入加工区的货物,不予签发出口退税报关单。

(三)出口加工区货物报关的注意要点

(1)国家禁止进、出口的货物,不得进、出加工区。

(2)出口加工区区内企业开展加工贸易业务不实行"加工贸易银行保证金台账"制度,不征收监管手续费,不核发"加工贸易登记手册",使用电子账册管理,实行备案电子账册的滚动累加、核扣,每半年核销一次。

(3)从出口加工区外进入加工区的货物,须经区内企业实质性加工后,方可运出境外。出口加区区内企业不得将未经实质性加工的进口原材料、零部件销往区外。区内从事仓储服务的企业,其仓储目的是为区内加工贸易服务,因此不将从境外进口的仓储原材料、零部件提供给区外企业。

(4)出口加工区区内企业经主管海关批准,可在境内外进行产品测试、检验和展示活动。测试、检验和展示的产品,应比照海关对暂时进口货物的管理规定,办理出区手续。

三、保税物流园区货物

(一)保税物流园区的概念及可开展的业务

1. 保税物流园区的概念

保税物流园区是指经国务院批准,在保税区规划面积或者毗邻保税区的特定港区内设立的、专门发展现代国际物流业的海关特殊监管区域。

海关在保税物流园区派驻机构,依照《中华人民共和国海关对保税物流园区的管理办法》对进出园区的货物、运输工具、个人携带物品及园区内相关场所实行 24 小时监管。保税物流园区与中华人民共和国境内的其他地区(简称区外)之间,应当设置符合海关监管要求的卡口、围网隔离设施、视频监控系统及其他海关监管所需的设施。

2. 保税物流园区可开展的业务

保税物流园区内设立仓库、堆场、查验场和必要的业务指挥调度操作场所,不得建立工业生产加工场所和商业性消费设施。海关、园区行政管理机构及其经营主体、在园区内设立的企业(以下简称园区企业)等单位的办公场所应当设置在园区规划面积内、围网外的园区综合办公区内(园区综合办公区是指园区行政管理机构或者其经营主体在园区规划面积内、围网外投资建立,供海关、园区企业和其他有关机构使用的具有办公、商务、报关、商品展示等功能的场所)。除安全保卫人员和相关部门、企业值班人员外,其他人员不得在保税物流园区内居住。

经海关总署会同国务院有关部门对《中华人民共和国海关对保税物流园区的管理办法》规定的有关设施、场所验收合格后,保税物流园区可以开展有关业务。保税物流园区可以开展的业务包括:存储进出口货物及其他未办结海关手续货物;对所存货物开展流通性简单加工和增值服务;国际转口贸易;国际采购、分销和配送;国际中转;检测、维修;商品展示;经海关批准的其他国际物流业务。

保税物流园区内不得开展商业零售、加工制造、翻新、拆解及其他与园区无关的业务。保税物流园区遭遇不可抗力等灾害;海关监管货物被行政执法部门或者司法机关采取查封、扣押等强制措施;海关监管货物被盗窃;法律、行政法规规定的其他等情形时,园区企业应当在规定的时间内书面报告园区主管海关并办理相关手续。报告时间,第1项在发生之日起5个工作日内,第2至第4项在发生之日起3个工作日内。

对保税物流园区与区外之间进出的海关监管货物,园区主管海关可以要求企业提供相应的担保。但法律、行政法规禁止进出口的货物、物品不得进出园区。

(二)保税物流园区货物的报关

(1)对园区与境外之间进出货物。海关对保税物流园区与境外之间进、出的货物实行备案制管理,但园区自用的免税进口货物、国际中转货物或者法律、行政法规另有规定的货物除外。境外货物到港后,园区企业(或者其代理人)可以先凭舱单将货物直接运至园区,再凭进境货物备案清单向园区主管海关办理申报手续。园区与境外之间进出的货物应当向园区主管海关申报。园区货物的进出境口岸不在园区主管海关管辖区域的,经园区主管海关批准,可以在口岸海关办理申报手续。

园区与境外之间进出的货物,不实行进出口许可证件管理,但法律、行政法规、规章另有规定的除外。从园区运往境外的货物,除法律、行政法规另有规定外,免征出口关税。

从境外进入园区,海关予以办理免税手续的货物和物品有:园区的基础设施建设项目所需的设备、物资等;园区企业为开展业务所需的机器、装卸设备、仓储设施、管理设备及其维修用消耗品、零配件及工具;园区行政管理机构及其经营主体和园区企业自用合理数量的办公用品。

从境外进入园区,海关予以办理保税手续的货物有:园区企业为开展业务所需的货物及其包装物料；加工贸易进口货物；转口贸易货物；外商暂存货物；进口寄售货物；供应国际航行船舶和航空器的物料、维修用零配件；进境检测、维修货物及其零配件；供看样订货的展览品、样品；未办结海关手续的一般贸易货物；经海关批准的其他进境货物。

园区行政管理机构及其经营主体和园区企业从境外进口的自用交通运输工具、生活消费用品，按一般贸易进口货物的有关规定向海关办理申报手续。

（2）对园区与区外之间进出货物。保税物流园区与区外之间进出的货物，由园区企业或者区外收、发货人（或者其代理人）在园区主管海关办理申报手续。园区企业在区外从事进出口贸易业务且货物不实际进出园区的，可以在收、发货人所在地的主管海关或者货物实际进出境口岸的海关办理申报手续。

保税物流园区货物运往区外视同进口，园区企业或者区外收货人（或者其代理人）按照进口货物的有关规定向园区主管海关申报，海关按照货物出园区时的实际监管方式的有关规定办理。园区企业跨关区配送货物或者异地企业跨关区到园区提取货物的，可以在园区主管海关办理申报手续，也可以按照海关规定办理进口转关手续。除法律、行政法规、规章规定不得集中申报的货物外，园区企业少批量、多批次进、出货物的，经园区主管海关批准可以办理集中申报手续，并适用每次货物进出口时海关接受该货物申报之日实施的税率、汇率。集中申报的期限不得超过 1 个月，且不得跨年度办理。

区外货物运入园区视同出口，由园区企业或者区外发货人（或者其代理人）向园区主管海关办理出口申报手续。属于应当征收出口关税的商品，海关按照有关规定征收出口关税；属于许可证件管理的商品，应当同时向海关出具有效的出口许可证件，但法律、行政法规、规章另有规定在出境申报环节提交出口许可证件的除外。用于办理出口退税的出口货物报关单证明联的签发手续，按照海关的相关规定办理。

（3）物流园区内货物。园区内货物可以自由流转。园区企业转让、转移货物时应当将货物的具体品名、数量、金额等有关事项向海关进行电子数据备案，并在转让、转移后向海关办理报核手续。未经园区主管海关许可，园区企业不得将所存货物抵押、质押、留置、移作他用或者进行其他处。前述按照《中华人民共和国海关对保税物流园区的管理办法》规定免税进入园区的货物、物品，也适用这一规定。

（4）对园区与其他海关特殊监管区域、保税监管场所之间往来货物。海关对于园区与海关特殊监管区域或者保税监管场所之间往来的货物，继续实行保税监管，不予签发出口货物报关单证明联。但货物从未实行国内货物入区（仓）环节出口退税制度的海关特殊监管区域或者保税监管场所转入园区的，按照货物实际离境的有关规定办理申报手续，由转出地海关签发出口货物报关单证明联。园区与其他海关特殊监管区域、保税监管场所之间的货物交易、流转，不征收进出口环节和国内流通环节的有关税收。

四、保税港区货物

(一)保税港区的概念及监管要求

1. 保税港区的概念

保税港区是指经国务院批准,设立在国家对外开放的口岸港区和与之相连的特定区域内,具有口岸、物流、加工等功能的海关特殊监管区域。

海关对区内企业实行计算机联网管理制度和海关稽查制度。区内企业应当应用符合海关监管要求的计算机管理系统,提供供海关查阅数据的终端设备和计算机应用的软件接口,按照海关规定的认证方式和数据标准与海关进行联网,并确保数据真实、准确、有效。海关依法对区内企业开展海关稽查,监督区内企业规范管理和守法自律。

【案例5.3】

天津海关助力东疆保税港区进入发展快车道

据天津海关消息,2011年1~10月,天津东疆保税港区区域经济发展势头良好,共计新增注册登记企业132家,同比增长112.9%;注册资本19 848.5美元。今年以来共接受进出口报关单及备案清单18 912票,货值37.69亿美元,货运量30.37万吨,同比分别增长32.57%、215.40%和108.73%。

东疆保税港区海关积极推动"东疆创业年"活动,发挥东疆政策功能优势,以"严密监管、优化环境、服务创业、促进发展"为目标,有效提升港区投资环境,助力东疆保税港区发展进入快车道。《国务院关于天津北方国际航运中心核心功能区建设方案的批复》(国函〔2011〕51号)下发后,东疆保税港区获得了国际船舶登记制度、国际航运税收、航运金融业务和租赁业务四大方面的创新试点支持政策。在这些备受关注、支持力度颇大的"试点政策套餐"的吸引下,目前已有数十家大型飞机金融租赁公司计划在东疆开展飞机租赁业务,租赁进口商包括国航、南航等10余家国内主要航空公司。今年截至目前已完成24票飞机租赁通关业务。该关还将在下一步积极研究飞机融资租赁减免税审批、租赁出口货物退税、启运港退税等业务的操作模式,研究探索船舶登记、航运金融和国际中转、配送、采购业务的海关管理模式,助力东疆北方国际航运中心核心功能区建设,促进东疆保税港区对外贸易持续快速发展。

资料来源:中国海关总署网

2. 海关对保税港区的监管要求

保税港区实行封闭式管理。保税港区与中华人民共和国关境内的其他地区(以下称区外)之间,应当设置符合海关监管要求的卡口、围网、视频监控系统以及海关监管所需的其他设施。保税港区内不得居住人员。除保障保税港区内人员正常工作、生活需要的非营利性设施外,保税港区内不得建立商业性生活消费设施和开展商业零售业务。海关及其他行政管理机构的办公场所应当设置在保税港区规划面积以内、围网以外的保税港区综合办公区内。保税港区管理机构应当建立信息共享的计算机公共信息平台,并通过"电子口岸"实现区内企业及相关单位与海关之间的电子数据交换。保税港区的基础和监管设施、场所等应当符合《海关特殊监管区域基础和监管设施验收标准》。经海关总署会同国务院有关部门验收合格后，保税港区可以开展有关业务。

(二)保税港区内可以开展下列业务

保税港区可以开展的业务有存储进出口货物和其他未办结海关手续的货物；国际转口贸易；国际采购、分销和配送；国际中转；检测和售后服务维修；商品展示；研发、加工、制造；港口作业；经海关批准的其他业务。

(三)进出保税港区货物的报关

1. 保税港区与境外之间进出货物

保税港区与境外之间进出的货物应当在保税港区主管海关办理海关手续；进出境口岸不在保税港区主管海关辖区内的，经保税港区主管海关批准，可以在口岸海关办理海关手续。

海关对保税港区与境外之间进出的货物实行备案制管理，货物的收发货人或者代理人应当如实填写进出境货物备案清单，向海关备案。除另有规定的情形外，对从境外进入保税港区的货物予以保税。除法律、行政法规另有规定外，从境外进入保税港区，海关免征进口关税和进口环节海关代征税的货物有：区内生产性的基础设施建设项目所需的机器、设备和建设生产厂房、仓储设施所需的基建物资；区内企业生产所需的机器、设备、模具及其维修用零配件；区内企业和行政管理机构自用合理数量的办公用品。从境外进入保税港区，供区内企业和行政管理机构自用的交通运输工具、生活消费用品，按进口货物的有关规定办理报关手续，海关按照有关规定征收进口关税和进口环节海关代征税。

从保税港区运往境外的货物免征出口关税，但法律、行政法规另有规定的除外。

保税港区与境外之间进出的货物，不实行进出口配额、许可证件管理，但法律、行政法规和规章另有规定的除外。对于同一配额、许可证件项下的货物，海关在进区环节已经验核配额、许可证件的，在出境环节不再要求企业出具配额、许可证件原件。

2. 保税港区与区外之间进出货物

保税港区与区外之间进出的货物，区内企业或者区外收发货人按照进出口货物的有关规定向保税港区主管海关办理申报手续。需要征税的，区内企业或者区外收发货人按照货物进出区时的实际状态缴纳税款；属于配额、许可证件管理商品的，区内企业或者区外收货人还应当向海关出具配额、许可证件。对于同一配额、许可证件项下的货物，海关在进境环节已经验核配额、许可证件的，在出区环节不再要求企业出具配额、许可证件原件。

区内企业在区外从事对外贸易业务且货物不实际进出保税港区的，可以在收发货人所在地或者货物实际进出境口岸地海关办理申报手续。海关监管货物从保税港区与区外之间进出的，保税港区主管海关可以要求提供相应的担保。区内企业在加工生产过程中产生的边角料、废品，以及加工生产、储存、运输等过程中产生的包装物料，区内企业提出书面申请并且经海关批准的，可以运往区外，海关按出区时的实际状态征税。属于进口配额、许可证件管理商品的，免领进口配额、许可证件；属于列入《禁止进口废物目录》的废物以及其他危险废物需出区进行处置的，有关企业凭保税港区行政管理机构以及所在地的市级环保部门批件等材料，向海关办理出区手续。区内企业在加工生产过程中产生的残次品、副产品出区内销的，海关按内销时的实际状态征税。属于进口配额、许可证件管理的，企业应当向海关出具进口配额、许可证件。经保税港区运往区外的优惠贸易协定项下货物，符合海关总署相关原产地管理规定的，可以申请享受协定税率或者特惠税率。经海关核准，区内企业可以办理集中申报手续。实行集中申报的区内企业应当对1个自然月内的申报清单数据进行归并，填制进出口货物报关单，在次月月底前向海关办理集中申报手续。集中申报适用报关单集中申报之日实施的税率、汇率，集中申报不得跨年度办理。

区外货物进入保税港区的，按照货物出口的有关规定办理缴税手续，并按照相关规定签发用于出口退税的出口货物报关单证明联。

3. 保税港区内货物

保税港区内货物可以自由流转。区内企业转让、转移货物的，双方企业应当及时向海关报送转让、转移货物的品名、数量、金额等电子数据信息。区内企业不实行加工贸易银行保证金台账和合同核销制度，海关对保税港区内加工贸易货物不实行单耗标准管理。区内企业应当自开展业务之日起，定期向海关报送货物的进区、出区和储存情况。

区内企业申请放弃的货物，经海关及有关主管部门核准后，由保税港区主管海关依法提取变卖，变卖收入由海关按照有关规定处理，但法律、行政法规和海关规章规定不得放弃的货物除外。因不可抗力造成保税港区货物损毁、灭失的，区内企业应当及时书面报告保税港区主管海关，说明情况并提供灾害鉴定部门的有关证明。经保税港区主管海关核实确认后，按照下列规定处理：货物灭失，或者虽未灭失但完全失去使用价值的，海关予以办理核销和免税手续；进境货物损毁，失去部分使用价值的，区内企业可以向海关办理退运手续。如不退运出境并要求运往区外的，由区内企业提出申请，经保税港区主管海关核准，按照海关审定的价格进行征税。

区外进入保税港区的货物损毁，失去部分使用价值，且需向出口企业进行退换的，可以退换为与损毁货物相同或者类似的货物，并向保税港区主管海关办理退运手续。需退运到区外的，属于尚未办理出口退税手续的，可以向保税港区主管海关办理退运手续；属于已经办理出口退税手续的，按照前述进境货物运往区外的有关规定办理。因保管不善等非不可抗力因素造成货物损毁、灭失的，区内企业应当及时书面报告保税港区主管海关，说明情况。经保税港区主管海关核实确认后，按照下列规定办理：从境外进入保税港区的货物，区内企业应当按照一般贸易进口货物的规定，按照海关审定的货物损毁或灭失前的完税价格，以货物损毁或灭失之日适用的税率、汇率缴纳关税、进口环节海关代征税；从区外进入保税港区的货物，区内企业应当重新缴纳因出口而退还的国内环节有关税收，海关据此办理核销手续，已缴纳出口关税的，不予退还。

保税港区货物不设存储期限。但存储期限超过2年的，区内企业应当每年向海关备案。因货物性质和实际情况等原因，在保税港区继续存储会影响公共安全、环境卫生或者人体健康的，海关应当责令企业及时办结相关海关手续，将货物运出保税港区。

4. 对保税港区与其他海关特殊监管区域、保税监管场所之间往来货物的监管

海关对于保税港区与其他海关特殊监管区域或者保税监管场所之间往来的货物，实行保税监管，不予签发用于办理出口退税的出口货物报关单证明联。但货物从未实行国内货物入区(仓)环节出口退税制度的海关特殊监管区域或者保税监管场所转入保税港区的，视同货物实际离境，由转出地海关签发用于办理出口退税的出口货物报关单证明联。保税港区与其他海关特殊监管区域或者保税监管场所之间的流转货物，不征收进出口环节的有关税收。承运保税港区与其他海关特殊监管区域或者保税监管场所之间往来货物的运输工具，应当符合海关监管要求。

5. 直接进出口货物以及进出保税港区运输工具和人员携带货物、物品

通过保税港区直接进出口的货物，海关按照进出口的有关规定进行监管；出口货物的发货人或者其代理人可以在货物运抵保税港区前向海关申报；出口货物运抵保税港区，海关接受申报并放行结关后，按照有关规定签发出口货物报关单证明联。

运输工具和个人进出保税港区的，应当接受海关监管和检查。进出境运输工具服务人员及进出境旅客携带个人物品进出保税港区的，海关按照进出境旅客行李物品的有关规定进行监管。经海关批准，可以由区内企业指派专人携带或者自行运输的货物有价值 1 万美元以下的小额货物；因品质不合格复运区外退换的货物；已办理进口纳税手续的货物；企业不要求出口退税的货物；其他经海关批准的货物。

本章小结

1. 保税货物是指经海关批准未办理纳税手续进境，在境内储存、加工、装配后复运出境的货物。保税货物的特征有经海关批准为特定目的而进出口的货物、保税货物是海关监管的暂免纳税货物、保税货物最终应复运出境。保税货物可分为储存和加工装配两大类。保税货物按照海关监管形式可分为加工贸易保税货物、仓储保税货物、区域保税货物三大类。

2. 海关对保税货物的监管期限主要包括两个部分，一是进境货物经海关批准准予保税的期限，二是保税货物所有人向海关申请核销的期限。

3. 保税货物的通关手续主要包括三个阶段，即合同备案阶段、进出境报关阶段、报核结案阶段。

4. 加工贸易是指从境外进口全部或部分原材料、元器件、零部件、配套件和包装物料及辅助料等，经过境内企业加工或装配，将制成品或半制成品出口的经营活动。我国的加工贸易主要有来料加工和进料加工两种形式。

5. 加工贸易进口料件银行保证金台账制度，是指加工贸易合同在向海关登记备案时，经营单位或企业持商务主管部门签发的加工贸易合同批准文件和海关核准的手续，向指定的中国银行提出申请，按照合同备案金额设立“加工贸易进口料件保证金台账”，加工成品在规定的加工期限内全部出口，经海关核销合同后，由银行核销保证金台账的加工贸易管理制度。

6. 保税仓库是指经海关批准设立专门存放保税货物及其他未办结海关手续货物的仓库。

从我国的现状来看,按照使用对象和范围来分类,我国的保税仓库主要分为公用型和自用型两种。但根据货物的特定用途来看,公用型和自用型仓库下面还可衍生出一种专用型保税仓库。

7. 保税区是经国务院批准在中华人民共和国境内设立的由海关进行监管的特定区域,区内主要从事出口加工、转口贸易、保税仓储等涉外经济活动。保税区是海关实施特殊监管的区域,海关对保税区实行封闭管理,境外货物进入保税区,实行保税管理,境内其他地区货物进入保税区,视同进出境。出口加工区是由国务院批准设立在中华人民共和国境内的专门从事保税加工的专门区域,也是海关监管的特定区域。与保税区相比,出口加工区的功能比较单一,其主要功能是从事加工贸易,以及为区内加工贸易服务的储运业务。保税物流园区是指经国务院批准,在保税区规划面积或者毗邻保税区的特定港区内设立的、专门发展现代国际物流业的海关特殊监管区域。保税港区是指经国务院批准,设立在国家对外开放的口岸港区和与之相连的特定区域内,具有口岸、物流、加工等功能的海关特殊监管区域。

自 测 题

一、不定项选择题

1. 设立保税仓库,注册资本最低限额为(　　)万元人民币。

A. 100　　B. 150　　C. 200　　D. 300

2. 保税仓库所存货物的储存期限为(　　),特殊情况经批准延长期限最长不超过(　　)。

A. 1 年;1 年　　B. 6 个月;6 个月

C. 6 个月;1 年　　D. 1 年;6 个月

3. 出口加工区货物运往境外,由(　　)或代理人填写(　　)。

A. 发货人;出口货物报关单　　B. 发货人;进口货物报关单

C. 发货人;出境货物备案清单　　D. 收货人;进境货物备案清单

4. 北京朝阳区一家海关实行 C 类管理的企业对外签订进料加工合同,进口合同项下的 3 000美元化学纤维短纤(限制类商品),生产出口花边,该合同备案的手续应当是(　　)。

A. 不设台账,申领《登记手册》　　B. 不设台账,不申领《登记手册》

C. 设台账,实转,申领《登记手册》　　D. 设台账,空转,申领《登记手册》

5. 保税仓库货物内销到国内市场转为正式进口时应该办理(　　)报关手续。

A. 进仓进口　　B. 出仓进口　　C. 进仓出口　　D. 出仓出口

6. 出口加工区内企业在境内区外进行产品的测试、检验和展示活动,测试、检验和展示的产品,应比照海关对(　　)的管理规定办理出区手续。

A. 一般进口货物　　B. 特定减免进口税货物

C. 暂时进口货物　　D. 保税进口货物

7. 对保税区内企业自用的生产、管理设备和自用合理数量的应税物品以及货样,实行(　　)。

A. 备案制　　B. 报关制
C. 报关制和备案制皆可　　D. 转关制

8. 下列贸易形式中,属于加工贸易的是(　　)。
A. 来料加工　　B. 来料养殖　　C. 进料加工　　D. 出料加工

9. 海关批准货物保税的原则是(　　)。
A. 合法经营　　B. 复运出境　　C. 可以监管　　D. 企业必须是 A 类企业

10. 电子帐册管理的保税加工报核期限,一般以(　　)为 1 个报核周期。
A. 1 年　　B. 180 天　　C. 60 天　　D. 30 天

11. 在加工贸易合同项下海关准予备案的料件,(　　)保税。
A. 85% 料件保税,15% 的料件不保税
B. 95% 料件保税,5% 的料件不保税
C. 不予　　D. 100%

12. 有关出口加工区的说法正确的有(　　)。
A. 出口加工区内不得开展商业零售业务
B. 出口加工区内货物内销视同进口
C. 加工区内企业实施电子账册管理
D. 进出加工区的所有物品免税

13. 有关珠澳跨境工业园区的说法正确的有(　　)。
A. 区内从事保税加工、保税物流、中转贸易、产品展销等业务
B. 区内开展加工贸易不设台帐,内销不征缓税利息
C. 区内不实行进出口配额和许可证管理
D. 加工区内企业实施电子账册管理

14. 北京某企业实行海关 A 类管理,由境外免费提供 18 000 美元的非合金钢(加工贸易限制类商品)用于餐具加工贸易,该批非合金钢合同备案的手续应当是(　　)。
A. 不转,申领《登记手册》　　B. 不转,不申领《登记手册》
C. 半实转,申领《登记手册》　　D. 空转,申领《登记手册》

15. 加工贸易银行保证金台账实施分类管理,(　　)应当执行“半实转”。
A. 上海 B 类企业进口允许类商品　　B. 天津 B 类企业进口限制类商品
C. 重庆 C 类企业进口允许类商品　　D. 北京 A 类企业进口限制类商品

16. 加工贸易保税货物内销,应当在货物(　　)申报。
A. 所在地主管海关　　B. 原进境地海关
C. 指运地海关　　D. 起运地海关

17. 某服装加工厂与外商签订了一份加工服装出口合同,该厂报关员到海关办理该批合同的备案手续时,应向海关提交下列哪些单证资料(　　)。
A. 加工贸易业务批准证

B. 加工贸易合同副本

C. 加工贸易登记手册

D. 加工贸易企业经营状况和生产能力证明

二、判断题

1. 加工贸易的经营企业和加工企业可能不是同一家企业，但是必须在同一关区内。( )

2. 出口加工区区内开展加工贸易业务，不实行“加工贸易银行保证金台账”制度。( )

3. 保税进出口通关制度的一个主要特征是暂缓办理纳税手续，因此，当保税货物的最终去向确定为内销，当事人应补交税款。( )

4. 保税区与境外之间进出境货物，属自用的，采取备案制，填写进出境备案清单。( )

5. 存入保税仓库和出口监管仓库的货物都不得进行实质性加工。( )

6. 海关对于保税港区与其他海关特殊监管区域或者保税监管场所之间往来的货物，实行保税监管，一般不予签发用于办理出口退税的出口货物报关单证明联。( )

7. 已办结海关出口手续尚未离境，经海关批准存放在海关专用监管场所或特殊监管区域的货物，带有保税物流货物的性质。( )

8. 保税仓库经营企业应于每月前5个工作日内以电子数据和书面形式向主管海关申报上一个月仓库收、付、存情况，并随附有关的单证，由主管海关核销。( )

9. 保税加工货物料件进口海关放行后并未结关。( )

10. 纳税暂缓是海关对保税加工货物监管的特征之一。( )

11. 针对大型企业以建立电子账册为主要标志，以合同为单元，执行银行“保证金台帐”制度。( )

12. 来料加工和进料加工是加工贸易的两种形式。( )

三、简答题

1. 简述海关对加工贸易保税货物的监管要求。

2. 简述海关对出口加工区的管理。

3. 简述海关对珠澳跨境工业园区监管的特点。

4. 简述海关批准保税的原则及比例。

5. 简要回答保税货物的含义及特征。

四、案例分析

1. 北京明珠进出口公司(加工贸易B类管理企业)从境外购进价值8万美元的化学短纤混纺牛津布一批(加工贸易限制类商品)，委托天津大华公司(加工贸易C类管理企业)加工生产出口手套。该货物在加工过程中，因为一场雷雨导致加工贸易原材料被击中而烧毁(残留货物价值2万美元)。经过有关部门批准，公司将该部分受灾保税货物内销。

(1) 明珠公司须向所在地主管海关提出申请，填制相关申请表，并提供下列( )材料。

A. 北京市商务局出具的《加工贸易业务批准证》

B. 天津市商务局出具的《加工贸易业务批准证》

C. 北京市商务局出具的《加工贸易加工生产能力证明》

D. 天津市商务局出具的《加工贸易加工企业生产能力证明》

(2)本案例涉及的加工贸易合同备案手续应(　　)。

A. 由明珠进出口公司到北京海关申请办理

B. 由明珠进出口公司到天津海关申请办理

C. 由大华公司到北京海关申请办理

D. 由大华公司到天津海关申请办理

(3)该加工贸易合同备案时,其银行保证金台账应按下列规定办理(　　)。

A. 不转,领登记手册　　B. 实转,领登记手册

C. 半实转,领登记手册　　D. 空转,不领登记手册

(4)对于该公司遭雷击的货物,应该在灾后的(　　)内向主管海关书面报告。

A. 5 日　　B. 7 日　　C. 10 日　　D. 20 日

(5)下列关于该公司受灾保税货物的处理,正确的有(　　)。

A. 因为货物发生灭失,应该免税内销

B. 应该按照 2 万美元的完税价格缴纳有关进口税,并交纳缓税利息

C. 应该按照 2 万美元的完税价格缴纳有关进口税,可免交缓税利息

D. 应该按照 8 万美元的完税价格缴纳有关进口税,可免交缓税利息

2. 广州新达电子有限公司是注册于广州某出口加工区的企业(属海关 A 类管理企业)与日本某企业签订了一份进料加工合同。2012 年 1 月 16 日企业购进的料件从黄埔海关申报进境,进境后随之运到该企业进行加工。3 个月以后,该企业的进口料件生产的半成品在经过批准后转到加工区外另一加工贸易经营企业——广州星辉集团(属海关 B 类管理企业)进行后续加工。星辉集团于 2012 年 9 月办理了成品的出口申报手续。根据上述案例,选择回答下列问题:

(1)下列关于出口加工区的说法中正确的是(　　)。

A. 出口加工区具有保税加工和国际贸易的功能

B. 设立出口加工区一般由国务院批准

C. 出口加工区企业开展加工贸易业务适用电子手册管理

D. 出口加工区企业开展加工贸易业务不实行银行保证金台账制度

(2)本题中涉及的委托加工在海关管理中称为(　　)。

A. 外发加工

B. 跨关区异地加工贸易

C. 深加工结转

D. 跨关区联合加工

(3)在该业务的计划备案环节,正确的表达是(　　)。

A. 应该先由广州新达电子有限公司填写本企业的转出计划，向出口加工区海关进行备案

B. 应该先由广州新达电子有限公司填写本企业的转出计划，向转入地海关进行备案

C. 应该先由广州星辉集团填写本企业的转入计划，向转入地海关备案

D. 应该先由广州星辉集团填写本企业的转入计划，向出口加工区海关备案

(4)转出、转入企业每批实际发货、收货后，应当在实际发货、收货之日起(　　)内办理报关手续。

A. 30 天　　B. 60 天　　C. 90 天　　D. 120 天

(5)出口加工区内转出的货物因质量不符等原因发生退运的，转入企业为特殊监管区域外的加工贸易企业的，按照(　　)办理相关手续。

A. 无代价抵偿　　B. 一般贸易

C. 暂时进出口货物　　D. 退运货物

五、业务操作题

1. 根据给出的已知材料回答以下问题。

青岛艾格进出口公司(加工贸易 A 类管理企业)是注册于青岛某出口加工区的企业，从日本信达电子商务有限公司进口一批原材料，2018 年 4 月 9 日，青岛艾格进出口公司购进的料件从青岛海关申报进境，进境后运到该企业进行加工。2 个月后，该企业进口料件生产的半成品在经过批准后运到另一加工贸易企业——青岛星辉集团(加工贸易 B 类管理企业)进行后续加工，加工成品后由青岛星辉集团办理成品的出口申报手续。

(1)海关对该加工贸易保税货物的监管模式是什么？

(2)该批加工贸易保税货物报关程序是什么？

(3)青岛艾格进出口公司银行保证金台账如何设立？

(4)材料中委托青岛星辉集团的加工在海关管理中称为什么？

(5)该加工贸易企业进行核销的方式和核销周期是什么？

2. 根据给出的已知材料回答以下问题。

广州天一进出口公司(加工贸易 A 类管理企业)是注册于广州某出口加工区的企业，与日本洋子电子商务有限公司签订了一份进料加工贸易合同，2017 年 3 月 9 日，广州天一进出口公司购进的料件从黄埔海关申报进境，进境后运到该企业进行加工。2 个月后，该企业进口料件生产的半成品在经过批准后运到另一加工贸易企业——广州星辉集团(加工贸易 B 类管理企业)进行后续加工，加工成品后由广州星辉集团办理成品的出口申报手续。

(1)海关对该加工贸易保税货物的监管模式是什么？

(2)该批加工贸易保税货物报关程序是什么？

(3)广州天一进出口公司向主管海关备案的内容是什么？

(4)材料中委托广州星辉集团的加工在海关管理中称为什么？

(5)该加工贸易企业进行核销的方式和核销周期是什么？

第六章

Chapter 6

特定减免税货物与暂准进出口货物的报关

【学习要点及目标】

通过本章学习，使学生了解特定减免税货物的概念，掌握特定减免税货物的特征，在理解的基础上掌握特定减免税货物报关程序；了解暂准进出口货物的概念，掌握 ATA 单证册制度，能够理论联系实际掌握暂准进出境货物报关的两个阶段。

【引导案例】

浙江 7 家企业擅自处置减免税设备案值 7 000 余万元

海关：如此“盘活资产”违法

受国际金融危机等因素影响，最近一些企业资金紧张、产能闲置，有的企业便违规将单位价值较高的进口减免税设备作为企业“盘活资产”的重要对象。记者 2009 年 9 月 8 日从杭州海关了解到，2009 年 7 月份以来，该关辖区内已经有 7 家企业因擅自抵押进口减免税设备而被立案调查，案值 7 000 余万元人民币。杭州海关对此提醒广大外贸企业：进口减免税设备的处置要慎重，切勿违规操作。

擅自处置减免税设备违法。浙江省台州明华工贸有限公司是一个生产齿轮、变速箱、花键轴及相关机械零件的专业工厂。产品覆盖汽车、拖拉机、收割机、插秧机、农用车、小型发电机组等 9 大系列 200 余个品种，在国内同类产品市场占有率位居全国同行业前列。为强化技术改造，提升技术水平和产品质量，该公司于 2007 年办理了减免税设备进口业务，并于同年 9 月至 12 月间分四次进口了 1 台数控液齿刀刃磨床、1 台 CNC 数控成形砂轮磨齿机、1 台数控剃齿刀刃磨机床和 1 台全自动计算机数控刀具测量中心，4 台设备总价值达 1 018 万元。

2009 年 8 月，台州海关在核查时发现，该公司于 2008 年 11 月在未经海关批准同意的情况下，擅自将上述 4 台免税进口设备抵押给某银行办理贷款，涉嫌擅自抵押海关监管货物，现台州海关缉私分局已对该违规事项立案调查，等待进一步处理。

“在进口通关环节享受国家税收减免优惠的进口减免税货物，进口后不属于结关放行，仍是海关监管货物。”杭州海关关员进一步介绍说，减免税设备（货物）在规定监管年限内的使用，必须符合办理减免税货物审批时核准的特定企业、特定地区或特定用途等规定，擅自“盘活资产”的行为是违法的。

改变减免税设备用途需批准。经办了多起减免税设备违规案的杭州海关缉私警员小张告诉记者，近期进口减免税设备违规操作主要有三种情况：一是擅自将进口减免税设备抵押给银行以获取贷款；二是将进口减免税设备擅自改变用途，用于非进口时约定用途产品的生产；三是擅自将进口减免税设备交给或租赁给其他公司使用。

造成违规“盘活资产”行为增多的原因，除了企业相关人员法律法规知识不熟悉外，还有部分企业特别是集团企业往往习惯在不同子公司之间调配资产，结果忽略了母子公司间的独立法人地位，不知不觉中触犯了进口减免税设备监管的法律法规。

根据《海关行政处罚实施条例》的规定，未经海关许可，擅自将监管货物开拆、提取、交付、发运、调换、改装、抵押、质押、留置、转让、更换标记、移作他用或者进行其他处置的，处货物价值5%以上、30%以下罚款。有违法所得的，没收违法所得。对于那些急于盘活资产获得资金的企业来说，这样的违规成本是比较高的。

杭州海关相关负责人表示，事实上，进口减免税设备并非不可抵押，只是在办理抵押前需向主管海关提出书面申请，经海关审核批准并向海关提供规定形式的担保后方可进行。而对于进口减免税设备改变用途、出租、转让等移作他用的行为，企业也需事先经海关批准同意，并按照移作他用的时间补缴相应税款或税款担保。

相关链接《中华人民共和国海关进出口货物减免税管理办法》

第二十六条　在进口减免税货物的海关监管年限内，未经海关许可，减免税申请人不得擅自将减免税货物转让、抵押、质押、移作他用或者进行其他处置。

第五十条　违反本办法，构成走私行为、违反海关监管规定行为或者其他违反海关法行为的，由海关依照《海关法》和《中华人民共和国海关行政处罚实施条例》有关规定予以处理；构成犯罪的，依法追究刑事责任。

资料来源：法制日报

第一节　特定减免税货物的报关

一、特定减免税货物的概念和特征

（一）特定减免税货物的概念

特定减免税货物是指海关根据国家的政策规定准予减免税进境，在规定的时间里，专门使用于特定地区、特定企业、特定用途的货物。

规定时间是指海关对减免税进口货物有一定的监管期限。特定地区是指我国境内由行政法规规定的某一特定区域，如保税区、出口加工区、物流园区等，享受减免税优惠的进口货物只能在这一特定区域内使用;特定企业是指由国务院制定的行政法规专门规定的企业,主要是外商投资企业,享受减免税优惠的进口货物只能由这些专门规定的企业使用;特定用途是指国家规定可以享受减免税优惠的进口货物只能用于行政法规专门规定的用途,如鼓励发展的国内投资项目、利用外资项目、用于科研和教学的设备、残疾人专用品等。

(二)特定减免税货物的特征

特定减免税货物主要有如下三方面特征。

1. 特定条件下减免税

特定减免税是我国关税优惠政策的重要组成部分,其目的是优先发展保税区、出口加工区等特定地区的经济,鼓励外商在我国的直接投资,促进教育、科学、文化、卫生事业的发展。因而这种减免税优惠具有鲜明的特定性,只能在国家行政法规规定的特定条件下使用。

以特定地区享受减免税优惠进口的货物只能在规定的特定地区里面使用,将货物移至特定地区以外使用的,必须经海关批准并依法缴纳关税;以特定企业享受减免税优惠进口的货物只能由这些规定的企业使用,只要占有并使用该货的人发生变更,都属于违法行为;以特定用途享受免税优惠进口的货物用于其他用途的,必须经海关批准并依法缴纳关税。

2. 不豁免进口许可证件

特定减免税货物是实际进口货物。按照国家有关进出境管理的法律法规,凡属于进口配额许可管理、进口自动许可管理等进口管制的,以及纳入国家检验检疫范围的进口货物,进口收货人或其代理人都应当在进口申报时向海关提交进口许可证件。

3. 特定的海关监管期限

海关放行特定减免税进口货物,该货物进入关境后有条件地在境内使用。进口货物享特定减免税的条件之一就是在规定的期限内,只能在规定的地区、企业、用途范围内使用,并接受海关的监管。纳税义务应当自减免税货物放行之日起,每年一次向主管海关报告减免税货物的状况;除经海关批准转让给其他享受同等税收优惠待遇的项目单位外,纳税义务人在补缴税款并办理解除监管手续后,方可转让或者进行其他处置。见表6.1。

表6.1　特定减免税货物的海关监管期限

特定减免税货物的范围	设定的海关监管期限
船舶、飞机、建筑材料	8年
机动车辆、家用电器	6年
机器设备、其他设备、材料	5年

二、特定减免税货物的适用范围

特定减免税货物主要包括特定地区、特定企业或者有特定用途的进口货物。

特定地区进口货物享有减免税的情形主要包括:保税区进口区内生产性的基础设施建设项目所需的机器、设备和其他基建物资;区内企业自用的生产、管理设备和自用合理数量的办公用品及其所需的维修零配件，生产用燃料，建设生产厂房、仓储设施所需的物资、设备；以及保税区行政管理机构自用合理数量的管理设备和办公用品及其所需的维修零配件，均予以免税。出口加工区进口区内生产性的基础设施建设项目所需的机器、设备和建设生产厂房、仓储设施所需的基建物资；区内企业生产所需的机器、设备、模具及其维修零用配件；以及区内企业和行政管理机构自用合理数量的办公用品，均予以免税。从境外进入保税物流园区的货物，包括园区的基础设施建设项目所需的设备、物资；园区企业为开展业务所需的机器、装卸设备、仓储设施、管理设备及其维修用消耗品、零配件及工具；以及园区行政管理机构及其经营主体和园区企业自用合理数量的办公用品等，海关予以办理免税手续。从境外进入保税港区内生产性的基础设施建设项目所需的机器、设备和建设生产厂房、仓储设施所需的基建物资；区内企业生产所需的机器、设备、模具及其维修用零配件；以及区内企业和行政管理机构自用合理数量的办公用品，海关免征进口环节海关代征税。对境内区外进入所有海关特殊监管区域用于建区和企业厂房基础建设的，属于取消出口退税或加征出口关税的基建物资，入区时不予退税，海关办理登记手续，不征收出口关税。对具有保税加工功能的出口加工区、保税港区、综合保税区、珠澳跨境工业区（珠海区）和中哈霍尔果斯国际边境合作中心（中方配套区域）的区内生产企业在国内（境内区外）采购用于生产出口产品的原材料，进区时不征收出口关税。

特定企业进口货物主要指外商投资企业按规定在投资总额以及经批准追加的投资额内进口的货物，可以享受海关给予的减免税优惠。特定企业进口货物享有减免税的情形主要包括：中外合资经营企业进口按照合同规定作为外国合营者出资的机器设备、零部件和其他物料，以投资总额内的资金进口的机器设备、零部件和其他物料，以及以增加资本进口的国内不能保证生产供应的机器设备、零部件和其他物料，免征进口关税和工商统一税。外商独资企业进口上述货物以及生产管理设备，免征进口关税和工商统一税。中外合作开采海洋石油进口直接用于勘探、开发作业的机器、设备、备件和材料；为制造开采作业用的机器、设备所需进口的零部件和材料以及利用外资进口属于能源开发，铁路、公路、港口的基本建设，工业、农业、林业、牧业和养殖业，深海渔业捕捞，科学研究教育及医疗卫生方面的项目，按照合同规定进口的机器设备以及建厂（场）和安装、加固机器设备所需材料，免征进口关税和工商统一税。外商投资企业在投资总额内根据国家规定进口本企业自用合理数量的交通工具生产用车辆、办公用品（设备），免征进口关税和工商统一税。

特定用途进口货物享有减免税的情况有：国内投资项目。符合《产业结构调整指导目录》鼓励类的国内投资项目，在投资总额内进口的自用设备以及按照合同规定随设备进口的技术及配套件、备件，除《国内投资项目不予免税的进口商品目录（2008 年调整）》所列商品外，免征关税。利用外资项目。对符合《外商投资产业指导目录》（2007 年修订）鼓励类和《中西部地区外商投资优势产业目录（2008 年修订）》的外商投资项目，在投资总额内进口的自用设备以及按照合同规定随设备进口的技术及配套件、备件，除《外商投资项目不予免税的进口商品目录》所列商品外，免征关税。外国政府贷款和国际金融组织贷款项目进口的自用设备、加工贸易外商提供的不作价进口设备,除《外商投资项目不予免税的进口商品目录》所列商品外,免征关税。外商投资项目不予免税的进口商品目录为:电视机、摄像机、录像机、放像机、音响设备、空调器、电冰箱、电冰柜、洗衣机、照相机、复印机、程控电话交换机、微型计算机及外设、电话机、无线寻呼系统、传真机、电子计算器、打字机及文字处理机、汽车、摩托车、其他(包括《中华人民共和国海关进出口税则》中第1章至第83章、第91章至97章的所有税号)等。自有资金项目。对已设立的鼓励类和限制类外商投资企业、外商投资研究开发心、先进技术型和产品出口型外商投资企业(简称五类企业)技术改造,在原批准的生产经营范围内,利用投资总额以外的自有资金(即企业储备基金、发展基金、折旧和税后利润)进口国内不能生产或性能不能满足需要的自用设备及其配套的技术、配件、备件,可免征关税。对符合《中西部地区外商投资优势产业目录》的项目,在投资总额内或在投资总额外利用自有资金进口国内不能生产或性能不能满足需要的自用设备及其配套的技术、配件、备件,可免征关税。外国政府、国际组织的无偿援助项目、扶贫、救灾、慈善捐赠项目进口的物资免征关税和进口环节增值税、消费税。科研单位和学校在自用合理数量范围内进口国内不能生产的、直接用于教学和科研的设备和用品免征进口关税和进口环节增值税、消费税。进口的残疾人专用物品和专用设备免征进口关税和进口环节增值税、消费税。国有公益性收藏单位以从事永久收藏、展示和研究等公益性活动为目的,以接受境外捐赠(指境外机构、个人将合法所有的藏品无偿捐献给国有公益性收藏单位的行为)、归还(指境外机构、个人将持有的原系从中国劫掠、盗窃、走私或以其他方式非法出境的藏品无偿交还给国有公益性收藏单位的行为)、追索(指国家主管文化文物行政管理部门依据有国际公约从境外索回原系从中国劫掠、盗窃、走私或以其他方式非法出境的藏品的行为)和购买(指国有公益性收藏单位通过合法途径从境外买入藏品的行为)等方式进口的藏品,免征关税和进口环节增值税、消费税。

三、特定减免税货物的报关

特定减免税货物的报关,在程序上主要经历三个阶段:减免税备案申请(前期阶段)→进口报关(进出境阶段)→申请海关解除监管(后续阶段)。

(一)减免税备案申请

减免税申请人按照有关进出口税收优惠政策的规定,申请减免税进出口相关货物,海关需要事先对减免税申请人的资格或者投资项目等情况进行确认的,减免税申请人应当在申请办理减免税审批手续前,向主管海关申请办理减免税备案手续,并同时提交下列相关材料。这些材料主要包括:进出口货物减免税备案申请表;企业营业执照或者事业单位法人证书、国家机关设立文件、社团登记证书、民办非企业单位登记证书、基金会登记证书等证明材料;相关政策规定的享受进出口税收优惠政策资格的证明材料;海关认为需要提供的其他材料。减免税申请人按照规定提交证明材料的,应当交验原件,同时提交加盖减免税申请人有效印章的复印件。海关收到减免税申请人的减免税备案申请后,应当审查确认所提交的申请材料是否齐全、有效,填报是否规范。减免税申请人的申请材料符合规定的,海关应当予以受理,海关收到申请材料之日为受理之日;不符合规定的,海关应当一次性告知减免税申请人需要补正的有关材料,海关收到全部补正的申请材料之日为受理之日。不能按照规定向海关提交齐全、有效材料的,海关不予受理。

海关受理减免税申请人的备案申请后,应当对其主体资格、投资项目等情况进行审核。经审核符合有关进出口税收优惠政策规定的,应当准予备案;经审核不予备案的,应当书面通知减免税申请人。海关应当自受理之日起 10 个工作日内作出是否准予备案的决定。因政策规定不明确或者涉及其他部门管理职责需与相关部门进一步协商、核实有关情况等原因在 10 个工作日内不能作出决定的,海关应当书面向减免税申请人说明理由,并且应当自上述情形消除之日起 15 个工作日内,作出是否准予备案的决定。

减免税申请人要求变更或者撤销减免税备案的,应当向主管海关递交申请。经审核符合相关规定的,海关应当予以办理。变更或者撤销减免税备案应当项目审批部门出具意见的,减免税申请人应当在申请变更或者撤销时一并提供。

免税申请人应当在货物申报进出口前,向主管海关申请办理进出口货物减免税审批手续,并同时提交要求的相关材料。这些材料有:进出口货物征免税申请表;企业营业执照或者事业单位法人证书、国家机关设立文件、社团登记证书、民办非企业单位登记证书、基金会登记证书等证明材料;进出口合同、发票以及相关货物的产品情况资料;相关政策规定的享受进出口税收优惠政策资格的证明材料;海关认为需要提供的其他材料。减免税申请人按照规定提交证明材料的,应当交验原件,同时提交加盖减免税申请人有效印章的复印件。

海关收到减免税申请人的减免税审批申请后,应当审核确认所提交的申请材料是否齐全、有效,填报是否规范。对应当进行减免税备案的,还应当审核是否已经按照规定办理备案手续。减免税申请人的申请材料符合规定的,海关应当予以受理,海关收到申请材料之日为受理之日;减免税申请人提交的申请材料不齐全或者不符合规定的,海关应当一次性告知减免税申请人需要补正的有关材料,海关收到全部补正的申请材料之日为受理之日。不能按照规定向海关提交齐全、有效材料,或者未按照规定办理减免税备案手续的,海关不予受理。

海关受理减免税申请人的减免税审批申请后,应当对进出口货物相关情况是否符合进出口税收优惠政策规定、进出口货物的金额、数量等是否在减免税额度内等情况进行审核。对应当进行减免税备案的,还需要对减免税申请人、进出口货物等是否符合备案情进行审核。经审核符合相关规定的,应当作出进出口货物征税、减税或者免税的决定,并签发《中华人民共和国海关进出口货物征免税证明》(以下简称《征免税证明》)。

减免税申请人应当在《征免税证明》有效期内办理有关进出口货物通关手续。不能在有效期内办理,需要延期的,应当在《征免税证明》有效期内向海关提出延期申请。经海关审核同意,准予办理延长《征免税证明》有效期手续。《征免税证明》可以延期一次,延期时间自有效期届满之日起算,延长期限不得超过 6 个月。海关总署批准的特殊情况除外。《征免税证明》有效期限届满仍未使用的，该《征免税证明》效力终止。减免税申请人需要减免税进出口该《征免税证明》所列货物的，应当重新向海关申请办理。减免税申请人遗失《征免税证明》需要补办的，应当在《征免税证明》有效期内向主管海关提出申请。经核实原《征免税证明》尚未使用的，主管海关应当重新签发《征免税证明》，原《征免税证明》同时作废。原《征免税证明》已经使用的，不予补办。除国家政策调整等原因并经海关总署批准外，货物征税放行后，减免税申请人申请补办减免税审批手续的，海关不予受理。

（二）进口报关

进口单位或其代理人应凭《征免税证明》及有关报关单证在进口地海关办理减免税货物进口报关手续，程序包括进口申报、配合查验、提取货物等环节。特定减免税货物一般不免进出口许可证件，但对某些外商投资和某些许可证件种类，国家规定有特殊优惠政策，可以豁免进口许可证件。

减免税申请人需要办理税款担保手续的，应当在货物申报进出口前向主管海关提出申请，并按照有关进出口税收优惠政策的规定向海关提交相关材料。主管海关应当在受理申请之日起 7 个工作日内，作出是否准予担保的决定。准予担保的，应当出具《中华人民共和国海关准予办理减免税货物税款担保证明》（以下简称《准予担保证明》）；不准予担保的，应当出具《中华人民共和国海关不准予办理减免税货物税款担保决定》。进出口地海关凭主管海关出具的《准予担保证明》，办理货物的税款担保和验放手续。国家对进出口货物有限制性规定，应当提供许可证件而不能提供的，以及法律、行政法规规定不得担保的其他情形，进出口地海关不得办理减免税货物凭税款担保放行手续。

税款担保期限不超过 6 个月，经直属海关关长或者其授权人批准予以延期，延期时间自税款担保期限届满之日起算，延长期限不超过 6 个月。特殊情况仍需要延期的，应当经海关总署批准。海关依照规定延长减免税备案、审批手续办理时限的，减免税货物税款担保时限可以相应延长，主管海关应当及时通知减免税申请人，向海关申请办理减免税货物税款担保延期的手续。

减免税申请人在减免税货物税款担保期限届满前未取得《征免税证明》，申请延长税款担保期限的，应当在《准予担保证明》规定期限届满的 10 个工作日以前，向主管海关提出申请。主管海关应当在受理申请后 7 个工作日内，作出是否准予延长担保期限的决定。准予延长的，应当出具《中华人民共和国海关准予办理减免税货物税款担保延期证明》（以下简称《准予延期证明》）；不准予延长的，应当出具《中华人民共和国海关不准予办理减免税货物税款担保延期决定》。

减免税申请人按照海关要求申请延长减免税货物税款担保期限的，比照上述规定办理。进出口地海关凭《准予延期证明》办理减免税货物税款担保延期手续。

减免税申请人在减免税货物税款担保期限届满取前得《征免税证明》的，海关应当解除税款担保，办理征免税进出口手续。担保期限届满，减免税申请人未按照规定申请办理减税货物税款担保延期手续的,海关应当要求担保人履行相应的担保责任或者将税款保证金转为税款。

(三)减免税货物的处置

在进口减免税货物的海关监管年限内,未经海关许可,减免税申请人不得擅自将减免货物转让、抵押、质押、移作他用或者进行其他处置。按照国家有关规定在进口时免予提交许可证件的进口减免税货物,减免税申请人向海关申请进行转让、抵押、质押、移作他用者其他处置时,按照规定需要补办许可证件的,应当补办有关许可证件。

在海关监管年限内,减免税申请人将进口减免税货物转让给进口同一货物享受同等减免税优惠待遇的其他单位的,应当按照相关规定办理减免税货物结转手续。减免税货物的转出申请人持有关单证向转出地主管海关提出申请,转出地主管海关审核同意后,通知转入地主管海关。减免税货物的转入申请人向转入地主管海关申请办理减免税审批手续。转入地主管海关审核无误后签发《征免税证明》。转出、转入减免税货物的申请人应当分别向各自的主管海关申请办理减免税货物出口、进口报关手续。转出地主管海关办理转出减免税货物的解除监管手续。结转减免税货物的监管年限应当连续计算。转入地主管海关在剩余监管年限内对结转减免税货物继续实施后续监管。

在海关监管年限内,减免税申请人将进口减免税货物转让给不享受进口税收优惠政策或者进口同一货物不享受同等减免税优惠待遇的其他单位的,应当事先向减免税申请人主管海关申请办理减免税货物补缴税款和解除监管手续。海关监管年限内,减免税申请人需要将减免税货物移作他用(包括将减免税货物交给减免税申请人以外的其他单位使用;未按照原定用途、地区使用减免税货物;未按照特定地区、特定企业或者特定用途使用减免税货物的其他情形)的,应当事先向主管海关提出申请。经海关批准,减免税申请人可以按照海关批准的使用地区、用途、企业将减免税货物移作他用。除海关总署另有规定外,按照上述规定将减免税货物移作他用的,减免税申请人还应当按照移作他用的时间补缴相应税款;移作他用时间不能确定的,应当提交相应的税款担保,税款担保不得低于剩余监管年限应补缴税款总额。

海关监管年限内,减免税申请人要求以减免税货物向金融机构办理贷款抵押的,应向主管海关提出书面申请。经审核符合有关规定的,主管海关可以批准其办理贷款抵押手续。减免税申请人不得以减免税货物向金融机构以外的公民、法人或者其他组织办理贷款抵押。减免税申请人以减免税货物向境内金融机构办理贷款抵押的,应当向海关提供下列形式相应的担保。海关在收到贷款抵押申请材料后,应当审核申请材料是否齐全、有效,必要时可以实地核查减免税货物情况,了解减免税申请人经营状况。经审核同意的,主管海关应当出具《中华人民共和国海关准予进口减免税货物贷款抵押通知》。海关同意以进口减免税货物办理贷款抵押的,减免税申请人应当于正式签订抵押合同、贷款合同之日起 30 日内将抵押合同、贷款合同正本或者复印件交海关备案。提交复印件备案的,减免税申请人应当在复印件上标注“与正本核实一致”,并予以签章。抵押合同、贷款合同的签订日期不是同一日的,按照后签订的日期计算规定的备案时限。贷款抵押需要延期的,减免税申请人应当在贷款期限届满前 20 日内向主管海关申请办理贷款抵押的延期手续。经审核同意的,主管海关签发准予延期通知,并出具《中华人民共和国海关准予办理进口减免税货物贷款抵押延期通知》。海关同意以进口减免税货物办理贷款抵押的,减免税申请人应当于正式签订抵押合同、贷款合同之日起 30 日内将抵押合同、贷款合同正本或者复印件交海关备案。提交复印件备案的,减免税申请人应当在复印件上标注"与正本核实一致",并予以签章。抵押合同、贷款合同的签订日期不是同一日的,按照后签订的日期计算规定的备案时限。贷款抵押需要延期的,减免税申请人应当在贷款期届满前 20 日内向主管海关申请办理贷款抵押的延期手续。经审核同意的,主管海关签发准予延期通知,并出具《中华人民共和国海关准予办理进口减免税货物贷款抵押延期通知》。除海关总署另有规定外,在海关监管年限内,减免税申请人应当按照海关规定保管、使用进口减免税货物,并依法接受海关监管。监管年限自货物进口放行之日起计算。

在海关监管年限内,减免税申请人应当自进口减免税货物放行之日起,在每年的第 1 季度向主管海关递交《减免税货物使用状况报告书》,报告减免税货物使用状况。减免税申请人未按照规定向海关报告其减免税货物状况,向海关申请办理减免税备案、审批手续的,海关不予受理。

在海关监管年限内,减免税货物应当在主管海关核准的地点使用。需要变更使用地点的,减免税申请人应当向主管海关提出申请,说明理由,经海关批准后方可变更使用地点,减免税货物需要移出主管海关管辖地使用的,减免税申请人应当事先持有关单证以及需要异地使用的说明材料向主管海关申请办理异地监管手续,经主管海关审核同意并通知转入地海关后,减免税申请人可以将减免税货物运至转入地海关管辖地,转入地海关确认减免税货物情况后进行异地监管。减免税货物在异地使用结束后,减免税申请人应当及时向转入地海关申请办结异地监管手续,经转入地海关审核同意并通知主管海关后,减免税申请人应当将减免税货物运回主管海关管辖地。

在海关监管年限内,减免税申请人发生分立、合并、股东变更、改制等变更情形的,权利义务承受人应当自营业执照颁发之日起 30 日内,向原减免税申请人的主管海关报告主体变更情况及原减免税申请人进口减免税货物的情况。经海关审核,需要补征税款的,承受人应当向原减免税申请人主管海关办理补税手续;可以继续享受减免税待遇的,承受人应当按照规定申请办理减免税备案变更或者减免税货物结转手续。在海关监管年限内,因破产、改制或者其他情形导致减免税申请人终止,没有承受人的,原减免税申请人或者其他依法应当承担关税及进口环节海关代征税缴纳义务的主体应当自资产清算之日起 30 日内,向主管海关申请办理减免税货物的补缴税款和解除监管手续。

在海关监管年限内,减免税申请人要求将进口减免税货物退运出境或者出口的,应当报主管海关核准。减免税货物退运出境或者出口后,减免税申请人应当持出口报关单向主管海关办理原进口减免税货物的解除监管手续。减免税货物退运出境或者出口的,海关不再对退运出境或者出口的减免税货物补征相关税款。

减免税货物海关监管年限届满的，自动解除监管。在海关监管年限内的进口减免税货物，减免税申请人书面申请提前解除监管的，应当向主管海关申请办理补缴税款和解除监管手续。按照国家有关规定在进口时免予提交许可证件的进口减免税货物，减免税申请人还应当补交有关许可证件。减免税申请人需要海关出具解除监管证明的，可以自办结补缴税款和解除监管等相关手续之日或者自海关监管年限届满之日起1年内，向主管海关申请领取解除监管证明。海关审核同意后出具《中华人民共和国海关进口减免税货物解除监管证明》。在海关监管年限及其后3年内，海关依照《海关法》和《中华人民共和国海关稽查条例》有关规定对减免税申请人进口和使用减免税货物情况实施稽查。

减免税货物因转让或者其他原因需要补征税款的，补税的完税价格以海关审定的货物原进口时的价格为基础，按照减免税货物已进口时间与监管年限的比例进行折旧，其计算公式如下：

补税的完税价格=海关审定的货物原进口时的价格×[1-减免税货物已进口时间÷(监管年限×12)]

减免税货物已进口时间自减免税货物的放行之日起按月计算。不足1个月但超过15日的按1个月计算；不超过15日的，不予计算。

按照上述规定计算减免税货物补征税款的，已进口时间的截止日期确定，转让减免税货物的，应当以海关接受减免税申请人申请办理补税手续之日作为计算其已进口时间的截止之日；减免税申请人未经海关批准，擅自转让减免税货物的，应当以货物实际转让之日作为计算其已进口时间的截止之日；转让之日不能确定的，应当以海关发现之日作为截止之日；在海关监管年限内，减免税申请人发生破产、撤销、解散或者其他依法终止经营情形的，已进口时间的截止日期应当为减免税申请人破产清算之日或者被依法认定终止生产经营活动的日期。

当减免税申请人将减免税货物移作他用而应当补缴税款时，税款的计算为：

补缴税款=海关审定的货物原进口时的价格×税率×[需补缴税款的时间÷(监管年限×12×30)]

公式中的税率，采用《关税条例》规定的适用税率；需补缴税款的时间为该货物移作他用的实际时间，并按日计算。每日实际生产不满8小时或者超过8小时的均按1日计算。

第二节　暂准进出口货物的报关

一、暂准进出口货物的概念和特征

（一）暂准进出口货物的概念

暂准进出口货物属于海关监管货物，是指为了特定的目的暂时进口或暂时出口，有条件暂时免纳进出口关税并豁免进出口许可证件，在特定的期限内除因使用中正常的损耗外按原状复运出口或复运进口的货物。

（二）暂准进出口货物的特征

1. 有条件暂时免予缴纳税费

只要进口收货人或出口发货人向海关保证，暂准进出口的货物只用于海关法规、规章认可的特定使用目的，并且在规定的期限之内，除因使用中正常的损耗外按原状将货物复运出境或复运进境，即可免于缴纳进出口税费。一旦进口收货人或出口发货人改变了货物特定的使用目的，或超过了规定的期限货物仍未复运出境或复运进境，海关即可对货物补征进出口税费，并且视进出口人是否违反海关法规、规章，可能对进出口人作出相应的处罚。

2. 豁免进出口许可证件

暂准进出口货物不是实际进出口的货物，因而当海关放行后，不能在一国关境内或关境外自由流通。因此，一国的贸易管制措施就不适用于这些货物。只要按照暂准进出口货物的海关法规、规章办理进出境手续，可以免予提交进出口许可证件。但是，这种豁免是指经济性质的许可证件，如果暂准进出口货物属于公共道德或秩序、公共安全、公共卫生保健、动植物检疫、濒危野生动植物保护或知识产权方面的考虑而实施的限制措施，进出口货物的收发货人仍应按照有关规定办理相关手续，向海关提交进出境许可证件。

3. 特定的进出境目的

一国海关允许货物进境、出境而不征收税费，不要求提交许可证件，其根本原因就在于这些货物是为了某一特定目的进出一国关境。这一特定目的是国家法律、法规所允许的，并且有利于该国的对外经济、文化交流，比如展览品的暂时进出境，进出境修理物品，为合作拍摄电影、录像片、纪录片而需要暂时进出境的专业器材等。

4. 规定期限内按原状复运出境

由于暂准进出口货物是为了特定的目的而进出境，所以一旦达到目的，货物即应当复运出境或复运进境。各国海关都根据货物的暂时进出境目的不同，规定了不同的暂时进出境期限，我国的期限一般为 6 个月，需要时当事人可以申请延长，但延长期限最长不超过 6 个月。超过期限，一旦货物未按原状复运进出境，其性质就发生了变化，海关可以按照规定对货物采取追缴税款、要求提交许可证件、罚款等措施。

5. 按货物实际使用情况办结海关手续

暂准进出口货物是海关监管货物，所有的暂准进出口货物都必须在规定期限内接受海关后续监管，并由货物的进出口人根据货物不同的情况，向海关办理核销结关手续。暂准进出口货物并经海关批准的情况下，可以改变货物“特定进出境目的”，转变性质成为一般进出口货物、保税加工货物或特定减免税货物。比如展览品在展览会结束后，有人购买，只要购买者在展览品规定的暂时进口期限内，向海关申报，提交进口许可证件，缴纳关税，该展览品转变成为一般进出口货物。如果购买者可以享受特定减免税优惠，并且办妥了减免税证明，提交了有关许可证件，该展览品就转变成为特定减免税货物。

二、暂准进出口货物的适用范围

我国暂准进出口货物主要包括在展览会、交易会、会议及类似活动中展示或者使用的货物;文化、体育交流活动中使用的表演、比赛用品;进行新闻报道或者摄制电影、电视节目使用的仪器、设备及用品;开展科研、教学、医疗活动使用的仪器、设备和用品;在上述所列活动中使用的交通工具及特种车辆;货样;慈善活动使用的仪器、设备及用品;供安装、调试、检测、修理设备时使用的仪器及工具;盛装货物的容器;旅游用自驾交通工具及其用品;工程施工中使用的设备、仪器及用品;海关批准的其他暂时进出境货物。其中展览会、交易会、会议及类似活动指贸易、工业、农业、工艺展览会、交易会、博览会;因慈善目的而组织的展览会或者会议;为促进科技、教育、文化、体育交流,开展旅游活动或者民间友谊而组织的展览会或者会议;国际组织或者国际团体组织代表会议;政府举办的纪念性代表大会。在商店或者其他营业场所以销售国外货物为目的而组织的非公共展览会不属于上述展览会、交易会、会议及类似活动的范围。

三、暂准进出口货物的报关

(一)使用 ATA 单证册的暂准进出口货物的报关

1. ATA 单证册制度

ATA 单证册制度建立在海关合作理事会 1961 年布鲁塞尔组织签署的《关于货物暂准进口的 ATA 单证册海关公约》(简称《ATA 公约》)基础之上。该公约现已被 1990 年 6 月在伊斯坦布尔签署的《暂准进口公约》收入,作为其附约 A——《关于暂准进口单证的附约(ATA 单证册和 CPD 单证册)》。ATA 单证册制度的主要目的是通过 ATA 单证册的使用来实现对特定货物的简化的进出境通关程序,以促进国际经济、科技、文化的交流。截至目前,已有 62 个国家和地区实施了 ATA 单证册制度,75 个国家和地区接受 ATA 单证册,每年凭 ATA 单证册通关的货物总值超过了 120 亿美元。我国海关已于 1993 年 8 月 27 日加入《ATA 公约》、《暂准进口公约》和《伊斯坦布尔公约》主约及其附约 A、B。

【知识库】

ATA 单证册

ATA 单证册(ATA Carnet)是一份国际通用的海关文件,它是世界海关组织为暂准进口货物而专门创设的。ATA 单证册已经成为暂准进口货物使用的最重要的海关文件。ATA 由法文 Admission Temporaire 与英文 Temporary Admission 的首字母组成,表示暂准进口,从其字面可知,使用 ATA 单证册的货物有别于普通进口货物,这类货物在国际流转时,其所有权不发生转移。

资料来源:百度百科

ATA 单证册是国际统一通用的海关申报单证,例如一国商人要将一批展览品运送到另一个国家去参加展览会,该商人只需在本国申领一份 ATA 单证册,就可以持该单证册向本国海关申报暂时出口,无须填制报关单;该商人持该份单证册向进口国海关申报暂时进口,也无须填制报关单,甚至无须办理海关担保手续,也不必缴纳保证金;当展览会结束,展览品复运出口时,也可持该份单证册申报出境;展览品返回本国,该商人仍持该份单证册向本国海关申报;甚至当展览品在其他第三国临时过境时,其一进一出也不必向第三国海关另外办理填制报关单、提供担保等手续。因此,ATA 单证册实际上是暂时进出口货物在各缔约国(地区)之间自由进出的通行证。

《ATA 单证册》制度根据海关对暂准进出口货物监管的要求,暂准进出口货物应事先向海关提供担保,然后凭担保办理货物的进出口通关。这样,当一批货物多次发生暂时进出境行为时,有关的海关手续就变得极为繁琐。而 ATA 单证册制度的核心内容就是实行暂准进出口的国际联保。这种连环担保系统是由各国担保协会(一般是由各国指定商会)组成,并由国际商会国际局(IBCC)进行统一管理,通常被称为“ATA/IBCC 连环担保系统”。ATA/IBCC 连环担保系统的担保协会成员,作为对各成员国海关的担保人,担保的标的是在 ATA 单证册项下的货物可能支付的进口关税和其他税费。公约的各缔约国都有担保协会(国家担保协会),一般担保协会也是出证协会,负责签发本国的 ATA 单证册。担保协会要成为 ATA/IBCC 连环担保系统的成员,必须要得到该国海关的批准,也要得到国际商会国际局的批准。

2. ATA 单证册的使用

使用 ATA 单证册时,持证人须向本国出证协会提出申请,缴纳一定的手续费,并按出证协会的规定提供担保。出证协会审核后签发 ATA 单证册;持证人凭 ATA 单证册将货物在出口国暂时出口,又暂时进口到进口国,进口国海关经查验签章放行;货物完成暂时进口的特定使用目的后,从进口国复运出口,又复运进口到原出口国;持证人将使用过的,经各海关签注的 ATA 单证册交还给原出证协会,ATA 单证册的整个使用过程到此结束。ATA 单证册自 ATA 单证册的运用,简化了有关暂准进出口货物的通关手续,节约了持证人的通关费用和时间,降低了持证人的风险,提高了海关的管理效率。

ATA 单证册未正常使用一般包括两种情况,一是货物未在规定的期限内复运出口,产生了暂时进口国海关对货物征税的问题;二是 ATA 单证册持证人未遵守暂时进口国海关有关规定,产生了暂时进口国海关对持证人罚款的问题。在这两种情况下,暂时进口国海关可以向本国担保协会提出索赔;暂时进口国担保协会代持证人垫付税款、罚款等款项后,可以向暂时出口国担保协会进行追偿;暂时出口国担保协会垫付款项后,可以向持证人追偿,持证人偿付款项后,ATA 单证册的整个使用过程到从结束。当一个国家的出证协会和担保协会是两个不同的单位时,暂时进口国担保协会先向暂时出口国担保协会追偿,担保协会再向该国出证协会追偿。若持证人拒绝偿付款项,则担保协会或出证协会可要求持证人的担保银行或保险公司偿付款项。如果后者也拒付,则可以采取法律行动。

3.《ATA 单证册》在我国的适用范围

在国际上,《ATA 单证册》适用的货物较为繁杂,但由于各国间的经济发展水平和经济结构不同,以及各国加入《ATA 公约》的情况不同,其适用《ATA 单证册》的货物范围也有所不同。

由于我国 1993 年加入《ATA 公约》和与其相关的《展览会、交易会公约》、《货物暂准进口公约》及其附约 A《关于暂准进口单证的附约》和附约 B1《关于在展览会、交易会、会议及类似活动中供陈列或使用的货物的附约》,所以我国适用 ATA 单证册的暂时进境货物,限于所加入的上述公约及附约中规定的展览会、交易会、会议或类似活动项下的货物。具体包括在各类展会、交易会、会议或类似活动中的展品;在各类展会、交易会、会议或类似活动中为展示境外产品所需用的货物,如展示用的食品和相关货物,设置展台用的建材和装饰材料,宣传展示所用的广告、影片、幻灯片、录像带等;其他经海关批准用于展示的货物。

4.《ATA 单证册》的有效期

国际公约规定,缔约方的出证协会不应签发自签发之日起有效期超过一年的《ATA 单证册》,所以《ATA 单证册》的有效期最长是 1 年。但由于我国海关只接受展览品及相关货物使用《ATA 单证册》申报进出口,因此《ATA 单证册》项下货物暂准进出口期限为自货物进出境之日起 6 个月。超过 6 个的,需经直属海关批准,延长期届满应当复运出境、进境或者办理进出口手续;如有特殊情况超过 1 年的,国家重点工程、国家科研项目使用的暂时进出境货物以及参加展期在 24 个月以上展览会的展览品,在 18 个月延长期届满后仍需要延期的,由主管地直属海关报海关总署审批。

5. 我国 ATA 单证册的管理

我国海关只接受用中文或者英文填写的 ATA 单证册。中国国际商会是我国 ATA 单证册的出证和担保机构,负责签发出境 ATA 单证册,向海关报送所签发单证册的中文电子文本,协助海关确认 ATA 单证册的真伪,并且向海关承担 ATA 单证册持证人因违反暂时进出境规定而产生的相关税费、罚款。海关总署在北京海关设立 ATA 核销中心。ATA 核销中心对 ATA 单证册的进出境凭证进行核销、统计以及追索,应成员国担保人的要求,依据有关原始凭证,提供 ATA 单证册项下暂时进出境货物已经进境或者从我国复运出境的证明,并且对全国海关 ATA 单证册项下暂时进出境货物已经进境或者从我国复运出境的证明,并且对全国海关 ATA 单证册的有关核销业务进行协调和管理。ATA 核销中心在业务活动中统一使用《ATA 单证册追索通知书》《ATA 单证册核销通知书》《ATA 单证册缴款通知书》。

进境 ATA 单证册在进境后发生毁坏、灭失等情况的,ATA 单证册持证人应当持原出证机构补发的 ATA 单证册到主管地直属海关进行确认。补发的 ATA 单证册所填项目应当与原 ATA 单证册相同。ATA 单证册项下暂时进境货物申请延长期限超过 ATA 单证册有效期的,ATA 单证册持证人应当向原出证机构申请续签 ATA 单证册。续签的 ATA 单证册经主管地直属海关确认后可替代原 ATA 单证册。续签的 ATA 单证册只能变更单证册有效期限,其他项目均应当与原单证册一致。续签的 ATA 单证册启用时,原 ATA 单证册失效。

对 ATA 单证册项下的过境、转运、通运货物,海关凭 ATA 单证册中的过境联办理进出境手续。ATA 单证册持证人需要对 ATA 单证册项下暂时进出境货物转关的,海关凭 ATA 单证册中的过境联办理转关手续。ATA 单证册项下暂时进境货物未能按照规定复运出境或者过境的,ATA 核销中心应当向中国国际商会提出追索。自提出追索之日起 9 个月内,中国国际商会向海关提供货物已经在规定期限内复运出境或者已经办理进口手续证明的,ATA 核销中心可以撤销追索;9 个月期满后未能提供上述证明的,中国国际商会应当向海关支付税款和罚款。ATA 单证册项下暂时进境货物复运出境时,因故未经我国海关核销、签注的,ATA 核销中心凭由另一缔约国海关在 ATA 单证上签注的该批货物从该国进境或者复运进境的证明,或者我国海关认可的能够证明该批货物已经实际离开我国境内的其他文件,作为已经从我国复运出境的证明,对 ATA 单证册予以核销。发生上述规定情形的,ATA 单证册持证人应当按照规定向海关交纳调整费。在我国海关尚未发出《ATA 单证册追索通知书》前,如果持证人凭其他国海关出具的货物已经运离我国关境的证明要求予以核销单证册的,海关免予收取调整费。

6. 使用《ATA 单证册》的进出境货物的申报

(1)进境申报。进出境货物的收发货人或其代理人持《ATA 单证册》向海关申报进境展览品时,先在海关核准的出证协会中国国际商会以及其他商会,将《ATA 单证册》上的内容预录入进境地海关与商会联网的 ATA 单证册电子核销系统,然后向展览会主管海关提交纸质《ATA 单证册》、提货单等单证。海关在白色进口单证上签注,并留存白色进口单证正联,存根联随《ATA 单证册》其他各联退回进境货物收货人或其代理人。

(2)出境申报。进出境货物收发货人或其代理人持《ATA 单证册》向海关申报出境展览品时,向出境地海关提交国家主管部门的批准文件、纸质《ATA 单证册》、装货单等单证。海关在绿色封面单证和黄色出口单证上签注,并留存黄色出口单证正联,存根联随《ATA 单证册》其他各联退回展览品所有人或其代理人。

(3)过境申报。展览品所有人或其代理人持《ATA 单证册》向海关申报,将货物通过我国转运至第三国参加展览会的,不必填制别国过境货物报关单。海关在两份蓝色过境单证上分别签注后,留存蓝色过境单证正联,存根联随《ATA 单证册》其他各联退回展览品所有人或其代理人。

(4)担保、许可证和申报文字。持《ATA 单证册》向海关申报时不需要向海关提供另外的担保,也不需要提交进出口许可证。但如果其货物和展品属于公共道德、公共安全、公共卫生等方面限制的,则货物的所有人或其代理人就必须向海关提交进出口许可证件。

我国海关接受中文或英文填写的《ATA 单证册》的申报时,如果当事人提交的《ATA 单证册》是用英文填写的,海关可要求其提供中文译本;如用其他文字填写的《ATA 单证册》,则必须随附忠实原文的中文或英文译本。

7. 使用《ATA 单证册》的暂准进出口货物的核销结关

持证人在规定期限内将进口展览品复运出、进境，海关在白色复出口单证和黄色复进口单证上分别签注，留存单证正联，存根随《ATA 单证册》其他各联退给持证人，正式核持证人不能在规定期限内将展览品复运进出境的，我国海关向担保协会即中国国际商会提出追索。

(二)不使用 ATA 单证册的其他暂准进出口货物的报关

不使用 ATA 单证册的其他暂准进出口货物的报关，大致分为两个阶段，即进出境阶段和后续阶段。进出境阶段的主要工作是办理货物暂时进出口的申报手续；后续阶段的主要工作是货物复运进出境后办理核销结关手续，或者在特定的进出境目的改变之后，按货物实际用途补办进出口申报纳税或者减免税手续。这里我们以暂时进出口货报关过程，来说明该类货物的报关程序。

1. 进出境申报

(1)暂时进口货物的进境申报。暂时进口货物的收货人或其代理人填写进口报关单一式三份，并注明“暂时进口货物”，连同商业单据和货运单据，以及行政主管部门的批文，申报暂时进口货物不必提交配额或许可证等证件，但对国家需要实施检验检疫，或者为公共安全、知识产权保护等实施管制措施的则仍要提交相关的证件。

(2)提供担保。经过申报和海关核准后的暂时进口货物，申报人应向海关交纳相当于税款的保证金，也可提交海关认可的书面担保，这样，海关即可准予当事人暂时免领进口货物的许可证和暂时免交税款。

(3)查验放行。海关核准暂时进口货物后，如认为有必要查验货物，报关员要陪同海关进行查验。为了保证暂时进口货物接原状复运出境，在海关认为必要时，还要对货物进行拍照留档，或者加贴标志。海关查验完毕并在收取保证金或保函后，即会放行货物，当事人凭海关加盖放行章的提货凭证提取货物。对暂时进口货物的放行，放行并不代表货物已经结关，是标志着海关对暂时进口货物后续监管的开始。暂时进口货物自进境之日起到办结海关手续复运出境时止，一直要受到海关的监管。

(4)暂时出口货物的出境申报。短期租赁、租借给国外的货物、样品、广告品等暂时出口货物，其当事人应当向海关提交主管部门允许货物为特定目的而暂时出境的相关单证，包括批准文件、出口货物报关单、货运和商业单据等，向海关办理暂时出境申报手续。出口货样如果属于出口许可证管理的，每批货物价值在人民币 3 万元及以下的，可无须向海关提交许可证，但暂时出口货物中能够制造化学武器的化学品、易制毒化学品、重水、有关核出口及相关技术的出口管制条例管辖的商品，以及其他国际公约管辖的商品，都要按正常出口提交有关的许可证。

2. 暂时进出口货物的核销结关

(1)复运进出境。当暂时进出口货物的复运出境、复运进境时，进出口货物的收发货人或其代理人必须留存由海关签章的复运进出境的报关单，以备申报核销。

(2)转为正式进口。当暂时进口货物因特殊原因改变特定的暂时进口目的转为正式进口时,进口货物的收货人或其代理人要向海关提出申请,提交许可证件,办理货物正式进口的报关纳税手续。

(3)放弃暂时进口货物。当暂时进口货物在境内完成暂时进口的特定目的后,如货物所有人不准备将货物复运出境的,可以向海关声明将货物放弃,海关按放弃货物的有关规定处理。

(4)结关。暂时进出口货物复运出境,或者转为正式进口和放弃以后,货物的收发货人应当持经海关签注的货物的收据,以及其他相关单证向海关申报核销和结关手续。海关在审核后将退还保证金,或办理其他担保的销案手续,予以结关。

四、海关对暂时进出境货物的监管

ATA 单证册项下暂时进出境货物申报时,ATA 单证册持证人应当向海关提交有效的 ATA 单证册。非 ATA 单证册项下暂时进出境货物申报时,货物收发货人应当填制海关进出口报关单,并向海关提交货物清单、《中华人民共和国海关货物暂时进/出境申请批准决定书》和其他相关单证。

境内展览会的办展人以及出境举办或者参加展览会的办展人、参展人应当在展览品进境或者出境 20 日前,向主管地海关提交有关部门备案证明或者批准文件及展览品清单等相关单证办理备案手续。展览会不属于有关部门行政许可项目的,办展人、参展人应当向主管地海关提交展览会邀请函、展位确认书等其他证明文件以及展览品清单办理备案手续。

展览会需要在我国境内两个或者两个以上关区内举办的,进境展览品应当按照转关监管的有关规定办理转关手续。进境展览品由最后展出地海关负责核销,由出境地海关办理复运出境手续。

展览会需要延期的,办展人、参展人应当在展期届满前持原批准部门同意延期的批准文件向备案地海关办理有关手续。展览会不属于有关部门行政许可项目的,办展人、参展人应当在展期届满前持相关证明文件在备案地海关办理有关手续。办展人、参展人应当于进出境展览品办结海关手续后 30 日内向备案地海关申请展览会结案。

在境内展览会期间供消耗、散发的用品(以下简称展览用品),由海关根据展览会的性质、参展商的规模、观众人数等情况,对其数量和总值进行核定,在合理范围内的,按照有关规定免征进口关税和进口环节税。这些用品包括在展览活动中的小件样品,包括原装进口的或者在展览期间用进口的散装原料制成的食品或者饮料的样品;为展出的机器或者器件进行操作示范被消耗或者损坏的物料;布置、装饰临时展台消耗的低值货物;展览期间免费向观众散发的有关宣传品;供展览会使用的档案、表格及其他文件。其中展览活动中的小件样品应当符合规定条件,这些条件包括:由参展人免费提供并在展览期间专供免费分送给观众使用或者消费的;单价较低,作广告样品用的;不适用于商业用途,并且单位容量明显小于最小零售包装容量的;食品及饮料的样品虽未按照单位容量明显小于最小零售包装容量的包装分发,但确实在活动中消耗掉的。

但展览用品中的酒精饮料、烟草制品及燃料不适用有关免税的规定。展览用品属于国家实行许可证件管理的,应当向海关交验相关证件,办理进口手续。在展览活动中的小件样品,包括原装进口的或者在展览期间用进口的散装原料制成的食品或者饮料的样品超出限量进口的,超出部分应当依法征税;为展出的机器或者器件进行操作示范被消耗或者损坏的物料、布置、装饰临时展台消耗的低值货物以及展览期间免费向观众散发的有关宣传品,未使用或者未被消耗完的,应当复运出境,不复运出境的,应当按照规定办理进口手续。

进境展览品在非展出期间应当存放在海关指定的监管场所,未经海关批准,不得移出。因特殊原因确需移出的,应当经主管地直属海关批准。进境展览品经海关批准同意移出指定监管场所,但是进境时未向海关提交担保的,应当另外提供相应担保。海关派员进驻展览场所执行监管任务时,展览会主办人或者承办人应当提供办公场所和必需的办公设备,为海关工作人员执行公务提供便利。为了举办交易会、会议或者类似活动而暂时进出境的货物,按照上述对展览品监管的有关规定进行监管。暂时进出境货物确需进出口的,暂时进出境货物收发货人应当在货物复运出境、进境期限届满 30 日前向主管地海关申请,经主管地直属海关批准后,按照规定办理进出口手续。

本章小结

1. 特定减免税货物是指海关根据国家的政策规定准予减免税进境,在规定的时间里,专门使用于特定地区、特定企业、特定用途的货物。特定减免税货物主要有如下三方面特征,即特定条件下减免税、不豁免进口许可证件、特定的海关监管期限。特定减免税货物的适用范围包括特定地区、特定企业或者有特定用途的进口货物。

2. 特定减免税货物的报关,在程序上主要经历三个阶段:减免税备案申请(前期阶段)→进口报关(进出境阶段)→申请海关解除监管(后续阶段)。

3. 暂准进出口货物属于海关监管货物,是指为了特定的目的暂时进口或暂时出口,有条件暂时免纳进出口关税并豁免进出口许可证件,在特定的期限内除因使用中正常的损耗外按原状复运出口或复运进口的货物。暂准进出口货物的特征为有条件暂时免予缴纳税费、豁免进出口许可证件、特定的进出境目的、规定期限内按原状复运出境、按货物实际使用情况办结海关手续。其报关主要分为使用 ATA 单证册的暂准进出境货物的报关和不使用 ATA 单证册的其他暂准进出口货物的报关。

4. ATA 单证册制度建立在海关合作理事会 1961 年布鲁塞尔组织签署的《关于货物暂准进口的 ATA 单证册海关公约》(简称《ATA 公约》)基础之上,主要目的是通过 ATA 单证册的使用来实现对特定货物的简化的进出境通关程序,以促进国际经济、科技、文化的交流。

自 测 题

一、单项选择题

1. 请指出下列哪一项货物或物品不适用暂准进出口通关制度(　　)。

A. 展览会期间出售的小卖品

B. 在展览会中展示或示范用的进口货物、物品

C. 承装一般进口货物进境的外国集装箱

D. 进行新闻报道使用的设备、仪器

2. 我国 ATA 单证册的签发机构是(　　)。

A. 海关总署　　B. 中国国际商会

C. 国务院　　D. 外经贸部

3. 我国规定暂准进出境货物应当自进境或者出境之日起(　　)内,复运出境或复运进境。

A. 6 个月　　B. 1 年内　　C. 3 个月　　D. 1 个月

4. 参展期在 24 个月以上展览会的展览品,在 18 个月延长期届满后仍需要延期的,由(　　)审批。

A. 隶属海关　　B. 直属海关　　C. 海关总署　　D. 直属海关关长

5. 残疾人在进口特定减免税专用品以前,向主管海关提交(　　)的批准文件,海关审核后,签发"进出口货物征免税证明"。

A. 商务部门　　B. 检疫部门　　C. 工商部门　　D. 民政部门

二、判断题

1. 在我国,目前,ATA 单证册的适用范围仅限于展览会、交易会会议及类似活动项下的货物。(　　)

2. 持 ATA 单证册向海关申报进出境展览品,不需要向海关提交进出口许可证,也不需要另外再提供担保。(　　)

3. 展览会期间使用的含酒精的饮料、烟叶制品、燃料,海关对这些商品不征收关税。(　　)

4. 展览会期间出售的小卖品,属于一般进出口货物范围。(　　)

5. 境内生产的集装箱及我国营运人购买进口的集装箱投入国际运输前,营运人应当向其所在地海关办理登记手续。(　　)

6. 暂准进境或出境的集装箱箱体无论是否装载货物,承运人或其代理人应当就箱体单独向海关申报。(　　)

三、案例分析题

1. 2012 年北京举办国际汽车展览会,德国大众公司参展产品有最新款汽车、概念车模型等,另准备了供展览宣传用的光盘、广告和免费分送给观众的纪念品钥匙链等,展览品及其他

相关用品从天津新港海关进境后转关运至北京。

(1)参展产品及相关用品进境前,须办理的相关手续是(　　)。

A.如果ATA单证册下,则应向北京海关提出暂时进境申请,取得海关在ATA单证册的签注

B.如非ATA单证册下,则应向北京海关提出暂时进境申请,取得《中华人民共和国海关货物暂时进/出境申请批准决定书》

C.如系ATA单证册下,则应向天津海关提出暂时进境申请,取得海关在ATA单证册的签注

D.如非ATA单证册下,则应向天津海关提出暂时进境申请,取得《中华人民共和国海关货物暂时进/出境申请批准决定书》

(2)关于ATA单证册下参展产品进境手续的表述,正确的是(　　)。

A.进境货物收货人或其代理人在向海关申报前,应先将ATA单证册下的内容预录进海关与商会联网的ATA单证册电子核销系统

B.向主管海关提供担保

C.向主管海关提交纸质ATA单证册、提货单等单证

D.向主管海关提交自动进口许可证

(3)展览时免费分送给观众的纪念品(　　)。

A.属展览用品范畴,由海关核定,在合理范围内,进口时免征进口关税和进口环节税;属许可证件管理范畴的商品,应当交验许可证件

B.属展览用品范畴,进口时免征进口关税和进口环节关税,免于交验许可证件

C.属于一般进口货物,进口时应当缴纳进口关税和进口环节税,但免于交验许可证件

D.属于一般进口货物,进口时应当缴纳进口关税和进口环节税,属许可证件管理的商品,应当交验许可证件

(4)参展产品及相关用品暂准进境期限为(　　)。

A.6个月,不准展期

B.6个月,经申请可以延期3个月

C.3个月,经申请可以延期3个月

D.6个月,超过6个月,可以向海关申请延期,延期最多不超过3次,每次延长期限不超过6个月

(5)展览品在展出结束后(　　)。

A.可复运出境后核销结关

B.可转为正式进口,由展览会主办单位或其代理人向海关办理进口申报、纳税手续,属许可证管理的,提交进口许可证件

C.可放弃交由海关处理,由海关依法变卖后将款项上缴国库

D. 可赠送给境内企业或个人,受赠人应当向海关办理进口手续

2. 德国科博公司经批准应邀参加 2012 年广州某展览会,该公司用于展出的货物于 2012 年 3 月 1 日由境内展览会主办单位的代理人,持 ATA 单证册向广州黄埔海关申报进口。在展览完毕后,该公司未按时将货物运出境,而是擅自将货物卖给了境内的一家公司。根据实例回答下列问题。

(1)该批展览品在向展览会主管海关申报进境时应该提交下列哪些单据(　　)。

A. 进口货物报关单

B. 暂时进口货物报关单

C. 纸质 ATA 单证册

D. 提货单

(2)按照海关现有的对于进境展览品的一般规定,该货物应该在(　　)办理结关手续。

A. 该展览会结束后立即

B. 2012 年 6 月 1 日前

C. 2012 年 9 月 1 日前

D. 2013 年 3 月 1 日前

(3)对于擅自将货物内销而产生的税费和罚款问题,海关应该首先向(　　)追索。

A. 德国海关

B. 德国国际商会

C. 展览会主办方

D. 中国国际商会

(4)按照我国海关对暂准进出境货物的不同监管方式,暂准进出境货物可以细分为(　　)。

A. 使用 ATA 单证册的暂准进出境货物

B. 集装箱箱体

C. 不使用 ATA 单证册报关的进出境展览品

D. 其他暂准进出境货物

(5)根据我国《海关法》的规定,暂准进境货物可以由收货人在提供担保后免税放行,以下可以作为海关接受的担保有(　　)。

A. 以人民币现金担保

B. 以非银行金融机构出具的保函提供担保

C. 以汇票提供担保

D. 以股票提供担保

第七章

Chapter 7

其他进出口货物的报关

【学习要点及目标】

通过本章学习,使学生了解转关的概念,掌握转关运输的方式,比较进口和出口货物的转关方式,理解并掌握转关运输货物的报关程序;了解进出境快件的概念和分类,了解过境、转运、通运货物的含义,了解无代价抵偿货物的概念和特征,理解并掌握进出境快件、过境、转运、通运货物以及无代价抵偿货物的报关;熟悉误卸或溢卸、放弃及超期未报货物,退运和退关货物的海关处理。

【引导案例】

数据对接　通关提速——苏沪两地海关合力助推企业出口

2011年11月24日,从江苏昆山出发的装载着41个集装箱笔记本电脑的81421次列车在重庆中转,通过渝新欧国际铁路货运大通道运往欧洲。

"渝新欧"的横空出世,以一种全新的商品输欧方式,打破了沿袭上百年的中国对欧出口路径,拉近了亚欧之间的时空距离。但很少有人知道,海关在这背后所做的工作和努力。

据了解,昆山的货物出口至欧洲,跨关区转关数据原本需由昆山转至上海,再由上海转至重庆,称为"二次转关"。南京海关分别与上海海关、重庆海关进行关际协商合作,使转关数据直接由南京海关下属的昆山海关传输至重庆海关驻车站办事处,大大简化了二次转关货物的操作流程,提高了通过"渝新欧"出口货物的通关速度。

这是南京海关与上海海关自去年4月签订关际联动合作备忘录以来取得的成果之一。此备忘录旨在深入贯彻国家长三角一体化发展战略,签订以来,苏沪两地海关已在推进区域通关改革、加强货物实际监管、统一规范执法行为等方面形成了一系列协调顺畅、沟通有力的联系配合机制。

两地口岸数据对接工作不断加强，目前两地海关之间转关业务量保持10%以上的增速，办理"属地申报、口岸验放"的业务量增速在40%以上，模式运作日趋成熟。"苏太联动"以手续简便、成本低廉的优势吸引了大批货物从太仓港出口，在支持上海建设国际航运中心的同时，也实现太仓港的自身发展。关际合作备忘录签订以后，这一模式进一步扩大苏州地区参与企业的数量，并将适用范围扩大至无锡、常州等地区，辐射苏南各市。据统计，2011 年 1～10 月"苏太联动"业务量稳步增长，共验放货物43.62 亿美元，同比增长53%。

资料来源：中国海关总署网

第一节　转关运输货物的报关

一、转关的概念与转关运输货物范围

（一）转关的概念

转关是指进出口货物在海关监管下，从一个设关地转运至另一设关地办理某项海关手续的行为。进出口货物应当在进出境地办理海关手续，但经收发货人申请，海关同意，也可以在设有海关的进口货物的指运地或出口货物的启运地办理海关手续。当在指运地或启运地办理报关手续时，海关的监管从进出境地延伸至指运地或启运地，这种情况必然由两地海关共同完成海关承担的全部管理责任，这是产生转关的原因之一。保税货物和暂准进口等货物，在海关放行后仍属海关监管货物，而其加工、储存、使用期间转运至另一设关地时，海关的监管责任也随之结转，办理转关。

（二）转关运输货物的范围

根据《中华人民共和国海关关于转关货物监管办法》的规定，转关运输货物是指由进境地入境，向海关申请转关、运往指运地点办理进口海关手续的货物；在启运地已办理出口海关手续运往出境地，由出境地海关监管放行的货物；从境内一个设关地点运往境内另一个设关地点，需经海关监管的货物。

这里的进境地是指货物进入关境的口岸；出境地是指货物离开关境的口岸；指运地是指进口转关货物运抵报关的地点；启运地是指出口转关货物报关发运的地点。

《限制转关物品清单》中规定限制转关运输的货物包括，汽车整车（包括成套散件及二类底盘）；消耗臭氧层物质、化学武器关键前体、可作为化学武器的化学品、化学武器原料、易制毒化学品；动物废料、冶炼渣、木制品废料、纺织品废物、贱金属及其制品的废料、各种废旧五金、废电机、废电器产品、废运输设备、废塑料、碎料及下脚料等。

二、转关运输货物的转关方式及适用

(一)转关运输货物的转关方式

转关运输货物的收发货人或其代理人,可采取以下三种方式办理货物转关手续,见表7.1。

表7.1　进口货物和出口货物转关方式对比

<table>
<tr><th>转关方式</th><th colspan="2">进口货物转关</th><th colspan="2">出口货物转关</th></tr>
<tr><td>提前报关转关</td><td>指运地提前报关</td><td>进境地转关</td><td>启运地提前报关</td><td rowspan="3">启运地办转关</td></tr>
<tr><td>直转转关</td><td>进境地办转关</td><td>指运地报关</td><td rowspan="2">启运地报关</td></tr>
<tr><td>中转转关</td><td>指运地提前报关</td><td>进境地转关</td></tr>
</table>

1. 提前报关转关方式

在指运地或启运地海关以提前报关方式办理货物转关手续。提前报关方式即在指运地或启运地海关提前以电子数据录入的方式申报进出口,待计算机自动生成《转关货物申报单》,并传输至进境地海关或货物运抵启运地海关监管现场后,办理货物进口和出口转关手续。

2. 直转转关方式

在进境地或启运地海关以直接填报《转关货物申报单》的直转方式办理货物转关手续。

3. 中转转关方式

以由境内承运人或其代理人统一向进境地或启运地海关申报的中转方式办理货物转关手续。中转方式即在收发货人或其代理人向指运地或启运地海关办理进出口报关手续后,由境内承运人或其代理人统一向进境地或启运地海关办理货物进口或出口转关手续。

(二)转关运输货物的适用

具有全程提运单,需换装境内运输工具的进出口中转货物应采用中转转关方式办理转关手续;其他进口转关、出口转关及境内转关的货物,可采用提前报关转关方式或者直转转关方式办理转关手续。

三、转关的条件和当事人的义务

(一)转关的条件

在货物申请转关运输时,应符合下列条件:

(1)转关的指运地和启运地必须设有海关,并设有经海关批准的监管场所。

(2)转关货物的运输应由已在海关注册登记的承运人进行。承运人应按海关对转关路线范围和途中所限定的运输时间内,将货物运抵指定的场所。

(二)当事人的义务

在货物转关运输中,转关运输货物的相关人员应履行各自的义务,具体如下:

(1)货物的收发货人或代理人和承运人要按规定向海关交纳应交的规费,海关派员押运转关货物,相关当事人应提供方便。

(2)未经海关的许可,当事人不得对货物进行开拆、提取、交付、发运、调换、改装等任何处置,或移作他用。

(3)转关运输途中出现交通意外事故,如需更换交通工具或驾驶员的,必须通知附近海关,经同意后方可在海关监管下进行更换。

(4)转关货物在境内储存运输中出现了损坏、短少、灭失等情况时,除不可抗力外,当事人应承担缴纳税费的责任。

四、进出口转关运输货物的报关

(一)进口转关运输货物的报关

转关货物应当自运输工具申报进境之日起 14 天内向进境地海关办理转关手续,在海关限定期限内运抵指运地海关之日起 14 天内,向指运地海关办理报关手续。逾期按规定征收滞报金。

1.提前报关转关方式

提前报关的转关货物,进口货物收货人或其代理人在进境地海关办理进口货物转关手续前,向指运地海关录入《进口货物报关单》电子数据,指运地海海关提前受理电子申报,货物运抵指运地海关监管场所后,办理转关核销和接单验放等手续。如图 7.1 所示。

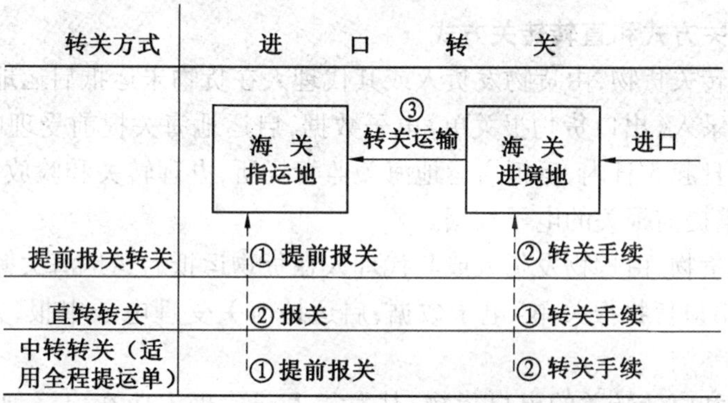

图 7.1　进口转关运输货物报关

提前报关的转关货物,其收货人或代理人向指运地海关填报录入《进口货物报关单》后,计算机自动生成《进口转关货物申报单》并传输至进境地海关。提前报关的转关货物收货人或代理人,应向进境地海关提供《进口转关货物申报单》编号,并提交下列相关单证,办理转关手续。这些相关单证主要有:《进口转关货物核放单》《中华人民共和国海关境内汽车载运海关监管货物载货登记簿》(简称《汽车载货登记簿》)或《船舶监管簿》以及提货单。广东省内公路运输的,交验《进境汽车载货清单》。

提前报关的进口转关货物应在电子数据申报之日起的 5 日内,向进境地海关办理转关手续。超过期限仍未到进境地海关办理转关手续的，指运地海关撤销提前报关的电子数据。

2. 直转转关方式

直转的转关货物，货物收货人或代理人在进境地录入转关申报数据，直接办理转关手续。直转的转关货物，货物收货人或代理人应持相关单证，向进境地海关办理转关手续。这些相关单证主要有：《进口转关货物申报单》《汽车载货登记簿》或《船舶监管簿》。广东省内公路运输的，交验《进境汽车载货清单》。

3. 中转转关方式

具有全程提运单、需换装境内运输工具的中转转关货物，收货人或其代理人向指运地海关办理进口报关手续后，由境内承运人或其代理人，批量办理货物转关手续。

中转的转关货物，运输工具代理人应持相关单证，向进境地海关办理转关手续。这些相关单证主要有：《进口转关货物申报单》《进口货物中转通知书》；进口中转货物按指运地目的港分列的纸质舱单。以空运方式进境的中转货物，提交联程运单。

进口转关货物，按货物到达指运地海关之日的税率和汇率征税。提前报关的，其适用的税率和汇率是指运地海关接收到进境地海关传输的转关放行信息之日的税率和汇率。如货物运输途中税率和汇率发生重大调整的，以转关货物运抵指运地海关之日的税率和汇率计算。

（二）出口转关运输货物的报关

1. 提前报关转关方式和直转转关方式

出口提前报关转关货物，由货物发货人或其代理人在货物未运抵启运地海关监管场所前，向启运地海关填报录入《出口货物报关单》电子数据，启运地海关提前受理电子申报。货物应于电子数据申报之日起 5 日内，运抵启运地海关监管场所，办理转关和验放等手续。超过期限的，启运地海关撤销提前报关的电子数据。

出口直转转关货物，由货物发货人或其代理人在货物运抵启运地海关监管场所后，向启运地海关填报录入《出口货物报关单》电子数据，启运地海关受理电子申报，办理转关和验放等手续。

提前报关转关和直转转关的出口货物，其发货人或代理人应在启运地填报录入《出口货物报关单》，在启运地海关办理出口通关手续后，计算机自动生成《出口转关货物申报单》数据，传送至出境地海关。如图 7.2 所示。

提前报关转关和直转转关货物发货人或代理人应持相关单证，在启运地海关办理出口转关手续。这些单证主要有：《出口货物报关单》《汽车载货登记簿》或《船舶监管簿》；广东省内公路运输的，还应递交《出境汽车载货清单》。

提前报关转关和直转转关的出口货物到达出境地后，发货人或代理人应持《汽车载货登记簿》或《船舶监管簿》和启运地海关签发的《出口货物报关单》和《出口转关货物申报单》或《出境汽车载货清单》（广东省内公路运输），向出境地海关办理转关货物的出境手续。

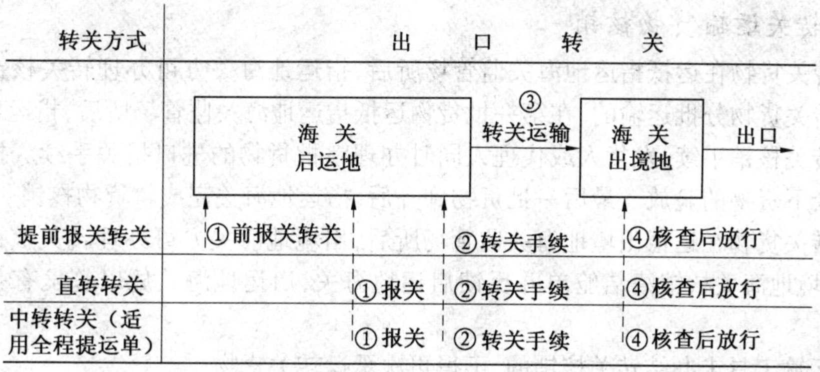

图 7.2　出口转关运输货物报关

2. 中转转关方式

具有全程提运单、需换装境内运输工具的出口中转货物，发货人向启运地海关办理出口报关手续后，由承运人或其代理人按出境运输工具分列舱单，批量办理货物转关手续。

出口中转货物，其发货人或代理人向启运地海关办理出口通关手续后，运输工具代理人向启运地海关录入，并提交相关单证。这些单证主要有：《出口转关货物申报单》；按出境运输工具分列的电子或纸质舱单；《汽车载货登记簿》或《船舶监管簿》。

经启运地海关核准后，签发《出口货物中转通知书》。出境地海关验核上述单证，办理中转货物的出境手续。对需运抵出境地后才能确定出境运输工具，或原定的运输工具名称、航班（次）、提单号发生变化的，可在出境地补录或修改相关数据，办理出境手续。

三种转关运输方式应提交的单证见表 7.2。

表 7.2　三种转关运输方式应提交的单证

转关方式	应提交的单证		
	进口货物转关	出口货物转关	
		出口报关时	出口转关时
提前报关转关	进口转关货物核放单	出口货物报关单	
	汽车载货登记簿或船舶监管簿	汽车载货登记簿或船舶监管簿	
	提货单	出口转关货物申报单或出境汽车载货清单	出境汽车载货清单（广东省内）
直转转关	进口转关货物申报单		
	汽车载货登记簿或船舶监管簿	出口货物报关单	
		汽车载货登记簿或船舶监管簿	
中转转关	进口转关货物申报单	出口转关货物申报单	
	进口货物中转通知书	出口货物中转通知书	
	纸质舱单（空运交“联程运单”）	纸质舱单	
		汽车载货登记簿或船舶监管簿	

(三)转关运输货物核销

进口转关货物在运抵指运地海关监管场所后,指运地海关方可办理转关核销。对于进口大宗散装转关货物分批运输的,在第一批货物运抵指运地海关监管场所后,指运地海关办理整批货物的转关核销手续,发货人或代理人同时办理整批货物的进口报关手续。指运地海关按规定办理余下货物的验放。最后一批货物到齐后,指运地海关完成整货物核销。

出口转关货物在运抵出境地海关监管场所后,出境地海关方可办理转关核销。货物实际离境后,出境地海关核销清洁舱单并反馈启运地海关,启运地海关凭以签发有关报关单证明联。

转关运输工具未办结转关核销的,不得再次承运转关货物。

(四)海关对转关运输货物的其他监管

(1)转关货物是海关监管货物,除前述限制转关运输货物外,进出口货物均可办理转关手续。海关对进出口转关货物施加海关封志。但对内支线船舶中转和铁路承运的转关、过境集装箱货物,在其商业封志完好条件下,海关可不必加封。

(2)转关货物应由已在海关注册登记的承运人承运。从事转关运输货物承运企业的条件包括:从事货物运输业务1年以上,注册资本不低于200万元人民币;按照《中华人民共和国海关法》的规定,有具有履行海关事务担保能力的法人、其他组织或者公民提供的担保;企业财务制度和账册管理符合国家有关规定;企业资信良好,在从事运输业务中没有违法前科。

(3)海关对转关运输货物限定路线范围,限定途中运输时间,承运人应当按海关要求将货物运抵指定的场所。海关根据工作需要,可以派员押运转关货物,货物收发货人或其代理人、承运人应当按规定向海关缴纳规费,并提供方便。

(4)转关货物的指运地或启运地应当设有经海关批准的监管场所。转关货物的存放、装卸、查验应在海关监管场所内进行。特殊情况需要在海关监管场所以外存放、装卸、查验货物的,应向海关事先提出申请,海关按规定监管。海关对转关货物的查验,由指运地或启运地海关实施。进、出境地海关认为必要时也可查验或者复验。

(5)转关货物未经海关许可,不得开拆、提取、交付、发运、调换、改装、抵押、质押、留置、转让、更换标记、移作他用或者进行其他处置。转关货物在国内储运中发生损坏、短少、灭失情事时,除不可抗力外,承运人、货物所有人、存放场所负责人应承担赋税责任。

(6)转关货物申报的电子数据与书面单证具有同等的法律效力。对确因填报或传输错误的数据,有正当理由并经海关同意,可作修改或者撤销。对海关已决定查验的转关货物,不再允许修改或撤销申报内容。广东省内公路运输的《进境汽车载货清单》或《出境汽车载货清单》视同转关申报书面单证,具有法律效力。

(7)转关货物运输途中因交通意外等原因需更换运输工具或驾驶员的,承运人或驾驶员应通知附近海关;附近海关核实同意后,监管换装并书面通知进境地、指运地海关或出境地、启运地海关。

(8)提前报关的转关货物,进境地海关因故无法调阅进口转关数据时,可以按直转货物的规定办理转关手续。

第二节　其他进出境货物的报关

一、进出境快件

(一)进出境快件的概念和分类

1. 进出境快件的概念

进出境快件是指进出境快件运营人以向客户承诺的快速商业运作方式承揽、承运的进出境货物、物品。

2. 进出境快件的分类

进出境快件可分为文件类、个人物品类和货物类三类。文件类进出境快件是指法律、法规规定予以免税且无商业价值的文件、单证、票据及资料。个人物品类进出境快件是指海关法规规定自用、合理数量范围内的进出境的旅客分离运输行李物品、亲友间相互馈赠物品和其他个人物品。货物类进出境快件是指除文件类和个人物品类以外的快件。

(二)进出境快件运营人的备案登记

进出境快件运营人是指在中华人民共和国境内依法注册,在海关登记的从事进出境快件运营业务的国际货物运输代理企业。

运营人申请办理进出境快件代理报关业务的,应当按照海关对国际货物运输代理企业的注册管理规定在所在地海关办理登记手续。运营人在所在地海关办理登记手续应具备一定条件,这些条件包括:内资国际货物运输代理企业及其分支机构已经获得国务院对外贸易主管部门或者委托的备案机构办理的《国际货运代理企业备案表》;外商投资国际货物运输代理企业已经获得国务院对外贸易主管部门颁发的《外商投资企业批准证书》,获准经营进出境快件业务;外商投资国际货物运输代理企业分公司已经获得国务院对外贸易主管部门的批准文件,获准经营进出境快件业务;已经领取工商行政管理部门颁发的《企业法人营业执照》,准予或者核定其经营进出境快件业务;已经在海关办理报关企业注册登记手续;具有境内外、进出境快件运输网络和两个以上境外分支机构或代理人;具有本企业专用进出境快件标识、运单,运输车辆符合海关监管要求并经海关核准备案;具备实行电子数据交换方式报关的条件;快件的外包装上应标有符合海关自动化检查要求的条形码;与境外合作者(包括境内企业法人在境外设立的分支机构)的合作运输合同或协议。

进出境快件运营人不再具备上述所列条件之一或者在1年内没有从事进出境快件运营业

务的，海关注销该运营人从事进出境快件报关的资格。

运营人不得承揽、承运《中华人民共和国禁止进出境物品表》所列物品，如有发现，不得擅作处理，应当立即通知海关并协助海关进行处理。未经中华人民共和国邮政部门批准，运营人不得承揽、承运私人信件。同时，运营人不得以任何形式出租、出借、转让本企业的进出境快件报关权，不得代理非本企业承揽、承运的货物、物品的报关。

（三）进出境快件的报关程序

进出境快件通关应当在经海关批准的专门监管场所内进行，如因特殊情况需要在专门监管场所以外进行的，需事先征得所在地海关同意。运营人应当在海关对进出境快件的专门监管场所内设有符合海关监管要求的专用场地、仓库和设备。未经海关许可，未办结海关手续的进出境快件不得移出海关监管场所，不得进行装卸、开拆、重换包装、更换标记、提取、派送和发运等作业。

进出境快件通关应当在海关正常办公时间内进行，如需在海关正常办公时间以外进行的，需事先征得所在地海关同意。运营人应当按照海关的要求采用纸质文件方式或电子数据交换方式向海关办理进出境快件的报关手续。进境快件自运输工具申报进境之日起 14 日内，出境快件在运输工具离境 3 小时之前，应当向海关申报。

运营人应向海关传输或递交进出境快件舱单或清单，海关确认无误后接受申报；运营人需提前报关的，应当提前将进出境快件运输和抵达情况书面通知海关，并向海关传输或递交舱单或清单，海关确认无误后接受预申报。

海关查验进出境快件时，运营人应派专员到场，并负责进出境快件的搬移、开拆和重封包装。海关对进出境快件中的个人物品实施开拆查验时，运营人应通知进境快件的收件人或出境快件的发件人到场，收件人或发件人不能到场的，运营人应向海关提交其委托书，代理收/发件人的义务，并承担相应法律责任。海关认为必要时，可对进出境快件予以径行开验、复验或者提取货样。

除另有规定外，运营人办理进出境快件报关手续时，应当按《中华人民共和国海关对进出境快件监管办法》的分类规定，分别向海关提交有关报关单证并办理相应的报关、纳税手续。

文件类进出境快件报关时，运营人应当向海关提交《中华人民共和国海关进出境快件 KJ1 报关单》、总运单（副本）和海关需要的其他单证。

个人物品类进出境快件报关时，运营人应当向海关提交《中华人民共和国海关进出境快件个人物品申报单》、每一进出境快件的分运单、进境快件收件人或出境快件发件人身份证件影印件和海关需要的其他单证。快件渠道进出境个人物品的限值、免税额、完税价格、税则归类等事宜按照《中华人民共和国海关法》《中华人民共和国进出口关税条例》及海关总署关于进出境个人邮递物品相关规定办理。

货物类进境快件报关时，运营人应当按下列情形分别向海关提交报关单证：

对关税税额在《中华人民共和国进出口关税条例》规定的关税起征数额以下的货物和海

关规定准予免税的货样、广告品，应提交《中华人民共和国海关进出境快件 KJ2 报关单》、每一进境快件的分运单、发票和海关需要的其他单证。

对应予征税的货样、广告品（法律、法规规定实行许可证件管理的、需进口付汇的除外），应提交《中华人民共和国海关进出境快件 KJ3 报关单》、每一进境快件的分运单、发票和海关需要的其他单证。快件企业向海关申报时，在报关单“货物名称”栏应当申报规格、型号、数量和计量单位等内容。

进出境快件及物品适用通关单对比见表 7.3。

表 7.3　进出境快件及物品适用通关单对比表

分类	适用情况	适用报关单
文件类	法律、行政法规规定予以免税且无商业价值的文件、单证、单据及资料	KJ1 报关单
货物类	关税税额在人民币 50 元以下的货物和海关准予免税的货样、广告品	KJ2 报关单
货物类	应予征税的货样、广告品（属许可证件管理的、需进口付汇的除外）	KJ3 报关单
个人物品类	自用、合理数量范围内的进出境旅客分离运输行李物品，馈赠亲友物品和其他个人物品	进出境快件个人物品报关单
其他货物类	一律按一般进出口货物的报关程序报关	

对上述规定以外的货物，按照海关对进口货物通关的规定办理。货物类出境快件报关时，运营人应按下列情形分别向海关提交报关单证：

对货样、广告品（法律、法规规定实行许可证件管理的、应征出口关税的、需出口收汇的、需出口退税的除外），应提交《中华人民共和国海关进出境快件 KJ2 报关单》、每一出境快件的分运单、发票和海关需要的其他单证。除此之外的其他货物，按照海关对出口货物通关的规定办理。

（四）进出境专差快件的管理措施

进出境专差快件是指运营人以专差押运方式承运进出境的空运快件。运营人从事进出境专差快件经营业务，除应当按前述有关规定办理登记手续外，还应当将进出境专差快件的进出境口岸、时间、路线、运输工具航班、专差本人的详细情况、标识等向所在地海关登记。如有变更，应当于变更前 5 个工作日向所在地海关登记。对符合条件的，所在地海关核发《中华人民共和国海关进出境专差快件登记证书》，运营人凭以办理进出境专差快件报关业务。

进出境专差快件应按行李物品方式托运，使用专用包装，并在总包装的显著位置标注运营人名称和“进出境专差快件”字样。

二、过境、转运、通运货物

(一)过境货物

1. 过境货物的概念和范围

(1)过境货物的概念。过境货物系指由境外启运,在我国境内不论是否换装运输工具,通过陆路运输,继续运往境外的货物。世界海关组织为促进各国经济贸易交流,协调各国海关管理,于1973年在日本京都主持签订了《关于简化和协调海关制度的国际公约》(《京都公约》)。该公约要求各国海关简化过境货物的通关手续,提供便利,免征过境货物进口关税,除了为维护过境安全、公共卫生、公共道德外,一般免予查验过境货物,免予提交进口管理和限制证件。

我国根据《京都公约》和《中华人民共和国海关法》的规定,制定了《中华人民共和国海关对过境货物监管办法》,据此对过境货物进行管理。

(2)过境货物的范围。对同我国签有过境货物协定的国家的过境货物,或属于同我国签有铁路联运协定国家收、发货的,按有关协定准予过境;对于同我国未签有上述协定国家的过境货物,应当经国家经贸、运输主管部门批准并向入境地海关备案后准予过境。

禁止从我国过境的货物有:来自或运往我国停止或禁止贸易的国家和地区的货物;各种武器、弹药、爆炸物品及军需品(通过军事途径运输的除外);各种烈性毒药、麻醉品和鸦片、吗啡、海洛因、可卡因等毒品;我国法律、法规禁止过境的其他货物、物品。

2. 过境货物的经营人、承运人及其责任

过境货物的经营人是指经国家经贸主管部门批准、认可,具有国际货物运输代理业务经营权并拥有过境货物运输代理业务经营范围(国际多式联运)的企业。过境货物的承运人则是指经国家运输主管部门批准从事过境货物运输业务的企业。过境货物的经营人应当持主管部门的批准文件和工商行政管理部门颁发的营业执照,向海关申请办理报关注册登记手续。经海关核准后,才能负责办理报关事宜。装载过境货物的运输工具,应当具有海关认可的加封条件和装置。海关认为必要时,可以对过境货物及其装载装置加封。运输部门和经营人,应当负责保护海关封志的完整,任何人不得擅自开启或损毁。

3. 对过境货物监管的目的

海关对过境货物监管的主要目的是为了防止过境货物在我国境内运输过程中滞留在国内,或将我国货物混入过境货物随运出境,防止我国禁止过境的货物从我国过境。

4. 过境货物的报关

过境货物进境时,经营人应当向进境地海关如实申报,并递交相关单证,这些单证有:《中华人民共和国海关过境货物报关单》(一式四份);过境货物运输单据(运单、装载清单、载货清单等);海关需要的其他单证(发票、装箱清单等)。

海关认为必要时,可以查验过境货物。海关在查验过境货物时,经营人或承运人应当到场,按照海关的要求负责搬移货物,开拆和重封货物的包装,并在海关查验记录上签字。过境货物经进境地海关审核无误后，海关在运单上加盖“海关监管货物”戳记，并将二份《过境货物报关单》和过境货物清单制作关封后加盖“海关监管货物”专用章，连同上述运单一并交经营人。经营人或承运人应当负责将进境地海关签发的关封完整及时地带交出境地海关。

过境货物应当自进境之日起6个月内运输出境；在特殊情况下，经海关同意，可以延期，但延长期不得超过3个月。过境货物在规定时间内不能出境的，海关按《中华人民共和国海关行政处罚实施条例》的有关规定处罚。过境货物自进境之日起超过3个月未向海关申报的，海关视其为进口货物，按《中华人民共和国海关法》的规定提取变卖处理。

过境货物在进境以后、出境之前，应当按照运输主管部门规定的路线运输，运输主管部门没有规定的，由海关指定。根据实际情况，海关需要派员押运过境货物时，经营人或承运人应免费提供交通工具和执行监管任务的便利，并按照规定缴纳规费。过境货物进境后因换装运输工具等原因需卸货储存时，应当经海关批准并在海关监管下存入经海关指定或同意的仓库或场所。

过境货物出境时，经营人应当向出境地海关申报，并交验进境地海关签发的关封和海关需要的其他单证。如货物有变动情况，经营人还应当提交书面证明。过境货物经出境地海关审核有关单证、关封或货物无误后，由海关在运单上加盖放行章，在海关监管下出境。

过境货物，由于不可抗力的原因，被迫在运输途中换装运输工具，起卸货物或遇有意外情况时，经营人或承运人应当立即报告所在地海关或附近海关，接受海关监管。

过境货物自进境起到出境止属海关监管货物，应当接受海关监管。未经海关许可，任何单位和个人不得开拆、提取、交付、发运、调换、改装、抵押、转让或者更换标记。过境货物在境内发生灭失和短少时（除不可抗力的原因外），应当由经营人负责向出境地海关补办进口纳税手续。

（二）转运货物

1. 转运货物的概念和条件

（1）转运货物的概念。转运货物是指由境外启运，通过我国境内设立海关的地点换装运输工具，而不通过境内陆路运输，继续运往境外的货物。

（2）转运货物的条件。进境运输工具装载的货物具备相应的条件，满足规定条件之一，即可办理转运手续。这些条件主要包括：持有转运或联运提单的；进口载货清单上注明是转运货物的；持有普通提单，但在起卸前向海关声明转运的；误卸的进口货物，经运输工具负责人提供确实证明的；因特殊原因申请转运，经海关批准的。

2. 对转运货物监管的目的

海关对转运货物实施监管的主要目的在于防止货物在口岸换装过程中混卸进口或混装出口，因此，转运货物的承运人就有保证货物运往境外并接受海关全程监管的义务。外国转运货物在中国口岸存放期间，不得开拆、换包装或进行加工；口岸海关对转运的外国货物有权进行开箱查验，但是如果没有发现有违法或可疑情事，一般仅对转运货物进行外形查验。

3. 转运货物的报关

载有转运货物的运输工具进境后，承运人应当在《进口载货清单》上列明转运货物的名称、数量、起运地和到达地，并向主管海关申报进境；申报经海关同意后，在海关指定的地点换装运输工具，并在规定时间内运送出境。转运货物必须在3个月之内办理海关有关手续并转运出境，超出规定期限3个月的，海关将按有关规定提取变卖处理。

（三）通运货物

1. 通运货物的概念

通运货物是指由境外启运，由船舶、航空器载运进境并由原运输工具载运出境的货物。

2. 对通运货物监管的目的

海关对此类货物管理的主要目的是防止通运货物与其他货物的混卸、误卸，监管其继续运往境外。

3. 通运货物的报关

运输工具进境时，运输工具的负责人应凭注明通运货物名称和数量的《船舶进口报告书》或国际民航机使用的《进口载货舱单》向进境地海关申报；进境地海关在接受申报后，在运输工具抵、离境时对申报的货物予以核查，并监管货物实际离境。通运货物自进境起至出境止，属于海关监管货物，未经海关许可不得从运输工具上卸下。运输工具因装卸其他货物需搬运或倒装卸下通运货物时，应向海关申请并在海关的监管下进行，并如数装回原运输工具。

过境货物、转运货物、通运货物比较见表7.4。

表7.4　过境货物、转运货物、通运货物比较表

类别	含义	期限	备注
过境货物	是指从境外启运，在我国境内不论是否换装运输工具，通过陆路运输继续运往境外的货物	6个月(可延期3个月)	未签过境协议的需经贸、运输部门批准，并在海关备案
转运货物	由境外启运，通过我国境内设立海关的地点换装运输工具，不通过境内陆路运输继续运往境外的货物	3个月之内	在中国口岸存放期间，不得开拆，改换、包装、或加工
通运货物	从境外启运，不通过我国境内陆路运输运进境后由原运输工具载运出境的货物	3个月之内	需持“船舶进口报告书”或“进口载货清单”向进境地海关申报

三、无代价抵偿货物

1. 无代价抵偿货物的概念

无代价抵偿货物是指进口货物在征税或免税放行后，发现货物有残损、短少或品质不良等状况，而由境外承运人、发货人或保险公司无偿提供进口补偿或更换的同类货物。

2. 无代价抵偿货物的基本特征

(1)无代价抵偿货物是执行合同过程中发生的损害赔偿。进口货物买卖双方在执行合同中,我方根据货物损害的事实状态向对方索赔,而由对方进行的赔偿。如果违反了有关进口管理规定而索赔进口的,不能按无代价抵偿货物办理。

(2)海关对原申报进口的货物已经放行。被抵偿货物的原有货物已经办理了海关的相关手续,并已经按规定缴纳了关税或者享受减免税的优惠政策,经海关放行后,发现损坏而索赔。

(3)抵偿货物是对直接损失部分进行赔偿。根据国际惯例,除合同另有规定外,抵偿一般只限于在成交商品所发生的直接损失方面(如货物残损、短少或品质不良等方面的问题)以及合同规定的有关方面(如对迟交货物罚款等)。对于所发生的间接损失(如因设备损坏发生延误投产而造成的经济损失等)一般不能包括在抵偿范围之内。

3. 无代价抵偿的形式

常见的无代价抵偿的形式有补缺,即补足短缺部分;更换错发货物,即退运错发货物,换进应发货物;更换不良货物,即退运品质不良货物,调换质量合格货物;贬值,即因品质不良而削价补偿;补偿备价,即对残损进行补偿,由我方自行修理;修理,即因残损,原货退运境外修理后再进口。

4. 无代价抵偿货物的报关

对于不属于国家限制进口商品的无代价抵偿货物进口时,收货人应凭原进口货物报关单、税款缴纳凭证、商检证书和与境外发货人签订的索赔协议向海关申报。对原货已退运境外的,还应附有经海关签章的出口货物报关单。如果无代价抵偿货物进口时不向海关报明货物已退运出口或虽已报明货物已退运出口,但无法提供相应的出口证明,则海关应按一般进口货物办理有关通关手续。

对于属于国家限制进口商品的无代价抵偿货物的报关程序与不属于国家限制进口商品的无代价抵偿货物的报关程序是一致的,但还应注意的是:如无代价抵偿货物与原进口的货物在品名、数量、价值及贸易性质等方面完全一致的,可以在原进口货物已经退运出口的条件下,免领有关进口许可证件免税放行;如原进口货物未退运出境或无法提供相应单证说明原进口货物已经退运出境的,则无代价抵偿货物应补办相关进口许可证件征税放行。

在无代价抵偿货物征免税方面,如原进口货物短少,其短少部分已经征税,或者原进口货物因质量原因已经退运出境或已经放弃交由海关处理,原征税款又未退还的,所进口的无代价抵偿货物可免税;原进口货物因残损或质量问题,如不退运境外,其进口的无代价抵偿货物应予照章征税,但对未退运境外的原进口货物应凭商检部门出具的残损或品质不良程度证书予以重新估价计税,原多征税款准予退还。

四、误卸或溢卸的进境货物

1. 误卸或溢卸进境货物的概念

误卸进境货物是指将运往境外港口、车站或境内其他港口、车站而在本港(站)卸下的货物。

溢卸进境货物是指未列入进口载货清单、运单的货物,或者多于进口载货清单、提单或运单所列数量的货物。

2. 误卸或溢卸进境货物的报关

由进境运输工具载运进境并因故卸至海关监管区或者其他经海关批准的场所,未列入进口载货清单、运单向海关申报进境的误卸或者溢卸的进境货物,经海关审定确实的,由载运该货物的原运输工具负责人,自该运输工具卸货之日起3个月内,向海关申请办理退运出境手续;或者由该货物的收发货人,自该运输工具卸货之日起3个月内,向海关申请办理退运或者申报进口手续。经载运该货物的原运输工具负责人,或者该货物的收发货人申请,海关批准,可以延期3个月办理退运出境或者申报进口手续。超过上述规定的期限,未向海关办理退运出境或申报进口手续的,由海关提取依法变卖处理。如果货物属于危险品或者鲜活、易腐、易烂、易失效、易变质、易贬值等不宜长期保存的货物,海关可以根据实际情况,提前提取依法变卖处理。

误卸或者溢卸的进境货物属于《出入境检验检疫机构实施检验检疫的进出境商品目录》范围的,由海关在变卖前提请出入境检验检疫机构进行检验、检疫,检验、检疫的费用与其他变卖处理实际支出的费用从变卖款中支付。

由海关提取依法变卖处理的误卸或者溢卸进境货物的所得价款,在优先拨付变卖处理实际支出的费用后,按照下列顺序扣除相关费用和税款:①运输、装卸、储存等费用;②进口关税;③进口环节海关代征税;④滞报金。

所得价款不足以支付同一顺序的相关费用的,按照比例支付。扣除相关费用和税款后,尚有余款的,自货物依法变卖之日起1年内,经进口货物收货人申请,予以发还。其中属于国家限制进口的,应当提交许可证件,不能提供的,不予发还;不符合进口货物收货人资格、不能证明对进口货物享有权利的,申请不予受理。逾期无进口货物收货人申请、申请不予受理或者不予发还的,余款上缴国库。

五、放弃进口货物和超期未报关进口货物

(一)放弃进口货物

进口货物的收货人或其所有人声明放弃的进口货物,由海关提取依法变卖处理。

国家禁止或限制进口的废物、对环境造成污染的货物不得声明放弃。除符合国家规定,并办理申报进口手续,准予进口的之外,由海关责令货物的收货人或其所有人、载运该货物进境的运输工具负责人退运出境;无法退运的,由海关责令其在海关和有关主管部门监督下予以销毁或者进行其他妥善处理,销毁和处理的费用由收货人承担,收货人无法确认的,由相关运输工具负责人及承运

人承担；违反国家有关法律法规的，由海关依法予以处罚，构成犯罪的，依法追究刑事责任。

放弃进口货物属于《出入境检验检疫机构实施检验检疫的进出境商品目录》范围的，由海关在变卖前提请出入境检验检疫机构进行检验、检疫，检验、检疫的费用与其他变卖处理实际支出的费用从变卖款中支付。

按照规定由海关提取依法变卖处理的放弃进口货物的所得价款，优先拨付变卖处理实际支出的费用后，再扣除运输、装卸、储存等费用。所得价款不足以支付上述运输、装卸、储存等费用的，按比例支付。按照规定扣除相关费用后尚有余款的，上缴国库。企业申请放弃加工贸易货物，除按规定提交有关单证、材料外，还需提供经政府价格主管部门认定资质的价格评估机构出具的关于拟放弃的加工贸易货物的价值证明。

由海关按规定作变卖处理的加工贸易放弃货物，企业应当在海关作出准予放弃之日起 15 日内将加工贸易放弃货物全部运至海关指定的仓库，并与该指定仓库的经营者办理放弃货物的交接入库手续。按照规定需要进行销毁处理的加工贸易放弃货物，企业应当在实施销毁 3 个工作日前向主管海关报送销毁方案，并自海关作出准予放弃之日起 15 日内完成全部放弃货物的销毁工作。企业应当向主管海关提供放弃货物的销毁清单、销毁报告以及销毁过程的全程录像光盘。其中，需要销毁的加工贸易放弃货物为原进口料件或成品的，应当在海关认可的销毁机构实施销毁，并提供销毁机构出具的接收单据和处置证明等销毁证明材料。海关可以派员监督加工贸易放弃货物的交接入库和销毁工作，企业及有关销毁机构应当给予配合。企业完成加工贸易放弃货物入库、销毁或者经海关批准自行处理后 5 个工作日内凭相关证明材料办理加工贸易放弃货物的进口报关手续。企业凭加工贸易放弃货物的报关单及其他有关单证向海关办理放弃货物的报核手续。

（二）超期未报关进口货物

超期未报关进口货物是指进口货物收货人自运输工具申报进境之日起，在规定时间内未向海关申报的进口货物。

进口货物的收货人应当自运输工具申报进境之日起 14 日内向海关申报。进口货物的收货人超过上述规定期限向海关申报的，由海关按照《中华人民共和国海关征收进口货物滞报金办法》的规定，征收滞报金；超过 3 个月未向海关申报的，其进口货物由海关提取依法变卖处理。如果货物属于危险品或者鲜活、易腐、易烂、易失效、易变质、易贬值等不宜长期保存的货物，海关可以根据实际情况，提前提取依法变卖处理。

保税货物、暂时进口货物超过规定的期限 3 个月，未向海关办理复运出境或者其他海关有关手续的；过境、转运和通运货物超过规定的期限 3 个月，未运输出境的，货物由海关提取依法变卖处理。如果货物属于危险品或者鲜活、易腐、易烂、易失效、易变质、易贬值等不宜长期保存的货物，海关可以根据实际情况；提前提取依法变卖处理。

超期未报关进口货物属于《出入境检验检疫机构实施检验检疫的进出境商品目录》范围的，由海关在变卖前，提请出入境检验检疫机构进行检验、检疫，检验、检疫的费用与其他变卖处理实际支出的费用从变卖款中支付。

由海关提取依法变卖处理的超期未报关进口货物的所得价款，在优先拨付变卖处理实际支出的费用后，按照下列顺序扣除相关费用和税款：①运输、装卸、储存等费用；②进口关税；③进口环节海关代征税；④滞报金。

所得价款不足以支付同一顺序的相关费用的，按照比例支付。

扣除相关费用和税款后，尚有余款的，自货物依法变卖之日起1年内，经进口货物收货人申请，予以发还。其中属于国家限制进口的，应当提交许可证件而不能提供的，不予发还；不符合进口货物收货人资格、不能证明对进口货物享有权利的，申请不予受理。逾期无进口货物收货人申请、申请不予受理或者不予发还的，余款上缴国库。进口货物的收货人自运输工具申报进境之日起3个月后、海关决定提取依法变卖处理前申请退运或者进口超期未报进口货物的，应当经海关审核同意，并按照有关规定向海关申报。申报进口的，应按照《中华人民共和国海关征收进口货物滞报金办法》的规定，缴纳滞报金，自运输工具申报进境之日的第15日起至货物申报进口之日止计算滞报时间。

六、退运进出口货物和出口退关货物

（一）退运进出口货物

1. 退运进出口货物的概念

退运进出口货物是指货物因质量不良或交货时间延误等原因，被国内外买方拒收退运或因错发、错运造成的溢装、漏卸而退运的货物。

2. 退运进出口货物的报关

退运进出口货物的报关见表7.5。

表7.5　退运进出口货物的报关

<table>
<tr><th>种类</th><th colspan="2">报关程序</th><th>免退税情况</th></tr>
<tr><td rowspan="3">退运进口</td><td>原出口货物已收汇，已核销</td><td>填写进口报关单向进境地海关申报，提供原出口报关单、已盖核销章的外汇核销单出口退税联或已补税证明、保险公司证明或溢、漏卸证明</td><td rowspan="3">因品质或规格原因，出口货物自出口之日起1年内原状退货复运进境的，不征进口税，只要重新缴纳因出口而退还的国内环节税，在1年内退原缴纳的出口税</td></tr>
<tr><td>原出口货物未收汇</td><td>填进口报关单申报进口，提交原出口报关单、外汇核销单、报关单退税联</td></tr>
<tr><td>原出口货物部分退运进口</td><td>海关在原出口报关单批注退运的实际数量、金额，核实后放行</td></tr>
<tr><td>退运出口</td><td colspan="2">填写出口报关单申报出境，并提供原货物进口时的进口报关单、保险公司证明或承运人溢装、漏卸证明，海关核实无误后，验放有关货物出境</td><td>因品质、规格原因退运出口的，免出口税，并退还已征的进口税</td></tr>
</table>

(1)退运进口货物的报关。原出口货物退运进境时,若该批出口货物已收汇、核销,原发货人或其代理人应填写进口货物报关单向进境地海关申报,并提供原货物出口时的出口报关单,现场海关应凭加盖已核销专用章的外汇核销单出口退税专用联正本或国税局“出口商品退运已补税证明”、保险公司证明或承运人溢装、漏卸的证明等有关资料办理退运进口手续,同时签发一份进口货物报关单。

原出口货物退运进口时,若出口未收汇,原发货人或其代理人在办理退运手续时,凭原出口报关单、外汇核销单、报关单退税联向进口地海关申报退运进口,应同时填制一份进口货物报关单;若出口货物部分退运进口,海关在原出口报关单上应批注实际退运数量、金额后退回企业并留存复印件,海关核实无误后,验放有关货物进境。因品质或者规格原因,出口货物自出口之日起1年内原状复运进境的,经海关核实后不予征收进口税;原出口时已经征收出口税的,只要重新缴纳因出口而退还的国内环节有关税收,纳税义务人自缴纳出口税款之日起1年内,可以申请退还已缴纳出口税。

(2)退运出口货物的报关。因故退运出口的进口货物,原收货人或其代理人应填写出口货物报关单申报出境,并提供原货物进口时的进口报关单、保险公司证明或承运人溢装、漏卸的证明等有关资料,经海关核实无误后,验放有关货物出境。因品质或者规格原因,进口货物自进口之日起1年内原状复运出境的,经海关核实后可以免征出口税;已征收的进口税,纳税义务人自缴纳进口税款之日起1年内,可以申请退还。

(3)直接退运货物的报关。直接退运货物是指在货物进境后、办结海关放行手续前,进口货物收发货人、原运输工具负责人或者其代理人申请将全部或者部分货物直接退运境外,或者海关根据国家有关规定责令直接退运。

进口货物直接退运由直属海关或者其授权的隶属海关决定。在货物进境后、办结海关放行手续前,符合规定情形之一的,当事人可以向海关申请办理直接退运手续。规定情形有:因国家贸易管理政策调整,收货人无法提供相关证件的;属于错发、误卸或者溢卸货物,能够提供发货人或者承运人书面证明文书的;收发货人双方协商一致同意退运,能够提供双方同意退运的书面证明文书的;有关贸易发生纠纷,能够提供法院判决书、仲裁机构仲裁决定书或者无争议的有效货物所有权凭证的;货物残损或者国家检验检疫不合格,能够提供国家检验检疫部门根据收货人申请而出具的相关检验证明文书的。

申请进口货物直接退运应当在载运该批货物的运输工具申报进境后、海关放行货物前,由当事人以书面形式向货物所在地海关提出申请。当事人向海关申请直接退运,应当按照海关要求提交《进口货物直接退运申请书》、证明进口实际情况的合同、发票、装箱清单、已报关货物的原报关单、提运单或者载货清单等相关单证、符合申请条件的相关证明文书以及海关要求当事人提供的其他文件。

对当事人提出的进口货物直接退运申请,海关应当根据不同情况分别作出不同处理。当事人不具备进口货物直接退运申请资格的,应当作出不予受理的决定;申请材料不齐全或者不符合法定形式的,应当场或者在签收申请材料后5日内一次告知当事人需要补正的全部内容,逾期不告知的,自收到申请材料之日起即为受理;申请材料仅存在文字性、技术性或者装订等可以当场更正的错误的,应当允许当事人当场更正,并由当事人对更正内容予以签章确认;申请材料齐全、符合法定形式,或者当事人按照海关的要求提交全部补正申请材料的,应当受理进口货物直接退运申请。

依据上述规定作出告知,以及决定受理或者不予受理进口货物直接退运申请的,应当制发相应的《中华人民共和国海关进口货物直接退运申请告知书》、《中华人民共和国海关进口货物直接退运申请受理决定书》、《中华人民共和国海关进口货物直接退运申请不予受理决定书》,并加盖本海关行政许可专用印章,注明日期。

除当场作出直接退运决定的以外,直属海关应当自受理直接退运申请之日起20日内作出决定,对于经审查决定予以直接退运的,应当向当事人制发《中华人民共和国海关准予进口货物直接退运决定书》(以下简称《准予直接退运决定书》);对于经审查决定不予直接退运的,应当向当事人制发《中华人民共和国海关不予进口货物直接退运决定书》。20日内不能作出决定的,经直属海关负责人批准,可以延长10日,并应当制发《中华人民共和国海关延长直接退运审查期限通知书》,将延长期限的理由告知当事人。

对在当事人申请直接退运前,海关已经确定查验或者认为有走私违规嫌疑的货物,不予办理直接退运,待查验或者案件处理完毕后,按照海关有关规定处理。

在货物进境后、办结海关放行手续前,符合规定情形之一依法应当退运的,由海关责令当事人将进口货物直接退运境外。规定情形包括:进口国家禁止进口的货物,经海关依法处理后的;违反国家检验检疫政策法规,经国家检验检疫部门处理并且出具《检验检疫处理通知书》或者其他证明文书后的;未经许可擅自进口属于限制进口的固体废物用作原料,经海关依法处理后的;违反国家有关法律、行政法规,应当责令直接退运的其他情形。

对需要责令进口货物直接退运的,由海关根据相关政府行政主管部门出具的证明文书,向当事人制发《中华人民共和国海关责令进口货物直接退运通知书》(以下简称《责令直接退运通知书》)。当事人收到《准予直接退运决定书》或者《责令直接退运通知书》后应当按照海关要求向海关办理进口货物直接退运的申报手续。

当事人办理进口货物直接退运的申报手续时,除另有规定外,应当先填写出口报关单向海关申报,再填写进口报关单,并在进口报关单“关联报关单”栏填报出口报关单号。

进口货物直接退运的,应当按照《中华人民共和国海关进出口货物报关单填制规范》填制进出口货物报关单,并符合下列要求:“备注”栏填写《准予直接退运决定书》或者《责令直接退运通知书》编号;“监管方式”栏均填写“直接退运”(代码“4500”)。

经海关批准或者责令直接退运的货物不需要验凭进出口许可证或者其他监管证件,免予征收各种税费及滞报金,不列入海关统计。对货物进境申报后经海关批准直接退运的,

在办理进口货物直接退运出境申报手续前,海关应当将原进口报关单或者转关单数据予

以撤销。因进口货物收发货人或者承运人的责任造成货物错发、误卸或者溢卸,经海关批准或者责令直接退运的,当事人免予填制报关单,凭《准予直接退运决定书》或者《责令直接退运通知书》向海关办理直接退运手续。进口货物直接退运应当从原进境地口岸退运出境。对因运输原因需要改变运输方式或者由另一口岸退运出境的,应当经由原进境地海关批准后,以转关运输方式出境。

(二)出口退关货物

出口退关货物是指出口货物在向海关申报出口后被海关放行,因故未能装上运输工具,发货单位请求将货物退运出海关监管区域不再出口的行为。

对于出口退关货物,出口货物的发货人及其代理人应当在得知出口货物未装上运输工具,并决定不再出口之日起3天内,向海关申请退关,经海关核准且撤销出口申报后方能将货物运出海关监管场所。已缴纳出口税的退关货物,可以在缴纳税款之日起1年内,提出书面申请,向海关申请退税。

本章小结

1. 转关是指进出口货物在海关监管下,从一个设关地转运至另一设关地办理某项海关手续的行为。

2. 转关运输货物是指由进境地入境,向海关申请转关、运往指运地点办理进口海关手续的货物;在启运地已办理出口海关手续运往出境地,由出境地海关监管放行的货物;从境内一个设关地点运往境内另一个设关地点,需经海关监管的货物。转关运输货物的收发货人或其代理人,可采取以下三种方式办理货物转关手续:提前报关转关方式、直转转关方式、中转转关方式。转关货物应当自运输工具申报进境之日起14天内向进境地海关办理转关手续,在海关限定期限内运抵指运地海关之日起14天内,向指运地海关办理报关手续。逾期按规定征收滞报金。

3. 进出境快件是指进出境快件运营人以向客户承诺的快速商业运作方式承揽、承运的进出境货物、物品。进出境快件可分为文件类、个人物品类和货物类三类。过境货物是指由境外启运,在我国境内不论是否换装运输工具,通过陆路运输,继续运往境外的货物。转运货物是指由境外启运,通过我国境内设立海关的地点换装运输工具,而不通过境内陆路运输,继续运往境外的货物。通运货物是指由境外启运,由船舶、航空器载运进境并由原运输工具载运出境的货物。无代价抵偿货物是指进口货物在征税或免税放行后,发现货物有残损、短少或品质不良等状况,而由境外承运人、发货人或保险公司无偿提供进口补偿或更换的同类货物。

4. 误卸进境货物是指将运往境外港口、车站或境内其他港口、车站而在本港(站)卸下的货物。溢卸进境货物是指未列入进口载货清单、运单的货物,或者多于进口载货清单、提单或运单所列数量的货物。超期未报关进口货物是指进口货物收货人自运输工具申报进境之日起,在规定时间内未向海关申报的进口货物。进口货物的收货人或其所有人声明放弃的进口货物,由海关提取依法变卖处理。退运进出口货物是指货物因质量不良或交货时间延误等原因,被国内外买方拒收退运或因错发、错运造成的溢装、漏卸而退运的货物。出口退关货物是指出口货物在向海关申报出口后被海关放行,因故未能装上运输工具,发货单位请求将货物退运出海关监管区域不再出口的行为。

自 测 题

一、不定项选择题

1. 限制转关运输货物的范围为(　　)。

A. 汽车整车(包括成套散件及二类底盘)

B. 消耗臭氧层物质

C. 化学武器原料、易制毒化学品

D. 动物废料、冶炼渣、木制品废料

2. 转关运输货物的转关方式(　　)。

A. 提前报关转关　　B. 直转转关

C. 中转转关　　D. 保税货物转关

3. 在货物申请转关运输时,应符合下列条件(　　)。

A. 转关的指运地和启运地必须设有海关,并设有经海关批准的监管场所

B. 转关货物的运输应由已在海关注册登记的承运人进行

C. 承运人应按海关要求的转关路线范围内运抵指定的场所

D. 承运人应按海关要求所限定的运输时间内将货物运抵指定的场所

4. 禁止过境货物的范围(　　)。

A. 来自或运往我国停止或禁止贸易的国家和地区的货物

B. 各种武器、弹药、爆炸物品及军需品(通过军事途径运输的除外)

C. 各种烈性毒药、麻醉品和鸦片、吗啡、海洛因、可卡因等毒品

D. 我国法律、法规禁止过境的其他货物、物品。

5. 无代价抵偿货物的基本特征(　　)。

A. 无代价抵偿货物是执行合同过程中发生的损害赔偿

B. 海关对原申报进口的货物已经放行

C. 抵偿货物是对直接损失部分进行赔偿

D. 无代价抵偿货物一定可以免税

6. 对于出口退关货物,出口货物的发货人及其代理人应当在得知出口货物未装上运输工具,并决定不再出口之日起(　　)内,向海关申请退关。

A. 1 天　　B. 3 天　　C. 5 天　　D. 7 天

7. 进口溢卸、误卸货物自进境之日起,超过(　　)仍未向海关办理申报进口退运或转运

手续的,由海关按照《海关法》有关规定提取变卖处理。

A. 3 个月　　B. 6 个月　　C. 15 天　　D. 1 个月

8. 经海关确认的溢卸、误卸货物,从起卸之日起多长时间内可以由原运输工具负责人或货物所有人向海关办理退运或进口手续(　　)。

A. 半个月　　B. 1 个月　　C. 3 个月　　D. 6 个月

二、判断题

1. 转关是指进出口货物在海关监管下,从一个设关地转运至另一设关地办理某项海关手续的行为。(　　)

2. 保税货物和暂准进口等货物,在海关放行后不属于海关监管货物。(　　)

3. 转关货物应当自运输工具申报进境之日起 14 天内向进境地海关办理转关手续,在海关限定期限内运抵指运地海关之日起 14 天内,向指运地海关办理报关手续。逾期按规定征收滞报金。(　　)

4. 对内支线船舶中转和铁路承运的转关、过境集装箱货物,在其商业封志完好条件下,海关可不必施加封志。(　　)

5. 过境货物系指由境外启运,在我国境内换装运输工具,通过陆路运输,继续运往境外的货物。(　　)

6. 过境货物应当自进境之日起 6 个月内运输出境;在特殊情况下,经海关同意,可以延期,但延长期不得超过 3 个月。(　　)

7. 转运货物是指由境外启运,通过我国境内不换装运输工具,而通过境内陆路运输,继续运往境外的货物。(　　)

8. 国家禁止或限制进口的废物、对环境造成污染的货物不得声明放弃。(　　)

9. 退关进出口货物是指货物因质量不良或交货时间延误等原因,被国内外买方拒收退运或因错发、错运造成的溢装、漏卸而退运的货物。(　　)

10. 退运出口货物是指出口货物在向海关申报出口后被海关放行,因故未能装上运输工具,发货单位请求将货物退运出海关监管区域不再出口的行为。(　　)

三、简答题

1. 简述过境、转运、通运货物的区别和联系。

2. 转关运输的方式有哪些,各有什么特点?

3. 什么是无代价抵偿货物?

4. 退关货物与退运货物一样吗,为什么?

第八章

Chapter 8

海关进出口税则与商品归类

【学习要点及目标】

通过本章的学习，使学生了解海关进出口税则，《商品名称及编码协调制度》的结构、编码含义和特点；掌握协调制度商品归类的总规则并能熟练运用；熟悉我国海关进出口商品分类的主要内容，进出口商品归类的海关行政管理。

【引导案例】

由商品归类引发的纳税争议案件评析

2007年1月12日，我国A电子有限责任公司委托某国际货运代理有限公司申报进口"010720071077003338"号报关单项下商品：申报品名为"微波信号源（通讯用）"，型号为"MG3691B"，数量为4台，申报税号为"90304090"，缴纳增值税人民币171 787.38元。首都机场海关经审核该票报关单及布控查验后，将上述商品税号变更为"85432090.90"，并于2007年5月11日作出（0701）010720071077003338—A02/L03号征税决定，征收进口关税人民币80 841.12元，增值税人民币13 742.99元。

2007年7月3日，A电子有限责任公司不服首都机场海关上述征税决定，向北京海关提起行政复议，请求变更税号，撤销原征税决定，退还多缴纳税款。

A电子有限责任公司提出了四个诉讼请求：①撤销首都机场海关征收关税的行政决定；②撤销首都机场海关作出的征收增值税的行政决定；③退还其已缴纳的关税80 841.12元人民币，并行政赔偿相应损失；④退还增值税13 742.99元人民币并行政赔偿相应的损失。

本案复议审理期间，一、北京海关法规处与归类的主管部门归类办进行合议，就本案争议焦点MG3691B型射频/微波信号发生器税则归类问题进行再次复核确认。归类办认为在作出《北京海关进出口商品归类问答书》[2007-27号]时，已多次和申请人交流沟通，认为根据该商品的技术指标、工作原理以及功能，该商品为接收机的灵敏度等参数进行测试时提供步进频率信号，单独使用无法直接实现测试功能，不应归入90304090。根据归类总规则一，上述商品应归入税号"85432090.90"。根据《中华人民共和国行政复议法》第二十八条第一款第(一)项的规定,北京海关作出了维持原征税决定的复议决定。二、行政诉讼情况:本案经过了一审、二审诉讼程序,最终以首都机场海关胜诉结案。

资料来源:浙江电子口岸

第一节　海关进出口税则

一、海关税则制度概述

海关税则又称关税税则,是一国根据国家的关税政策制定的、通过立法程序公布实施的、按货物的不同类别排列的关税税率表。海关税则主要由两部分构成:关税税率表和适用关税税率表的说明与规则。关税税率表是海关税则的主要内容,分为商品分类目录和税率栏目两部分。

(一)商品分类目录

进出口商品分类在世界范围内的统一是国际贸易发展的必然产物,是建立在商品分类目录基础上的。早期的国际贸易商品分类目录只是因为对进出本国的商品征收关税而产生的,其结构较为简单。随着国际贸易的发展,世界上需要有一个统一的国际贸易商品分类。于是,海关合作理事会(1995 年更名为世界海关组织)与联合国统计委员会分别编制了两个独立的商品分类目录,即《海关合作理事会商品分类目录》(简称 CCCN)和《国际贸易标准分类目录》(简称 SITC)。海关合作理事会于 1983 年 6 月通过了《协调制度公约》及其附件《商品名称及编码协调制度》。

《商品名称及编码协调制度》(Harmonized Commodity Description and Coding System,简称《协调制度》或《HS 制度》),是在原《海关合作理事会商品分类目录》和《国际贸易标准分类目录》的基础上,协调国际上多种商品分类目录而制定的一部多用途的国际贸易商品分类目录,是一部采用六位数编码的商品分类目录,包括品目和子目及相应的数字编码,类、章和子目的注释,以及商品的归类总规则。1988 年 1 月 1 日国际上正式实施,它是当今国际贸易商品分类和编码制度的最新发展,被广泛应用于海关税则、国际贸易统计、原产地规则、国际贸易谈判、贸易管制、商情调研以及世界经济形势分析等各个领域。而且,随着新产品不断出现和国际贸易结构的变化,《协调制度》一般每隔若干年就要修订一次。自 1988 年生效以来,《协调制度》进行了多次修订,形成了 1988 年、1992 年、1996 年、2002 年、2007 年和 2012 年版本,目前已有二百多个国家、地区和国际组织采用《协调制度》分类目录。我国从 1990 年 1 月 1 日起先后在普惠制签证和商检机构实施检验的进出口商品种类表上实施 HS 编码,以后陆续在海关、外运、银行、保险以及其他领域推广运用 HS。因此,对每一位从事外贸和商检工作的人来说,熟悉和掌握 HS 无疑是十分重要的。

为了帮助人们正确理解《协调制度》,海关合作理事会在制定《协调制度》的同时还制定了《商品名称及编码协调制度注释》(简称《协调制度注释》)。《协调制度注释》是对《协调制度》的官方解释,同时与《协调制度》的各个版本同步修订。我国通过法律程序批准在我国实行的《协调制度注释》称为《商品及品目注释》。

(二)税率栏目

税率栏目是根据商品分类目录逐项制订的相应关税税率。由于现代关税制度中对产自不同国家的进口商品实行不同的税率,所以大多数国家的进口关税税率栏目不只一个。根据进口关税税率栏目的多少,税则分为单式税则和复式税则;根据制订税则权限,税则分为自主税则与协定税则。

(1)单式税则:也叫一栏税则,即一个税目只有一个税率,适用于来自任何国家的商品,没有差别待遇。目前,只有少数发展中国家如乌干达、巴拿马、委内瑞拉等实行单式税则。而主要发达国家为了在关税上搞差别和歧视待遇,或争取关税上的互惠,都放弃单式税则,转为复式税则。

(2)复式税则:也叫多栏税则,即在一个税目下订有两个或两个以上的税率,对来自不同国家或地区的进口商品,给予不同的关税税率待遇。

(3)自主税则:又称国定税则,是指一国立法机构根据关税自主原则单独制订而不受对外签订的贸易条约或协定约束的一种税率。自主税则可分为自主单式税则和自主复式税则。前者为一国对一种商品自主地制订一个税率,这个税率适用于来自任何国家或地区的同一种商品;后者为一国对一种商品自主制订两个或两个以上的税率,分别适用于来自不同国家或地区的同一种商品。

(4)协定税则:是指一国与其他国家或地区通过贸易与关税谈判,以贸易条约或协定的方式确定的关税率。这种税则是在原有的自主税则以外,另行规定的一种税率。它是两国关税减让谈判的结果。对于没有减让关税的商品,仍采用自主税则,这样形成的复式税则,叫自主-协定税则。

二、中国现行海关税则制度

中国现行海关税则制度是按照国际通行的税则制度建立起来的。中国海关于 1992 年 1 月 1 日起,正式根据《协调制度》目录的分类原则和内容,结合中国实际进出口货物情况,编制了《中华人民共和国海关进出口税则》和《中华人民共和国海关统计商品目录》。

根据《协调制度》的修改变化,中国海关先后组织开展了 1992 年版、1996 年版、2002 年版、2007 年版、2012 年版《协调制度》的修订翻译和进出口税则转换。进出口税则目录将商品分为 22 类、98 章(其中第 77 章空缺,以备将来使用),计有 8238 个 8 位数商品编号。第 1 ~ 97 章的前 6 位数编码及其商品名称与《协调制度》完全一致,为适应我国关税、统计和贸易管理的需要,税则号列增设了第 7、第 8 位数码,分别代表第 3、第 4 级子目,即中国子目。与此相适应增设了必要的3、4级子目注释,即中国子目注释。新子目的增设体现了我国关税政策和产业政策,有利于统计进出口量较大的产品及新技术产品。未设3或4级子目的税则号列,第7或第8位数码为0,如0207.3400。

编码的编排是有一定规律的,以"5105.3910"兔毛为例说明:

编码:	51	05	3	9	1	0
位数:	5 1	0 5	3	9	1	0
含义:	章号	顺序号	一级子目	二级子目	三级子目	四级子目

在商品编码表中的商品名称前分别用"-"、"--"、"---"、"----"代表一级子目、二级子目、三级子目、四级子目。其中一级、二级、三级、四级子目又可简称为一杠、二杠、三杠、四杠子目。

例:商品编码(税则号列)5 1 0 5 3 9 1 0 各层次含义如下:

5 1 表示第51章(协调制度章代码);

0 5 表示该章第五个品目(协调制度品目代码);

3 表示品目51.05项下第三个一级子目(协调制度子目代码);

9 表示子目5105.3项下未列名二级子目(协调制度子目代码);

1 表示子目5105.39项下第一个三级子目(中国子目代码);

0 表示子目5105.391项下未增设四级子目(中国子目代码)。

海关税则逐条采用了HS的归类总规则、类注释、章注释及子目注释,也以《进出口税则商品及品目注释》作为最具权威性的解释说明文件,商品归类原则和方法亦与协调制度相同。

第二节　商品名称及编码协调制度

一、《商品名称及编码协调制度》的主要优点

《协调制度》综合了国际上多种商品分类目录的长处,通过协调,适合于与国际贸易有关的各个方面的需要,成为国际贸易商品分类的一种"标准语言",具有严密的逻辑性和科学性,《协调制度》方便了国际贸易,避免了各工作环节的重新分类和重新编号。其主要优点是:

1. 完整

《协调制度》目录将目前世界上国际贸易主要品种全部列出,同时,为了适应各国征税、统计等商品分类的要求和将来技术发展的需要,在各类、章列有起到"兜底"作用的"其他"目录,使国际贸易中的任何商品,包括目前还无法预计到的新产品都能在目录体系中归入合适的位置,任何一种商品都不会被排斥在该目录的范围之外。

2. 系统

《协调制度》遵循系统性的分类原则,将商品按人们所了解的自然属性、生产部类和不同

用途来分类排列,还照顾了商业习惯和实际操作的可行性,把一些进出口反馈较大而又难以分类的商品专门列目录,因而容易理解,易于归类和便于查找。

3. 通用

《协调制度》目录在国际上影响很大,目前已为200多个国家和地区所采用,并且还有许多国家正在积极准备,以期尽快采用。由于采用同一分类目录的国家的进出口商品相互之间具有可比性,同时,该目录既适合于作海关税则目录,又适合于作对外贸易统计目录,还可适用于作国际运输、保险、生产、贸易等部门的商品分类目录。因此,《协调制度》目录的通用性超过了以往任何一个商品分类目录,并且由于《协调制度国际公约》规定了缔约成员国的权利和义务,从而保证这一目录能有效、统一地实施。

4. 准确

《协调制度》目录所列税(品)目条文非常清楚地表达了货品范围,各税(品)目互相绝不存在交叉或重复。《协调制度》还通过归类总规则以及类注、章注、子目注释和一系列的辅助刊物加以说明,使各条税(品)目的范围都非常清楚。如税(品)目号0405.10的条文为“黄油及其他从乳中提取的脂和油”,但第四章的子目注释二又特地注明了脱水黄油及印度酥油不归入该税(品)目号之下,这样就把税(品)目号0405.10所包括的范围规定得十分清楚了。

此外,《协调制度》目录作为《协调制度国际公约》的一个附件,在国际上有专门的机构和人员对其进行维护和管理,各国还可通过对《协调制度》目录提出修正意见,统一疑难商品的归类。这些都是国际上采用的其他商品分类目录无法比拟的,其准确性也是前所未有的。

二、《商品名称及编码协调制度》的基本结构

《协调制度》以《海关合作理事会商品分类目录》为核心,吸收了《联合国国际贸易标准分类》和国际上其他分类体系的长处,是一部科学、系统的国际贸易商品分类体系,其总体结构主要包括三大部分:归类总归则;类、章及子目注释;按顺序编排的目与子目编码及条文。

1. 归类总规则

为了保证国际上对《协调制度》使用和解释的一致性,使得某一特定商品能够始终如一地归入一个唯一编码,《协调制度》列明6条归类总规则,规定了使用《协调制度》对商品进行分类时必须遵守的分类原则和方法。

2. 类、章及子目注释

《协调制度》为了避免各税(品)目和子目所列商品发生交叉归类,在许多类、章下加有类注、章注和子目注释,设在类、章之首,严格界定了归入该类或该章中的商品范围,阐述《协调制度》中专用术语的定义或区分某些商品的技术标准及界限,是解释税(品)目和子目的文字说明。

3. 按顺序编排的目与子目编码及条文

《协调制度》采用六位数编码,将国际贸易涉及的各种商品按照生产类别、自然属性和不同功能用途,把全部国际贸易商品分为21类、97章(其中第77章为保留章)。章下再分为

(品)目和子目,共有 1 242 个品目和 5 019 个子目(一级子目和二级子目)。从总体结构上讲,《协调制度》目录与《海关合作理事会商品分类目录》基本一致,商品编码的前两位数代表"章",三、四位数代表税(品)目,五、六位数代表"子目"。

从类来看,它基本上是按社会生产的分工(或称生产部类)分类的,将属于同一生产部类的产品归在同一类里,如农业在第 1、2 类;化学工业在第 6 类;纺织工业在第 11 类;冶金工业在第 15 类;机电制造业在第 16 类等。

从章来看,一是按商品原材料的自然属性分类,相同原材料的产品一般归入同一章。章内按产品的加工程度从原料到成品顺序排列。如:第 1 章至第 83 章(第 64 章至第 66 章除外)基本上是按商品的自然属性来分章,其中,第 1 章至第 5 章是动物和动物产品,第 6 章至第 14 章是活植物和植物产品,第 25 章至第 27 章是矿产品。二是按照商品的用途或性能来划分,制造业的许多产品很难按其原料分类,尤其是可用多种材料制作的产品或由混合材料制成的产品及机电仪器产品等,每章的前后顺序都是按照动、植、矿物性质和先天然后人造的顺序排列。如:第 64 章是鞋,第 65 章是帽,第 84 章是机械设备,第 85 章是电气设备,第 87 章是车辆,第 88 章是航空航天器,第 89 章是船舶等。同时,还要考虑到商品的价值主要体现在生产该物品的社会必要劳动时间上,如一台机器,其价值一般主要看生产这台机器所耗费的社会必要劳动时间,而不是看机器用了多少贱金属等。

从品目的排列看,一般也是原材料先于成品,加工程度低的产品先于加工程度高的产品,列名具体的品种先于列名一般的品种。如:62.06 代表第 62 章(机织服装),06 顺序号下的商品,即女衬衫。品目号下面还可细分为子目号,子目号由六位数组成,如上面提到的 62.06 还可细分为 6206.10(丝及绢丝制女衬衫)和 6206.30(棉制女衬衣)。一个品目号可以代表一种商品,也可表示一组相关的商品。如:品目号 04.09 仅代表蜂蜜一种商品,而品目号 08.04 却代表"鲜的或干的海枣,无花果,菠萝,油梨,艺果等"一组商品。

【知识库】

《商品名称及编码协调制度》二十一大类内容如下:

第一类　活动物;动物产品

第二类　植物产品

第三类　动、植物油、脂及其分解产品;精制的食用油脂;动、植物蜡

第四类　食品;饮料、酒及醋;烟草、烟草及烟草代用品的制品

第五类　矿产品

第六类　化学工业及其相关工业的产品

第七类　塑料及其制品；橡胶及其制品

第八类　生皮、皮革、毛皮及其制品；鞍具及挽具；旅行用品、手提包及类似容器；动物肠线（蚕胶丝除外）制品

第九类　木及木制品；木炭；软木及软木制品；稻草、秸秆、针茅或其他编结材料制品；篮筐及柳条编结品

第十类　木浆及其他纤维状纤维素浆；回收（废碎）纸或纸板；纸、纸板及其制品

第十一类　纺织原料及纺织制品

第十二类　鞋、帽、伞、杖、鞭及其零件；已加工的羽毛及其制品；人造花；人发制品

第十三类　石料、石膏、水泥、石棉、云母及类似材料的制品；陶瓷产品；玻璃及其制品

第十四类　天然或养殖珍珠、宝石或半宝石、贵金属、包贵金属及其制品；仿首饰；硬币

第十五类　贱金属及其制品

第十六类　机器、机械器具、电气设备及其零件；录音机及放声机、电视图像、声音的录制和重放设备机器零件、附件

第十七类　车辆、航空器、船舶及有关运输设备

第十八类　光学、照相、电影、计量、检验、医疗或外科用仪器及设备、精密仪器及设备；钟表；乐器；上述物品的零件、附件

第十九类　武器、弹药及其零件、附件

第二十类　杂项制品

第二十一类　艺术品、收藏品及古物

第一类　活动物；动物产品

注释：

一、本类所称的各属种动物，除条文另有规定的以外，均包括其幼仔在内。

二、除条文另有规定的以外，本《编码》所称“干”的产品，均包括经脱水、蒸发或冷冻干燥的产品。

第一章　活动物

注释：

本章包括所有活动物，但下列各项除外：

一、品目03.01、03.06或03.07的鱼、甲壳动物、软体动物及其他水生无脊椎动物；

二、品目30.02的培养微生物及其他产品；

三、品目95.08的动物。

商品编码	商品名称	商品编码	商品名称
01.01	**马、驴、骡**		-山羊:
	-改良种用:	0104.2010	---改良种用
0101.1010	---马	0104.2090	---其他
0101.1020	---驴	**01.05**	**家禽,即鸡、鸭、鹅、火鸡及珍珠鸡:**
	-其他:		-重量不超过185克:
0101.9010	---马		--鸡:
0101.9090	---驴、骡	0105.1110	---改良种用
01.02	**牛:**	0105.1190	---其他
0102.1000	-改良种用		--火鸡:
0102.9000	-其他	0105.1210	---改良种用
01.03	**猪:**	0105.1290	--其他:
0103.1000	-改良种用		--其他:
	-其他:	0105.1910	---改良种用
	--重量在50千克以下:	0105.1990	--其他
0103-9110	---重量在10千克以下		-其他:
0103.9120	---重量在10千克及以上,但在50千克以下		--鸡:
		0105.9410	---改良种用
0103.9200	--重量在50千克及以上	0105.9490	---其他
01.04	**绵羊、山羊:**		--其他:
	-绵羊:	0105.9910	---改良种用
0104.1010	---改良种用		---其他:
0104.1090	---其他		---其他:

资料来源:进出口商品名称与编码,海关总署报关员资格考试教材编写委员会编

三、《协调制度》归类总规则

《协调制度》归类总规则是为保证每一个商品,甚至是层出不穷的新商品都能始终归入同一个品目或子目,避免商品归类的争议而制定的商品归类应遵循的原则。归类总规则位于《协调制度》的部首,共由六条构成,它们是指导并保证商品归类统一的法律依据。归类总规则的使用顺序为规则一优先于规则二,规则二优先于规则三,必须按顺序使用。

(一)规则一

1. 条文内容

类、章及分章的标题,仅为查找方便而设;具有法律效力的归类,应按品目条文和有关类注或章注确定,如品目、类注或章注无其他规定,按以下规则确定。

2. 规则一解释

(1)"类、章及分章的标题,仅为查找方便而设"是指类、章及分章的标题只为查找方便而

设,本身不是归类的依据,不具有法律效力。

尽管 HS 系统地将商品按类、章(部分章内还设有分章)分类,每类、章、分章设有标题,并使这些标题尽可能地概括该类、章、分章所包含的商品。但由于现实中的商品种类繁多,通常情况下一类或一章标题很难准确地对本类、章商品加以概括。或者说类章中的商品并不是全部都符合标题中的描述。如:第十五类标题为“贱金属及其制品”,但许多贱金属制品并不归入该类,如铜纽扣归入第 96 章“杂项制品”;贱金属制的机械设备归入第 84 章“核反应堆、锅炉、机器、机械器具及其零件”。其次,由于类、章、分章的标题只有一个大概,无法规定具体的内容,即同一类的商品在不同的条件下可能有不同的分类,而这种情况在标题上是无法体现的,所以类、章、分章的标题所列出的商品也有可能不归入该类、章、分章。例如第 1 章的标题是“活动物”,但实际上,马、牛、羊等等活动物归入本章,而活的鱼、软体动物及其他水生无脊椎动物却归入第 3 章。再次,标题之间还会产生交叉,例如,“塑料鞋”既属于第 39 章标题“塑料及其制品”所列的商品,又属于第 64 章标题“鞋靴、护腿和类似品及其零件”所列的商品,所以仅根据这两章的标题无法确定“塑料鞋”应归入第 39 章还是第 64 章。

(2)“具有法律效力的归类,应按品目条文和有关类注或章注确定”是指归类的法律依据是品目条文和类注、章注,含有两层含义,第一,具有法律效力的商品归类,是按品目名称和有关类注或章注确定商品编码;第二,许多商品可直接按目录规定进行归类。

例如“针织女式胸衣”,如果直接看标题,似乎符合第 61 章的标题“针织或钩编的服装及衣着附件”而可以归入第 61 章,但由于标题不是归类依据,所以应根据品目条文和类注、章注来确定。按第 61 章章注二(一)、第 62 章章注一和 6212 品目条文的规定,该商品应归入品目 6212。

【知识库】

类注、章注(简称“注释”)的作用

注释的作用在于限定品目、类、章商品的准确范围,常用的方法有:

(1)以定义形式来界定类、章或品目的商品范围及对某些商品的定义作出解释。如第七十二章章注一(五)将不锈钢定义为:按重量计含碳量在 1.2% 及以下,含铬量在 10.5% 及以上的合金钢,不论是否含有其他元素。而中国大百科全书“机械工程”手册中规定:不锈钢含铬量不小于 12%。显然两者规定不相同,但作为《协调制度》归类的法律依据是前者。

(2)列举典型例子的方法。例如第十二章章注一列举了归入品目 1207 的主要包括油料作物的果实;再如二十五章章注四列举了归入品目 2530 的主要商品。

(3)用详列具体商品名称来定义品目的商品范围。如第 30 章章注四定义了编码 3006 的商品范围由十一方面的商品组成。

(4)用排他条款列举若干不能归入某一类、章或编码的商品。如第 1 章注释:本章包括所有活动物,但下列各项除外。这样的例子在类注、章注中还有很多。

某些注释综合运用上述几种注释方法。例如,有的注释既作了定义,又列举了一系列商品包括在内,或列出除外的商品。这样能使含义更加明确。例如,第四十章章注四,关于“合成橡胶”的定义。

资料来源:百度百科

(3)“如品目、类注或章注无其他规定,按以下规则确定”,是在明确品目条文及与其相关的类、章注释是在确定归类时应首先考虑的规定，如无法确定归类，则按下面的其他规则（规则二、三、四、五）确定品目的归类。如，针织女式胸衣的归类，如只看标题，似乎符合第61章的标题“针织或钩编的服装及衣着附件”可以归入第61章，但由于标题不是归类依据。而按照第61章章注二（一）、第62章章注一和6212品目条文的规定，该商品应归入品目6212。

同时，需要指出的是，不能因为品目条文不明确，在不考虑类注、章注是否有相关规定的情况下，就按规则二归类，而必须是在品目条文、类注、章注都无其他规定的条件下才能按规则二归类。

（二）规则二

1. 条文内容

（1）品目所列货品，应视为包括该项货品的不完整品或未制成品，只要在进口或出口时该项不完整品或未制成品具有完整品或制成品的基本特征；还应包括该项货品的完整品或制成品（或按本款可作为完整品或制成品归类的货品）在进口或出口时的未组装件或拆散件。

（2）品目中所列材料或物质，应视为包括该种材料或物质与其他材料或物质混合或组合的物品。品目所列某种材料或物质构成的货品，应视为包括全部或部分由该种材料或物质构成的货品。由一种以上材料或物质构成的货品，应按规则三归类。

2. 规则二解释

（1）规则二（一）的解释分为两部分

①将所有列出某一些物品的品目范围扩大为不仅包括完整的物品，而且还包括该物品的不完整品或木制品，只要验报时它们具有完整品或制成品的基本特征。

【知识库】

（1）不完整品是指商品货品主要部件都具备，但缺少某些非关键零部件，但却具有完整品的基本特征。

（2）未制成品指货品尚未完全制成，已具备了成品的形状特征，但还不能直接使用，需进一步加工才成为制成品。

资料来源：百度百科

判断某种不完整品或未制成品是否“具有完整品或制成品的基本特征”，需要综合结构、性能、价值、作用等方面的因素进行具体分析才能确定是否具备基本特征。对于不完整品而言，主要是看其关键部件是否存在，以冰箱为例，如压缩机、蒸发器、冷凝器、箱体这些关键部件存在，则可以判断为具有冰箱的基本特征；对于未制成品而言，主要看其是否具有制成品的特征，如，已具有钥匙形状的铜制钥匙坯片，须经进一步完善方可作为制成品或制成零件使用，但已具有制成品或制成零件的大概形状或轮廓，则可以判断为具有齿轮的基本特征。

此外，规则二（一）不适用于第一至第六类的商品（第38章及以前的各章）。

②完整品或制成品的未组装件或拆散件应归人已组装物品的同一品目。即完整品或制成

品的未组装件或拆散件应归入已组装物品的同一品目。例如,品目8517不仅包括已组装好的电话机,还应该包括电话机的未组装件或拆散件。

未组装件或拆散件指货品尚未组装或已拆散。货品以未组装或拆散形式报验,通常是由于包装、装卸或运输上的需要,或是为了便于包装、装卸或运输。

本款规则也适用于以未组装或拆散形式报关的不完整品或未制成品,只要按照本规则第一部分的规定,它们可作为完整品或制成品看待。例如,缺少某些非关键零件(如螺丝、螺帽、垫圈等)的电话机的散件,同样应按电话机归入品目8517。

(2)规则二(二)的解释

针对混合及组合的材料或物质,以及由两种或多种材料或物 质构成的货品而设的,目的在于将任何列出某种材料或物质的品目扩大为包括该种材料或物质与其他材料或物质的混合品或组合品,同时还将任何列出某种材料或物质构成的货品的品目扩大为包括部分由该种材料或物质构成的货品,它所适用的是列出某种材料或物质的品目。

如:由一个靠背、一个支架、一个坐板组成的铝制椅子散件,组装即可使用,查阅类章名称属于第九十四章的商品,按规则二(二)应归入9401790。如添加了糖的牛奶,并未改变牛奶的特性,还应按牛奶归类,而不可能按照糖归类。但是,本款规则绝不意味着将品目范围扩大到不按照规则一的规定,将不符合品目条文的货品也包括进来,即由于添加了另外一种材料或物质,使货品丧失了原品目所列货品特征的情况。例如,添加了花椒粉的盐,则改变了盐的特性,使之属性从盐改变为调味品。

需要注意的是,只有在规则一无法解决时,方能运用规则二。例如品目1503的品目条文规定为"液体猪油,未经混合",则混合了其他油的液体猪油,不能运用规则二(二)而归入品目1503。

(三)规则三

1. 条文内容

当货品按规则二(二)或由于其他原因看起来可归入两个或两个以上品目时,应按以下规则归类:

(1)列名比较具体的品目,优先于列名一般的品目。但是,如果两个或两个以上品目都仅述及混合或组合货品所含的某部分材料或物质,或零售的成套货品中的某些货品,即使其中某个品目对该货品描述得更为全面、详细,这些货品在有关品目的列名应视为同样具体。

(2)混合物、不同材料构成或不同部件组成的组合物以及零售的成套货品,如果不能按规则三(一)归类时,在本款可适用的条件下,应按构成货品基本特征的材料或部件归类。

(3)货品不能按规则三(一)或(二)归类时,应按号列顺序归入其可归入的最末一个品目。

2. 规则三解释

(1)对于根据规则二(二)或其他原因看起来可归入两个或两个以上品目的货品,本规则规定了三条规类办法。这三条规定应按照其在本规则的先后次序加以运用。"不论是按规则二(二)或其他任何原因归类,货品看起来可归入两个或两个以上品目时,应按以下规则归类”,这是规则三运用的前提。据此,只有在不能按照规则三(一)归类时,才能运用规则三(二);不能按照规则三(一)和三(二)归类时,才能运用规则三(三)。因此,它们的优先权的次序为:①具体列名;②基本特征;③从后归类。

(2)只有在品目条文和类注、章注无其他规定的条件下,才能运用本规则。例如,第九十七章章往四(二)规定,根据品目条文既可归人品目 9701 至 9705 中的一个品目,又可归入品目 9706 的货品,应归入品目 9706 以前的有关品目,即货品应按第九十七章章注四(二)的规定而不能根据本规则进行归类。

(3)规则三(一)是本规则的第一条归类办法,它规定列名比较具体的品目应优先于列名比较一般的品目,即指当一个商品涉及两个或两个以上品目时,哪个品目相对于商品表述更为具体,就归入哪个品目。一般说来:

①列出品名比列出类名更为具体。如:紧身胸衣是一种女式内衣,既可以考虑归类名称为 6208 女内衣,也可以具体商品名称,归入 62123000。如两个税号属同一类商品,可根据它的功能(用途)进行深度比较,哪个功能(用途)更为接近,就应视为更具体。

②如果一个品目所列名称更为明确地描述某一货品,则该品目要比所列名称不那么明确述及该货品的其他品目更为具体。例如,确定为用于小汽车的簇绒地毯,不应作为小汽车附件归入品目 8708“机动车辆的零件、附件”,而应归入品目 5703“簇绒地毯及纺织材料的其他簇绒铺地制品,无论是否制成的”,因该品目所列地毯更为具体。

(4)需要注意的是,如果两个或两个以上品目都仅述及混合或组合货品所含的某部分材料或物质,或零售成套货品中的某些货品,即使其中某个品目比其他品目对该货品描述得更为全面、详细,这些货品在有关品目的列名应视为同样具体。这种情况下,货品应按规则三(二)或(三)的规定进行归类。

(5)对规则三(二)是指不能按规则三(一)归类的混合物、组合物以及零售的成套货品的归类。它们应按构成货品基本特征的材料或部件归类。

本款归类原则适用条件如下:①混合物;②不同材料的组合货品;③不同部件的组合货品;④零售的成套货品。

但是,不同的货品,确定其基本特征的因素或有所不同。一般来说,确定商品的主要特征,可根据商品的外观形态、使用方式、主要用途、购买目的、价值比例、贸易习惯、商业习惯、生活习惯等诸多因素进行综合考虑分析来确定。也可根据所含材料对货品用途的作用来确定货品的基本特征。如:由一块面饼、一个脱水蔬菜包、一个调味包组成的袋装方便面可考虑归入以下三种:①第 19 章的面食;②第 7 章的干制蔬菜;③第 9 章的调味料,查阅 19、7 章和 9 章的注释,并无具体规定。按规则三(一)选最明确的品目第 19 章的面食构成了整袋方便面的基本特征,比干制蔬菜和调味料更具体,归入 19023030。

还要注意,本款所称“零售的成套货品”,是指同时符合以下三个条件的货品:

①由至少两种看起来可归入不同品目的的不同物品构成的，如，“六把乳酪叉”不能作为本款规则所称的成套货品。

②为了适应某项特别需要或开展某项专门活动而将几件产品或物品包装在一起的；

③其包装形式适于直接销售给用户而货物无需重新包装的。如：装于盒、箱内或固定于板上。

不符合以上三个条件时，不能看成是规则三（二）中的零售成套货品。如：包装在一起的手表与打火机，由于不符合以上第二个条件，所以，只能分开归类。

（6）对规则三（三）解释，货品如果不能按照规则三（一）或三（二）归类时，应按照号列顺序归入可归入的最后一个品目。但相互比较的编码或品目只能同级比较，也就是说如果看起来一个商品可以归入两个或两个以上品目时，比较起来每个品目都同样具体，那么就按在商品编码表中位置靠后的那个品目进行归类。浅蓝色的平纹机织物，由50%棉、50%聚酰胺短纤织成每平方米重量超过170克。查阅类、章标题，棉属五十二章聚酰胺属五十五章→查阅第十一类和五十二章、五十五章注释，并没有提到该合成织物的归类→按聚酰胺应归5514。所以应从后归入55143010。

（四）规则四

1. 条文内容

根据上述规则无法归类的货品，应归入与其最相类似的品目。

2. 规则四解释

由于时代的发展，科技的进步，可能会出现一些《协调制度》在分类时无法预见的情况，这时按以上规则一至规则三仍无法归类的货品，只能用最相类似的货品的品目来替代，即将报验货品与类似货品加以比较以确定其与哪种货品最相类似。然后将所报验的货品归入与其最相类似的货品的同一品目。这里的“最相类似”指名称、特征、功能、用途、结构等因素上的相似。实际操作中往往难以统一认识，需要综合考虑才能确定。一般来说，这条规则不常使用，尤其在HS编码中，每个品目都下设有“其他”子目，不少章节单独列出“未列名货品的品目”（例如编码8479、8543、9031等）来收容未考虑到的商品。因此，规则四实际使用频率很低。

（五）规则五

1. 条文内容

除上述规则外，本规则适用于下列货品的归类：

（1）制成特殊形状仅适用于盛装某个或某套物品并适合长期使用的，如照相机套、乐器盒、枪套、绘图仪器盒、项链盒及类似容器，如果与所装物品同时进口或出口，并通常与所装物品一同出售的，应与所装物品一并归类。但本款不适用于本身构成整个货品基本特征的容器。

（2）除规则五（一）规定的以外，与所装货品同时进口或出口的包装材料包装容器，如果通常是用来包装这类货品的，应与所装货品一并归类。但明显可重复使用的包装材料和包装容器可不受本款限制。

2. 规则五解释

规则五是一条关于包装物品归类的专门条款。

(1)规则五(一)仅适用于同时符合以下各条规定的容器:

①制成特定形状或形式,专门盛装某一物品或某套物品的,专门设计的,有些容器还制成所装物品的特殊形状。

②适合长期使用的,容器的使用期限与所盛装某一物品使用期限是相称的。在物品不使用期间,这些容器还起保护作用。

③与所装物品一同进口或出口,不论其是否为了运输方便而与所装物品分开包装;单独进口或出口的容器应归入其所应归入的品目。

④通常与所装物品一同出售的。

⑤包装物本身并不构成整个货品的基本特征,即包装物本身无独立使用价值。

例如,与所装电动剃须刀一起的电动剃须刀的皮套,由于符合以上条件,因此应与电动剃须刀一并归入品目 8510。

但是,本规则不适用于本身构成整个货品基本特征的容器。例如,装有茶叶的银质茶叶罐,银罐本身价值昂贵,远远超出茶叶的价格,并已构成整个货品的基本特征,因此应按银制品归入 71141100。

(2)规则五(二)仅适用于同时符合以下各条规定的包装材料及包装容器:

①规则五(一)以外的;

②通常用于包装有关货物的;

③与所装物品一同报验的(单独报验的包装材料及包装容器应归入其所应归入的品目);

④不属于明显可重复使用的。

规则五(二)实际上是对规则五(一)规定的补充。当包装材料或包装容器不符合规则五(一)条件时,如果通常是用来包装某类货品的,则应与所装货品一同归类。例如,装有电视机的瓦楞纸箱,由于符合以上条件,因此应与电视机一并归入品目 8528。

但本款不适用于明显可以重复使用的包装材料或包装容器,例如,装有压缩液化气体的钢瓶,由于具有明显可重复使用的特性,所以不能与液化煤气一并归类,而应按钢铁制品和液化气分别归类。

(六)规则六

1. 条文内容

货品在某一品目项下各子目的法定归类,应按子目条文或有关的子目注释以及以上各条规则来确定,但子目的比较只能在同一数级上进行。除《协调制度》条文另有规定的以外,有关的类注、章注也适用于本规则。

2. 规则六解释

(1)本规则是关于子目应当如何确定的一条原则,子目归类首先按照子目条文和子目注释确定;如果按子目条文和子目注释还无法确定归类,则上述各规则的原则同样适用于子目的确定;除条文另有规定的以外,有关的类注、章注也适用于子目的确定。

【知识库】

在具体确定子目时,还应注意以下两点:

(1)确定子目时,一定要按先确定一级子目,再确定二级子目,然后确定三级子目,最后确定四级子目的顺序进行。

(2)确定子目时,应遵循"同级比较"的原则,即一级子目与一级子目比较,二级子目与二级子目比较,依此类推。

资料来源:第一报关网

(2)规则六中所称"同一数级"子目,是指同为五位数级或同为六位数级的子目。据此,当按照规则三(一)规定考虑某一物品在同一品目项下的两个及两个以上五位数级子目的归类时,只能依据有关的五位数级子目条文来确定哪个五位数级子目所列名称更为具体或更为类似。只有在确定了列名更为具体的五位数级子目后,而且该子目项下又再细分了六位数级子目时,才能根据有关六位数级子目条文考虑物品应归入这些六位数级子目中的哪个子目。如:金属制带软垫的理发用椅,涉及的品目有9401和9402。因该两子目不是同一4位数级下的子目,因此不能比较。比较9402比9401品目列名更具体、更适合,应归94021010。

(3)"除条文另有规定的以外"是指类、章注释与子目条文或子目注释不相一致的情况。例如,第71章注释四(二)所规定的"铂"的范围,与第71章子目注释二所规定的"铂"的范围不相同。因此,在解释子目号711011及711019的范围时,应采用子目注释二,而不应考虑该章注释四(二)。即类、章注释与子目注释的应用次序为:子目注释→章注释→类注释。

(4)某个五位数级子目下所有六位数级子目的商品总和不得超出其所属的五位数级子目的商品范围;同样,某个四位数级税目下所有五位数级子目的商品总和也不得超出其所属的四位数级品目的商品范围。

总之,规则六表明,只有在货品归入适当的四位数级品目后,方可考虑将它归入合适的五位数级或六位数级子目,并且在任何情况下,应优先考虑五位数级子目后再考虑六位数级子自的范围或子目注释。此外,规则六注明只有属同一级别的子目才可作比较并进行归类选择,以决定哪个子目较为合适;比较方法为同级比较,层层比较。

第三节　进出口商品归类的海关行政管理

商品归类是海关正确执行国家关税政策、贸易管制措施和准确编制海关进出口统计的基础。因此,正确进行商品归类在进出口货物的通关中具有十分重要的意义。

一、进出口商品的归类依据和报关要求

1. 进出口商品的归类依据

我国的商品归类以《协调制度》为体系，以《海关进出口税则》和《海关统计商品目录》为依据。《中华人民共和国海关法》规定："进出口货物的商品归类按照国家有关商品归类的规定确定。"进出口货物的商品归类应当遵循客观、准确、统一的原则，具体来说，主要应包括以下几个方面：

(1)《海关进出口税则》归类总规则、类注、章注、子目注释、税目条文。

(2)海关总署下发的关于商品归类的有关规定，包括总署的文件、归类问答书、预归类决定、归类技术委员会决议及总署转发的世界海关组织归类决定等。

(3)《海关进出口税则——统计目录商品及品目注释》。

(4)其他部委、部门的文件和出版物中以 HS 编码表示的商品归类与海关规定不符的，应以海关规定的归类为准。

(5)其他依据。在进出口商品归类过程中，海关可以要求进出口货物的收发货人提供商品归类所需的有关资料，并将其作为商品归类的依据；必要时，海关可以组织化验、检验，并将海关认定的化验、检验结果作为商品归类的依据。

2. 商品归类对报关的要求

商品归类是一项技术性很强的工作。因此，申报的货物品名、规格、型号等，必须要能够满足归类的要求，报关人员应向海关详细提供归类所需要的货物的形态、性质、成分、加工过程、结构原理、功能、用途等技术指标和技术参数等，尤其要注意提供：

(1)农产品、未列名化工品等的成分和用途。

(2)材料性商品的成分和加工方法、加工工艺。

(3)机电仪器产品的结构、原理和功能。

(4)货物的进出口状态。

对一时难以确定归类的商品，凡不涉及许可证管理的，经海关批准，可向海关交付保证金先予放行；如属于许可证管理的商品，则应按有关的法律、法规、规章办理。

二、约束性预归类制度

由于商品归类工作技术性强，并涉及化验等诸多环节，需要一定的时间才能得出结论，完全依靠在通关环节进行商品归类已不能完全适应进出口的实际需要。为了提高通关速度，提高归类的准确性，我国海关对进出口商品实行了约束性预归类制度。

(一)约束性预归类的含义

约束性预归类是指在海关注册登记的进出口货物经营单位(以下简称申请人)，可以在货物实际进出口的45 日前，以海关规定的书面形式向直属海关申请并提供商品归类所需要的材

料，必要时提供样品，海关依法作出具有法律效力的商品归类决定的行为。

（二）预归类申请的提出

预归类申请人应是在海关注册的进出口货物的经营单位或其代理人。预归类申请应由申请人填写并向拟实际进出口货物所在地的直属海关提交《中华人民共和国海关商品预归类申请书》。

海关在依照《海关法》和《关税条例》的规定行使审核收发货人或者其代理人申报的商品归类事项时，收发货人或者其代理人应当予以配合，预归类申请应注意以下几点：

（1）申请人应按海关要求提供足以说明申报商品情况的资料，如进出口合同复印件、照片、说明书、分析报告、平面图等，必要时提供商品样品。申请所附文件为外文，应同时提供中文译文。

（2）申请人应对其所提供资料的真实性负责，不得向海关隐瞒或向海关提供影响预归类准确性的倾向性资料；如实际进出口货物与《海关进出口商品预归类决定书》（以下简称《决定书》）所述及的商品不相符，申请人应承担相应的法律责任。

（3）一份预归类《申请书》应只包含一项商品，申请人对多项商品申请预归类的应分别提出。

（4）申请人不得就同一种商品向两个或两个以上海关提出预归类申请。

（5）申请人可向海关申请对其进出口货物所涉及的商业秘密进行保密。

（6）在预归类决定书的有效期内，申请人对归类决定如有异议，可向作出决定的海关提出复核。

（7）《申请书》必须加盖申请单位印章，所提供资料与《申请书》必须加盖骑缝章。

（三）海关对预归类申请的受理及预归类决定的作出

1. 申请的受理

海关根据规定对预归类申请进行审查，对下列情况海关可以不予受理：①不能满足预归类条件的申请；②所提申请与实际进出口无关的。

2. 决定的作出

申请预归类的商品归类事项，经直属海关审核认为属于《进出口税则》《商品及品目注释》《本国子目注释》，以及海关总署发布的关于商品归类的行政裁定、商品归类决定有明确规定的，应当在接受申请之日起 15 个工作日内制发《中华人民共和国海关商品预归类决定书》（以下简称《预归类决定书》），并且告知申请人。属于没有明确规定的，应当在接受申请之日起 7 个工作日内告知申请人按照规定申请行政裁定。

（四）《决定书》的效力

预归类决定仅对该决定的申请人和作出决定的海关具有约束力，对该决定书所述货物的海关商品归类在其有效期内具有约束力。直属海关作出的预归类决定在本关区范围内有效，海关总署作出的预归类决定在全国范围内有效。

《决定书》自海关签发之日起 1 年内有效，只准申请人使用。

海关在作出预归类决定后，不得随意更改。因海关原因需要改变预归类决定的，由直属海关发出《变更通知书》，原《决定书》自《变更通知书》送达之日起失效。

因下列原因造成归类决定改变时，原《决定书》即行失效：

(1)申请人提供的商品资料不准确或不全面，造成原预归类决定需要改变的。

(2)申请人补充资料或提交新资料，海关需按新提交的预归类申请重新审核。

(3)国家政策调整、法律法规变化引起预归类决定改变的，申请人可持原《决定书》到原申请地海关申请换发《决定书》。

(五)预归类决定书的使用

申请人在制发预归类决定书的直属海关所辖关区进出口预归类决定书所述商品时，应当主动向海关提交预归类决定书。

申请人实际进出口预归类决定书所述商品，并且按照预归类决定书申报的，海关按照预归类决定书所确定的归类意见审核放行。

作出预归类决定书所依据的有关规定发生变化导致相关预归类决定书不再适用的，作出预归类决定的直属海关应当制发通知单，或者发布公告、通知等。

第四节　商品归类的一般方法

报关员在对进出口货物进行商品归类时，应运用具有法律效力的归类依据，按照法定归类程序办理。正确的操作程序是正确进行海关进出口货物商品归类的前提和保证。进出口商品归类尽管复杂，但有一定的方法可循。一般情况下，归类应该按照以下步骤：

一、确定品目(4位数级编码)

第一步：根据有关资料，明确待归类商品的特性(如组成、结构、加工、用途等)。

第二步：根据HS的分类规律，分析该商品可能涉及的类、章和品目(可能有几个)。

第三步：查找涉及的几个有关品目的品目条文。

第四步：查看所涉及的品目所在章和类的注释，检查一下相关章注和类注是否有特别的规定。

第五步：如仍有几个品目不能确定时，运用规则二、三(主要是规则三)确定品目。

例如，对于商品“食用调和油(含大豆油60%、花生油20%、菜子油15%、棕榈油5%)”的归类，运用以上方法，按照以下步骤进行：

(1)该商品为植物油，由几种不同植物材料的油脂混合而成，属于混合的植物食用油。

(2)该商品可以考虑第15章“动、植物油、脂及其分解产品；精制的食用油脂”。

(3)在第15章查找合适的品目，该商品符合品目1517“本章各种动、植物油、脂及其分离品混合制成的食用油、脂或制品”(注意不能误认为该商品符合品目1507“豆油及其分离品”，因为该商品是混合油而不是单独的豆油)。

(4)查第15章章注,没有发现对该商品的归类有其他规定,故确定该商品应归入品目1517。

对于商品"纯金烟斗"的归类,运用以上方法,按照以下步骤进行:

(1)该商品的材料为纯金,用途为烟斗。

(2)金为贵金属,"纯金烟斗"属于贵金属制品,可以考虑第71章"贵金属及其制品",而如果按"烟斗"的用途考虑,则可以考虑第96章"杂项制品"。

(3)分别在第71章和第96章查找有关的品目,品目7114的条文为"贵金属或包贵金属制的金银器及其零件"。品目9614的条文为"烟斗(包括烟斗头)和烟嘴及其零件",显然,仅仅根据品目条文无法确定该商品应该归入品目7114还是9614。

(4)查阅第71章和第96章的有关注释,其中第71章章注三(十四)规定,第71章不包括"根据第96章章注四应归入该章的物品",第96章章注四为"除品目9601至9606或9615的货品以外,本章的物品还包括全部或部分用贵金属、包贵金属、天然或养殖珍珠、宝石或半宝石(天然、合成再造)制成的物品"。根据这两个注释可知,品目9614的烟斗可以用贵金属制成,因此本例商品应按功能和用途归入品目9614,而不能按材料归入品目7114。

二、确定子目(5~8位数级编码)

第一步:查阅所属品目的一杠子目条文和适用的注释;

第二步:如已经查到该商品,则确定一杠子目(5位数级);

第三步:如仍没有查到,则运用适当修改后的归类总规则二至五确定一杠子目。

依次重复前述程序,确定二、三、四杠子目即6、7、8位数级子目,最终完成归类。只有同一数级的子目才能进行比较。

例如,前面例题中的"食用调和油"在品目1517项下确定子目时,由于只有两个一级子目1517.1000"人造黄油,但液态的除外"和1517.9000"其他",显然,该商品应该归入一级子目1517.9000;然后再归入三级子目1517.9090"其他"。但是有时子目的确定也是有一定难度的,尤其是子目比较多的时候,所以掌握正确的方法仍然是关键。

例如,对于商品"猪肉制的婴儿均化食品,罐头装,重量250克"的归类,运用以上方法,按照以下步骤进行:

(1)该商品应该归人品目1602项下。在确定其子目时,查一级子目条文,发现该商品同时符合两个一级子目1602.1000"均化食品"和1602.4000"猪的"的规定;

(2)查第16章子目注释一"子目1602.10的'均化食品',是指用肉、食用杂碎或动物血经精细均化制成供婴幼儿食用或营养用的零售包装食品(每件净重不超过250克)。归类时该子目优先于品目1602的其他子目",该商品符合该子目注释的规定,并且根据该规定,子目1602.1000优先于子目1602.4000,所以该商品应该归入子目1602.1000。

再如,对于商品"针织印花棉制床单"的归类,很多人往往会犯盲目"跳级"的错误:

品目 6302 项下的子目列名如下：

6302	床上、餐桌、盥洗及厨房用的织物制品：
	-针织或钩编的床上用织物制品：
6302. 1010	---棉制
6302. 1090	---其他纺织材料制
	-其他印花的床上用织物制品：
	--棉制：
6302. 2110	---床单
6302. 2190	---其他
……	

很多人在归品目 6302 项下的子目时，容易直接按“棉制床单”的列名归入子目 6302. 2110，其错误的根源在于看到“床单”的列名就迫不及待地“跳级”归类，而没有按照“子目的比较只能在同一数级上进行”这一规则，先确定一级子目，再二级子目，然后三级子目，最后四级子目的步骤进行。如果按照正确的步骤，先确定一级子目，由于该床单是针织的，所以应归入品目 6302 项下的第一个一级子目“针织或钩编的床上用织物制品”，然后再确定三级子目（这里没有二级子目），由于该床单是棉制的，所以应归入三级子目 6302. 1010。

【知识库】

巧记商品编码归类口诀

一类动物一到五，肉鱼虾蟹乳蛋蜜；二类六到十四章，菜果咖茶谷粉胶；
三类只有十五章，动植油脂食用油；四类十六到二四，糖食饮料酒醋烟；
五类二五到二七，非金金属矿油品；六类二八到三八，无机有机最复杂；
药肥油膏皂涤蜡，炸药燃料影相品；蛋白淀粉和胶酶，最后还有杂化品；
三九四零是七类，塑料橡胶及制品；四一四三生皮毛，鞍具旅行手提包；
九类四四到四六，木炭软木稻秸编；十类四七到四九，木浆纸张印刷品；
五零六三十一类，丝毛棉纤毡毯衣；六四六七十二类，鞋帽伞杖鞭羽花；
六八六九七十章，石水云母陶玻璃；十四只有七十一，珍宝贵金首饰币；
七二八三十五类，钢铁铜镍铝铅锌；八四八五十六类，机械电气录声像；
八六八九十七类，机车车辆飞机船；九零九二十八类，光照影计检钟乐；
九十三章十九类，武器弹药及零件；九四九六二十类，家寝灯玩及杂项；
二十一类九七章，古物艺术收藏品，归类虽难但有方，细看多查熟生巧。

资料来源：百度文库

【案例8.1】

常见进出口商品品目归类程序上出现的错误

一、不准待归类商品的特征

通常协调制度分类时对原料性商品按商品的自然属性设章；制成品按所具有的原理、功能及用途设章；对难以按常用的分类标志进行分类的进出口商品，则以杂项制品为名专列类、章。

所以首先应判断的是，待归类商品究竟是按原料、材料上的特征设章，还是按原理、功能及用途上的特征设章，或是应列入杂项制品。下面仅就品目归类时与明确“待归类商品特征”这一环节有关的程序进行说明。

例如，四缸汽车用内燃发动机，气缸容量1 500毫升。分析：汽车用内燃发动机从用途上看是汽车的零、部件，从功能上看是机械，查阅类、章标题，当视为前者时应归入第87章车辆及其零件、附件，但铁道及其电车道车辆除外；当视作后者时应归入第84章核反应堆、锅炉、机器、机械器具及其零件，相应品目分别为87.08和84.07。

二、误将标题作为具有法律效力的归类依据

在商品归类中，类、章及分章的标题并不具备法律效力，而仅为查找方便而设。

例如，石棉制安全帽（帽内衬有纯棉机织物制衬里）。分析：某些考生一看见帽子，就按第65章的章标题帽类及其零件将商品归入第65章，进而归入以安全帽列名的子目6506.1000。该商品看起来既是帽类（按用途）又是石棉制品（按材料）。当作为前者时似应归入第65章品目65.06，当作为后者时似应归入第68章品目68.12。再查阅两个章的注释，从第65章章注1(2)得知，第65章不包括石棉制帽类（品目68.12）。品目68.12的条文明确包括石棉的制品（例如纱线、机织物、服装、帽类……）。因为归类时章标题不具有法律效果，正确的归类方法是按照条文和注释的规定归类，本题商品应归入子目6812.9100。

三、忽视运用注释解决归类

注释是为限定协调制度中各类、章、品目和子目所属货品的准确范围，简化品目和子目条文文字，杜绝商品分类的交叉，保证商品归类的唯一性而设立的，是非常重要的归类依据。在货品看起来可归入两个或两个以上品目的场合，尤其要想到运用注释确定归类。特别应关注涉及归类优先级、划分多个编码的界限、归类原则以及排他性的注释规定。

例如，超过100年的水墨画原件，有收藏价值。分析：水墨画原件是手绘的艺术品，查阅类、章标题应归入第97章。看起来既是手绘画，也是超过100年的古物。如作为前者似应归入品目97.01油画、粉画及其他手续画；如作为后者似应归入品目97.06超过100年的古物。因为第97章章注4(2)规定品目97.06不适用于可以归入该章其他各品目的物品，所以超过100年的水墨画原件应归入品目97.01，最终归入子目9701.1010。本题的解题关键是牢记注释和品目条文在归类时处于同样优先的地位。如果忽视运用注释，就会误用规则三（三）从后归类的方法即归入品目97.06，此法当然是一个错误的选择。

四、错误运用归类总规则。

归类总规则是商品归类时必须遵循的总原则，其应用条件是在品目条文和注释不能解决归类的情况下才能应用。子目归类时解题程序上的错误主要表现在以下两方面。

(一)误将子目归类先于品目归类

例如,氯乙烯—乙酸乙烯酯共聚物,按重量计含乙酸乙烯酯单体单元为60%(水分散体)。分析:氯乙烯—乙酸乙烯酯共聚物是以氯乙烯和乙酸乙烯酯为共聚单体的饱和的合成物质,是塑料,查阅类、章标题应归入第39章塑料及其制品。因本题商品是初级形状,所以应归入第1分章。该分章未见明确列有氯乙烯—乙酸乙烯酯共聚物的品目。此合物中重量最大的那种共聚单体单元所构成的聚合物的品目归类。因按重量计乙酸乙烯酯聚合物归类,归入品目39.05。

因39.05品目下有一个“其他”子目,所以子目的归类应参照子目注释1办理,即因本题商品乙酸乙烯酯的含量不足95%,所以不能视为聚乙酸乙烯酯,而应视为乙酸乙烯酯共聚物,最终归入子目3905.2100。但是不少考生基于对氯乙烯—乙酸乙烯酯共聚物的不了解,忙于到子目条文寻求帮助,当发现品目39.04项下有以氯乙烯—乙酸乙烯酯共聚物列名的子目后,就误将3904.3000作为正解了。

(二)非同级子目进行比较

品目归对了,但会因为忽视了子目归类时应按照归类总规则六规定的原则——子目的比较只能在同一数级上进行,而前功尽弃。此外还应注意经常总结考试中出现频率较高的商品大类试题的解题思路和归类技巧。诸如动、植物及其食品类,化工类,塑料、橡胶,纸张类,纺织类,金属类,机电仪类等。解题思路与应试技巧需要通过大量练习才能变为熟能生巧。

本章小结

1.《协调制度》是《商品名称及编码协调制度》的简称,是一部采用六位数编码的商品分类目录,包括品目和子目及其相应的数字编码,类、章和子目的注释,以及商品的归类总规则。

2.《协调制度》是一部科学、系统的国际贸易商品分类体系。其总体结构包括三大部分:归类规则;类、章及子目注释;按顺序编排的目与子目编码及条文。其主要特点是完整、系统、通用、准确。

3.约束性预归类是指在海关注册登记的进出口货物经营单位(以下简称申请人),可以在货物实际进出口的45日前,以海关规定的书面形式向海关向直属海关申请并提供商品归类所需要的材料,必要时提供样品,海关依法作出具有法律效力的商品归类决定的行为。

4.归类总规则位于《协调制度》的部首,共由六条构成,它们是指导并保证商品归类统一的法律依据。归类总规则的使用顺序为规则一优先于规则二,规则二优先于规则三,必须按顺序使用。

自 测 题

一、不定项选择题

1.在海关注册登记的进出口货物经营单位,可以在货物实际进出口的(　　)前,以海关规定的书面形式向直属海关申请预归类。

A. 3 个月　　B. 45 日　　C. 1 个月　　D. 14 日

2.《商品名称和编码协调制度》(Harmonized Commodity Description and Coding System),简称《协调制度》,英文简称(　　)。

A. H.　　B. H. S　　C. H. C　　D. C. D

3. 报检单上填写的 H. S 编码应与当年海关公布的商税则中的编码(　　)一致。

A. 前 4 位　　B. 8 位或 10 位　　C. 前 6 位　　D. 后 4 位

4. 直属海关经审核认定申请预归类的商品在商品归类决定等相关五大具有法律效力的归类依据中有明确规定的,应当在接受申请之日起(　　)个工作日内制发《商品预归类决定书》。

A. 3　　B. 5　　C. 7　　D. 15

5.《协调制度》主要指商品的自然属性或商品所具有的原理、功能与用途为(　　)划分的依据。

A. 类　　B. 章　　C. 品目　　D. 子目

6.《协调制度》规则五阐述的是(　　)的条款。

A. 有条件地扩大了品目条文所列出的商品的范围

B. 货品看起来可归入两个或两个以上品目的归类方法

C. 最相类似的方法

D. 容器或包装材料品目归类方法

7. H. S 编码制度将所有国际贸易商品按(　　)分类。

A. 生产部门　　B. 贸易部门　　C. 同一起始原料　　D. 同一类型产品

8. H. S 编码制度将所有国际贸易商品分为(　　)类,再在各类内设(　　)章。

A. 20,97　　B. 20,98　　C. 21,97　　D. 22,98

9. 下列选项中属于归类的依据的是(　　)。

A.《进出口税则》　　B.《商品及品目注释》

C.《本国子目注释》

D. 海关总署发布的关于商品归类的行政裁定或决定

10. 下列由海关依法征收的税费是(　　)。

A. 关税　　B. 消费税

C. 增值税　　D. 船舶吨税

二、简答题

1.《协调制度》在哪些方面体现了其完整性?

2. 简述《协调制度》的基本结构。

3. 简述约束性预归类的含义及目的。

4. 简要回答进出口商品归类的依据。

5. 简述《商品名称及编码协调制度》的主要优点。

6. 简述海关税则及中国现行的海关税则制度。

三、归类步骤训练

1. 按重量计含硅35%、钡30%、铝3%、锰0.4%、碳0.3%的铁合金的归类步骤。
2. 装有14个座位和4把折叠椅的普通中巴客车（汽油发动机）的归类步骤。
3. X射线治疗仪（治疗肿瘤用）的归类步骤。

第九章

Chapter 9

进出口税费计算

【学习要点及目标】

通过本章的学习，使学生了解常见的关税计征方法及我国计税方法的采用（从价税、从量税、复合税等），了解我国的原产地规则制度；熟悉完税价格的含义及我国的税率制定的原则；掌握进出口货物完税价格的确定方法及完税价格的计算公式，掌握税率的适用原则，掌握关税及海关代征税的计算过程和公式，并会运用公式计算。

【引导案例】

根据海关总署2010年第85号公告，经国务院批准《2011年关税实施方案》自2011年1月1日起实施。《2011年关税实施方案》包括进口关税调整、出口关税调整、税则税目调整三个方面。调整后2011年的关税总水平为9.8%，其中农产品平均税率为15.2%，工业品平均税率为8.9%。税目总数由2010年的7 923个增至7 977个，实施暂定税率的商品共计637项。

一、进口关税调整

（一）有关最惠国税率：

1. 对小麦等8类商品实施关税配额管理，税目税率维持不变。对配额外进口的一定数量棉花实施滑准税。对尿素、复合肥、磷酸氢二铵三种化肥的配额税率执行1%的税率。

2. 对感光材料等55种商品继续实施从量税或复合税。其中，调整8个税目的从量税税率。

3. 对9个非全税目信息技术产品继续实行海关核查管理，税目税率维持不变。

4. 其他最惠国税率维持不变。

（二）对燃料油等部分进口商品实施暂定税率。

（三）根据我国与有关国家或地区签署的贸易或关税优惠协定，对有关国家或地区实施协定税率。

（四）根据我国与有关国家或地区签署的贸易或关税优惠协定、双边换文情况以及国务院有关决定，继续对老挝等东南亚4国、苏丹等非洲30国、也门等7国，共41个联合国认定的最不发达国家实施特惠税率。

二、进口暂定税率调整情况

根据国内经济、产业和技术发展情况以及宏观调控需要，将继续对586项商品实施进口暂定税率。同时考虑到国内需求及技术、价格等变化，对部分暂定税率商品范围进行了调整，以及取消了部分暂定税率商品。具体如下：

1. 按照满足国内经济社会建设和发展需要，同时不影响相关行业生产的原则，新增了19项实施较低进口暂定税率的商品。如丙烷、丁烷等资料性商品、钛带、光导纤维预制棒等基础原料、高清摄像头、液晶投影仪用偏光板、压电式喷墨头等先进设备和关键零部件等。

2. 考虑到技术进步、汇率和价格变化等因素，调整了聚乙烯、红色或红外激光胶片、激光印刷机、32英寸及以上不含背光模组的液晶显示板等8项暂定税率商品的范围。

3. 考虑到国内需求增加和国际市场价格变化等因素，下调了碲、硒、掩模基板、取像模块等13项商品的暂定税率水平。

4. 考虑到国内生产能力扩大，产品质量和技术水平的逐步提高等情况，适当提高了碳纤维纱线、计算机直接制版机器、自动络筒机等11项商品的暂定税率水平。

5. 轿车用增压器、风力发电设备用轴承、传动部件、液压动力装置等8项商品在2011年将不再实施进口暂定税率。

经过上述调整，2011年实施暂定税率的商品共计637项，平均税率约为4.5%，优惠幅度为56%。

三、出口关税调整情况

2011年出口关税以保持稳定为原则。为应对国际金融危机，保持经济平稳较快发展，主要对煤炭、原油、化肥、有色金属等“两高一资”产品征收出口暂定关税。为加强稀土管理，将金属钕和新增税目稀土铁合金的出口关税分别由15%和20%提高至25%。为保障国内农业生产用肥的需要，继续对尿素、磷酸铵等化肥征收季节性出口关税，但对化肥出口关税的淡旺季使用时段和淡季关税基准价格做适当调整。

资料来源：中国海关律师网

第一节　进出口税费概述

货物在进出口环节中需要缴纳多种税费，比如，运费、保险费、营业税、检验检疫费、进出口关税、进出口环节税等，其中，在通关程序中，由海关征收和代征的进出口税费主要有关税、消费税、增值税、船舶吨位费和滞纳金等。税费征收是海关的基本职能之一，依法纳税是纳税义务人的基本义务。

一、关税

（一）关税概念

关税是由海关代表国家按照国家制定的关税政策和公布实施的税法及进出口税则，对进出关境的货物和物品征收的一种流转税。关税是海关代表国家征收的,是一种国家税收,税款全部纳入中央国库。关税是国家财政收入的主要来源之一,也是国家保护国内产业,调节进出口商品结构,国家管理对外贸易的主要经济手段之一。关税作为税收的一种,除具有强制性、无偿性和固定性的特征结合基本属性外,还具有较强的涉外性,受国际外生因素的制约较强,即受国际组织、各国政府间的协定、公约和政策的制约,关税也是各国处理国际经济关系和外交事务等的一种手段。

关税征收的主体是国家,由海关代表国家征税;关税的课税对象是进出关境的货物和物品;纳税主体或纳税人是承担纳税义务的企业或个人,在我国主要是进口货物的收货人、出口货物的发货人或进出关境物品的所有人。

(二)关税的种类

1. 按照进出口货物的流向划分

(1)进口关税:进口关税是对进口货物或物品征收的关税。它是关税中最主要的一种,进口关税有正税和附加税之分,正税是按照税则中法定税率征收的进口关税;附加税是在征收进口正税的基础上额外加征的关税,通常属于临时的限制进口的措施,常见的有反倾销税、反补贴税、报复性关税等,其中反倾销税是目前使用频率最高的附加税种之一。

(2)出口关税:出口关税是对出口货物或物品征收的关税。征收出口关税的货物或物品比较少,目前,我国仅对鳗鱼苗、矿砂、山羊皮等30多种商品的出口征收出口关税。征收出口关税的目的是保护本国紧缺资源或控制本国商品的出口量,保持国际市场价位。

(3)过境关税:过境关税是对过境的货物或物品征收的关税。过境货物或物品是指由境外起运,通过境内陆路继续运往境外的货物。一般情况下,对过境货物不征收关税。

2. 按照关税计征标准划分

(1)从价税:从价税以进口货物的完税价格作为计税依据,以应征税额占货物完税价格的百分比作为税率,货物进口时,以此税率和实际进口货物完税价格相乘计算应征税额。目前,在我国,从价税是最常用的计征关税的方法。完税价格由海关估定,这种计征关税的方法可以体现税赋的合理性,但海关估价有一定的难度,因此,计征关税的手续比较繁琐。

(2)从量税:从量税以进口货物的数量、体积、重量等计量单位为计税基准的一种计征关税的方法。每种商品的单位税额是固定不变的。这种计税方法不受商品价格的影响,只以货物的计量单位乘以每单位应缴纳金额即可得出该货物的关税税额。这种计税方法适用于规格品种简单、计量容易的大宗进口商品,但是关税的调控作用相对减弱。目前我国对冻鸡产品、啤酒、原油、胶卷等商品的进口按照从量税计征关税。

(3)复合税:复合税是对某种进口商品混合使用从价税和从量税的一种计征关税的方法。复合税可以发挥从量税抑制低价进口商品的特点,又可发挥从价税税赋合理、稳定的特点。目前我国主要对进口摄录一体机、录相机、放像机、部分数码相机按照复合税计征关税。

(4)滑准税:滑准税是一种关税税率随进口货物价格由高至低而由低至高设置计征关税

的方法。也就是说,进口货物的价格越高,其进口关税税率越低;进口商品的价格越低,其进口关税税率越高。我国曾经对新闻纸、棉花的进口按照滑准税计征关税。征税目的是为了保持国内市场价格稳定。

(5)选择税:选择税是对某一种商品既使用从价税又使用从量税。与复合税相似,但又不同于复合税的是,选择税对进口商品不同时征收从价税和从量税,而是分别按照从价税和从量税计算税额,选择两种税额中较高者或较低者(国家政策决定高低)作为应税额。

(6)差额税:又叫差价税,其税率是按照进口货物价格低于国内市场同类货物价格的差价来确定。

(7)季节税:季节税是对有季节特征的商品按照其进口季节的不同制定两种或两种以上的税率计征的一种关税,一般在旺季采用高税率,在淡季采用低税率。

二、其他种类税

进口货物、物品在海关放行后,进入国内流通领域,也应缴纳相应的国内税,为了节省征税人力,简化征税手续,这些国内税依法由海关在进口环节征收。目前,由海关代征的其他种类税主要有增值税、消费税、船舶吨位税、滞纳金等。

(一)增值税

增值税是以商品的生产、流通和劳务服务各个环节所创造的新增价值为课税对象的一种流转税,在货物或物品进口时,由海关依法向进口货物的法人或自然人征收。我国自 1994 年开始全面推行并征收增值税。

(二)消费税

消费税是以消费品或消费行为的流转额作为课税对象而征收的一种流转税。我国开征消费税的目的是调节我国的消费结构,引导消费方向,确保国家财政收入。它是在对货物普遍征收增值税的基础上,选择少数特殊消费品再予以征收的税。比如,高档手表、高尔夫球及球具、烟、酒等。

(三)船舶吨位税

船舶吨位税是由海关在设关口岸对进出、停靠我国港口的国际航行船舶征收的一种使用税。征收上来的税费主要用于航道设施的建设。

第二节 进出口完税价格的审定

进出口货物的品种非常复杂,所以会出现上一节提到的各种关税的计征标准,但是在我国进出口商品中,多数按照价格计征关税,也就是以税率和实际进口货物完税价格相乘计算应征税额。对于以从价计征关税的进出口货物,海关在征收关税时必须要确定一个计征关税的价格,也就是经海关审定作为计征关税依据的完税价格。审定关税的完税价格是贯彻关税政策的重要环节。

一、完税价格的定义

进出口货物完税价格是海关对进出口货物征收从价税时审查估定的应税价格,是凭以计征进出口货物关税及进口环节代征税税额的基础。

二、海关审价的法律依据

1.《海关估价协议》

《海关估价协议》是我国海关估价制度的立法基础,《海关估价协议》为世界各国海关估价提供了一套公平、公正和公开的估价方法。

2.《中华人民共和国海关法》

进出口货物的完税价格,由海关以该货物的成交价格为基础审查确定。成交价格不能确定时,完税价格由海关依法估定。

3.《中华人民共和国关税条例》

2004年1月1日起实施的《中华人民共和国关税条例》规定了海关在什么情况下承认进口货物的成交价格,哪些费用应当计入成交价格,不承认成交价格时如何估定完税价格,以及如何确定出口货物的完税价格。

4.《中华人民共和国海关审定进出口货物完税价格办法》和《中华人民共和国海关进出口货物征税管理办法》

简称《审价办法》和《征管办法》,属于海关总署颁布的部门规章。

三、进口货物完税价格的审定

依据《审价办法》和《关税条例》我国海关对于进口货物的完税价格的审定主要分为一般进口货物完税价格的审定和特殊货物完税价格的审定两个方面。

(一)一般进口货物完税价格的审定

一般进口货物的完税价格由海关以该货物的成交价格为基础进行审定,如果成交价格不符合估价规定的,或者成交价格不能确定的,由海关进行估价。海关可以依次采用成交价格以外的其他审价方法来估定完税价格,进口货物完税价格的确定方法可以归纳为以下几种:

1.成交价格法

依据《中华人民共和国进出口关税条例》的规定,海关应在最大限度内以进口货物的成交价格为货物的完税价格,在实际业务中成交价格法是海关确定完税价格使用频率最高的一种方法,但是进口货物的成交价格不等于完税价格。

(1)成交价格的含义。成交价格是进口货物中,买方向卖方及相关第三方实付、应付的全部货款，包括直接及间接支付的货款。成交价格也包括已经支付和将要支付的货款的总和。

依据《2010 通则》的规定，成交价格的表示方法有 11 种，比较符合海关确定完税价格的是 CIF 价，在实际业务中，海关一般也以买卖双方成交的 CIF 价作为完税价格。

（2）进口货物的成交价格应当符合下列条件：

①买方对进口货物的处置和使用不受限制，但国内法律、行政法规规定的限制、对货物转售地域的限制、对货物价格无实质影响的限制除外。

②货物的价格不应受到导致该货物成交价格无法确定的条件或因素的影响。

③卖方不得直接或间接从买方获得因转售、处置或使用进口货物而产生的任何收益，除非该收益可以计入完税价格。

④买卖双方之间没有特殊关系，除非纳税义务人能够证明其成交价格未受到特殊关系的影响。

（3）进口货物的下列费用应当计入完税价格：

①除购货佣金以外的佣金和经纪费。

②由买方负担的审查确定完税价格时与该货物视为一体的容器的费用。

③买方负担的包装材料费用和包装劳务费用。

④与该货物的生产和向中华人民共和国境内销售有关的由买方以减免或者以低于成本的方式提供并可以按适当比例分摊的材料、工具、模具、消耗材料及类似货物的价款，以及在境外开发、设计等相关服务的费用。

⑤与进口货物有关并作为卖方向中华人民共和国销售该货物由买方直接或间接支付的特许权使用费，主要包括：为取得专利权、商标权、专有技术、著作权、分销权或销售权的许可，而向其知识产权权利人以及权利人授权人所支付的费用。

⑥卖方直接或间接从买方对货物进口后转售、处置或使用所得中获得的收益。

（4）不应计入完税价格的费用

①厂房、机械、设备等货物进口后的基建、安装、装配、维修和技术服务的费用，但是保修费用除外，仍应计入完税价格。

②货物运抵境内输入地点起卸后发生的费用及相关费用、保险费。

③进口关税、代征税及其他国内税。

④境内复制出口货物的费用。

⑤境内外技术培训费用及境外考察费用。

⑥为进口货物而融资时所产生的正常的利息。

⑦码头装卸费用（THC 费）。

（5）有特殊关系的买卖双方之间的成交价格。

如果买卖双方之间有特殊关系，但经海关审定或纳税义务人能够证明这一特殊关系没有对成交价格产生影响，那么，海关就应当接受该成交价格。

有下列情形之一的应当认定买卖双方之间有特殊关系

①买卖双方为同一家族成员的。

②一方直接或间接地受另一方控制的。

③买卖双方互为商业上的高级职员或董事的。

④买卖双方都直接或间接地受第三方控制的。

⑤买卖双方共同直接或间接地受第三方控制的。

⑥一方直接或间接地拥有、控制或持有对方5%以上(含5%)公开发行的有表决权的股票或者股份的。

⑦一方是另一方的雇员、高级职员或者董事的。

⑧买卖双方是同一合伙成员的。

⑨买卖双方在经营上互有联系,一方是另一方的独家代理、独家经销或独家受让人,如果符合前款规定,也应当视为存在特殊关系。

买卖双方之间存在特殊关系,但是纳税义务人能证明其成交价格与同时或者大约同时发生的下列任何一款价格相近的,应当视为特殊关系未对进口货物的成交价格产生影响:

①向境内无特殊关系的买方出售的相同或者类似进口货物的成交价格。

②海关估定的相同或者类似进口货物的完税价格。

海关在使用上述价格进行比较时,应当考虑商业水平和进口数量的不同,以及买卖双方有无特殊关系造成的费用差异。

【知识库】

《中华人民共和国海关审定进出口货物完税价格办法》(节选)

第四十八条　海关对申报价格的真实性、准确性有疑问时,或者认为买卖双方之间的特殊关系影响成交价格时,应当制发《中华人民共和国海关价格质疑通知书》,将质疑的理由书面告知纳税义务人或者其代理人,纳税义务人或者其代理人应当自收到《价格质疑通知书》之日起5个工作日内,以书面形式提供相关资料或者其他证据,证明其申报价格真实、准确或者双方之间的特殊关系未影响成交价格。

纳税义务人或者其代理人确有正当理由无法在规定时间内提供前款资料的,可以在规定期限届满前以书面形式向海关申请延期。

除特殊情况外,延期不得超过10个工作日。

资料来源:中国海关律师网

2. 相同或类似货物成交价格法

成交价格法是海关最常用的确定货物完税价格的方法,但成交价格不能确定或不符合条件时,就要采用相同或类似货物成交价格法,这两种方法除了货物本身有区别外,在其他方面的适用条件、价格构成等均相同。

相同货物是指在所有方面都相同的货物,包括物理或化学性质、质量和信誉,但是表面上的微小差别或包装的差别允许存在。类似货物是指具有类似原理或结构,类似特性、类似组成材料,并有同样的使用价值,而且在功能上与商业上可以互换的货物。按照相同或者类似货物成交价格估价方法审查确定进口货物的完税价格时,应当首先使用同一生产商生产的相同或者类似货物的成交价格。没有同一生产商生产的相同或者类似货物的成交价格的,可以使用同一生产国或者地区其他生产商生产的相同或者类似货物的成交价格。

除了货物本身相同或类似以外,该相同或类似货物的进口时间也要与进口货物的进口时间相同或类似,以进口货物接受申报之日的前后45天之内为宜。

采用相同或类似货物的成交价确定完税价格的前提是该相同或类似货物的成交价格已被海关估价确认。如果相同或类似货物有一个以上成交价格者,则应选取最低一个作为海关完税价格。

3. 倒扣价格法

倒扣价格法是以进口货物、相同或类似进口货物在境内第一环节的销售价格为基础,扣除境内发生的有关费用来估定完税价格。上述第一环节是指有关货物进口后进行的第一次转售,且转售者与境内买方之间不能有特殊关系。该销售价格应当符合下列条件:

(1)该货物进口时或大约同时将该货物、相同或者类似货物在境内销售的价格,进口时或大约同时是指在进口货物接受申报之日的前后45天之内,如果货物没有在45天内销售,可以将在境内销售的时间延长至接受申报之日的前后90天。

(2)按照货物进口时的状态销售的价格,如果无法或没有按照进口时的状态的销售价格,应纳税义务人的要求,可以使用加工后在境内销售的价格作为倒扣的基础。

(3)在境内第一销售环节销售的价格。

(4)向境内无特殊关系方销售的价格。

(5)按照该价格销售的货物合计销售总量最大。

但是下列税费不应包含在该价格中:

(1)该相同货物或者类似货物在境内第一销售环节销售时通常支付的佣金以及利润和一般费用(包括直接和间接费用)。

(2)货物运抵境内输入地点之后的运输及相关费用、保险费。

(3)进口关税、进口环节代征税及其他国内税。

(4)加工增值额,如果以货物进过加工后在境内转售的价格作为倒扣价格的基础,则必须扣除上述加工增值部分。

4. 计算价格法

计算价格法既不是以成交价格为基础,也不是以境内转售价格为基础,而是以发生在生产国或地区的生产成本作为基础的估价方法。因此,采用这种方法需要依据境外的生产商提供的成本方面的资料,按照有关规定采用这种方法确定的进口货物完税价格应由下列项目的总和构成:

(1)生产该货物所使用的料件成本和加工费用。料件成本是指生产该货物所使用的原材料的成本,包括原材料的采购价值,以及原材料投入实际生产之前所发生的各类费用;加工费用主要包括人工成本、装配费用及有关间接成本等制造过程中发生的生产费用。

(2)向境内销售同等级或者同种类货物通常的利润和一般费用(包括直接和间接费用)。

(3)货物运抵中华人民共和国境内输入地点起卸前的运输及其相关费用、保险费。

5. 合理方法

合理方法是指当海关不能根据成交价格估价方法,相同或类似货物成交价格估价方法、倒扣价格法和计算价格法确定完税价格时,要进行合理估价,所谓"合理"是要根据公平、统一、客观的估价原则,以客观量化的数据资料为基础审查确定进口货物的完税价格,在运用合理方法估价时,不得使用以下六种价格:

(1)境内生产的货物在境内销售的价格。

(2)在两种价格中选择高的价格。

(3)依据货物在出口地市场的销售价格。

(4)以计算价格法规定之外的价值或者费用计算的相同或类似货物的价格。

(5)依据出口到第三国或地区货物的销售价格。

(6)依据最低限价或武断虚构的价格。

以上五种估价方法必须按照顺序依次使用,只有在前一种估价方法不能使用时,才可以顺延使用下一估价方法。在特殊情况下,如果进口货物收货人提出申请及相关资料、经海关批准,才可以对调倒扣价格法和计算价格法的使用顺序。

(二)特殊进口货物完税价格的审定

(1)以租赁方式进口的货物,以海关审查确定的该货物的租金作为完税价格。

(2)运往境外加工的货物,出境时已向海关报明并在海关规定的期限内复运出境的,应当以境外加工费和材料费以及复运出境的运输及其相关费用和保险费,审查确定完税价格。

(3)运往境外修理的机械器具,运输工具或其他货物,出境时已向海关报明并在海关规定的期限内复运进境的,应当以境外修理费和料件费审查确定完税价格。

四、出口货物完税价格的审定

出口货物完税价格的审定方法与进口货物完税价格的审定方法基本上是一致的,《关税条例》规定:"出口货物的完税价格由海关以该货物向境外销售的成交价格为基础审查确定,并应包括货物运至中华人民共和国境内输出地点装载前的运输及其相关费用、保险费,但其中包含的出口关税税额,应当扣除。纳税人向海关申报的出口货物成交价格明显偏低或经查明成交双方具有特殊经济关系,海关也同样对成交价格不予承认并另行估价征税。"在我国只有少数商品征收出口关税,其完税价格审定主要有以下几种方法。

（一）成交价格法

出口货物应以海关审定的货物售予境外的离岸价格（FOB），扣除关税佣金后作为完税价格，如口岸有多个，以最后一个口岸的离岸价格为准，但从内地口岸至最后出境口岸所支付的国内运输费应扣除。

（二）其他方法

当成交价格不能确定时，顺序使用以下方法确定完税价格。

（1）相同货物成交价格法。

（2）类似货物成交价格法。

（3）倒扣价格法。

（4）合理方法。

五、进出口货物完税价格的计算

（一）进口货物完税价格的计算

1. 按成交价格法确定完税价格

进口货物的成交价格，因有不同的成交条件而有不同的价格形式，常用的价格条款有FOB、CFR、CIF三种，以CIF价成交的进口货物，一般比较符合海关“成交价格”条件，可以直接用CIF价计算税款，以FOB、CFR等其他条件成交的进口货物确定完税价格时折算成CIF价后再计算税款，计算方法如下：

按照CIF术语成交的：完税价格＝CIF价

按照FOB术语成交的：完税价格＝（FOB价+运费）/（1－保险费率）

按照CFR术语成交的：完税价格＝CFR价/（1－保险费率）

【案例9.1】

国内某公司从国外购买轿车，成交总价为FOB NEW YORK 120 000美元，实际支付的运费为5 000美元，保险费800美元，外汇汇率为1美元=6.4人民币元，计算该批货物的完税价格。

完税价格＝CIF价＝FOB价+运费+保险费＝120 000+5 000+800＝125 800（美元）

＝125 800×6.4＝805 120（元）

2. 参照国内同类货物正常批发价确定完税价格

完税价格＝国内批发价格/（1+进口优惠税率+20%）

3. 减免货物完税价格的计算

完税价格＝海关审定的该货物原进口时的价格×（1－征税时实际已进口的月数/监管年限×12）

实际已进口的月数不足15日的不予计算，超过15日的按1个月计算。

(二)出口货物完税价格的计算

出口货物完税价格等于 FOB 价格扣除出口关税后的价格,出口货物如以其他价格条款成交,需将货价折算成 FOB 价作为完税价格。

按照 FOB 术语成交的:完税价格=FOB 价/(1+出口关税税率)

按照 CFR 术语成交的:完税价格=(CFR 价-运费)/(1+出口关税税率)

按照 CIF 术语成交的:完税价格=(CIF 价-运费-保险费)/(1+出口关税税率)

当成交价格中含有佣金时,佣金也同运费和保险费一样扣除。

完税价格=(CIF 价-保险费-运费-佣金)/(1-出口关税税率)

【知识库】

《中华人民共和国海关审定进出口货物完税价格办法》(节选)

第五十六条 “价格磋商”,指海关在使用除成交价格以外的估价方法时,在保守商业秘密的基础上,与纳税义务人交换彼此掌握的用于确定完税价格的数据资料的行为。

第五十七条 纳税义务人对海关的估价决定有异议的,应当按照海关作出的相关行政决定依法缴纳税款,并可以依法向上一级海关申请复议。对复议决定不服的,可以依法向人民法院提起行政诉讼。

资料来源:中国海关网

第三节 进口货物原产地的确定与税率适用

一、进口货物的原产地确定

来自不同国家的同一种货物进口时适用的关税税率不一定相同,这需要进口时知道货物的原产地才能计算关税。货物的原产地被称为商品的“经济国籍”。货物原产地的确定以一定的标准为依据,这一标准就是原产地规则,中国的原产地规则按照适用范围分为优惠性原产地规则和非优惠性原产地规则。一般来讲,非优惠性原产地规则是在最惠国待遇下普遍适用的确定进出口货物原产地的规则,优惠性原产地规则用于判定进口货物是否原产于属于享受优惠的国家或地区,确定其是否可以享受优惠关税待遇。享受关税优惠的原产地规则一般要比非优惠原产地规则严格得多。简单地说,非优惠原产地规则适用于所有贸易对象国或地区,优惠原产地规则只适用于签订协定或由协定规定的贸易对象国或地区。

(一)中国非优惠原产地规则

依据 2005 年 1 月 1 日开始实施的《中华人民共和国进出口货物原产地条例》和海关总署令第 122 号《关于非优惠原产地规则中实质性改变标准的规定》判定货物原产地的具体标准主要采用完全获得标准和实质性改变标准。

1. 完全获得标准

完全在一个国家（地区）获得的货物，以该国（地区）为原产地，以下产品视为在一国（地区）“完全获得”：

①在该国（地区）出生并饲养的活的动物。

②在该国（地区）野外捕捉、捕捞、搜集的动物。

③从该国（地区）的活的动物获得的未经加工的物品。

④在该国（地区）收获的植物或植物产品。

⑤在该国（地区）采掘的矿物。

⑥在该国（地区）获得的除上述①～⑤项范围之外的其他天然生成的物品。

⑦在该国（地区）生产过程中产生的只能弃置或者回收用作材料的废碎料。

⑧在该国（地区）收集的不能修复或修理的物品，或者从该物品中回收的零件或者材料。

⑨由合法悬挂该国旗帜的船舶从其领海以外海域获得的海洋捕捞物和其他物品。

⑩在合法悬挂该国国旗的加工船上加工上述第⑨项所列物品获得的产品。

⑪从该国领海以外享有专有开采权的海床或者海床底上获得的物品。

⑫在该国（地区）完全从上述①～⑪项所列物品中生产的产品。

在确定货物是否在一个国家（地区）完全获得时，为运输、贮存期间保存货物而作的加工或者处理，为货物便于装卸而作的加工或处理，为货物销售而作的包装等加工或处理等不予考虑。

2. 实质性改变标准

两个及两个以上国家（地区）参与生产或制造的货物，以最后完成实质性改变的国家或者地区为其原产地。以税则归类改变为基本标准，税则归类改变不能反映实质性改变的，以从价百分比、制造或者加工工序等为补充标准。

（1）“税则归类改变”标准：在某一国家或者地区对非该国或地区原产材料进行制造、加工后，所得货物在《进出口税则》中四位数税号一级的税则归类发生了改变。

（2）制造、加工工序标准：在某一国家或地区进行的赋予制造、加工后所得货物基本特征的主要工序发生改变

（3）“从价百分比”标准：在某一国家或地区对非该国家或地区原材料进行制造、加工后的增值部分超过了所得货物价值的30%，用公式表示为：

（工厂交货价-非该国原材料价值）/工厂交货价×100% ≥30%（非该国原材料价值一般用进口的CIF价）

以制造加工工序标准和从价百分比标准判定实质性改变的货物在《适用制造或者加工工序及从价百分比标准的货物清单》中具体列明，并按照列明的标准判定是否发生实质性改变。未列入《适用制造或者加工工序及从价百分比标准的货物清单》的货物的实质性改变，应当适用税则归类改变标准。

（二）中国优惠性原产地规则

依据海关总署令第181号《中华人民共和国海关进出口货物优惠原产地管理规定》，优惠性原产地规则适用于签订协定或由协定规定的贸易对象国家或地区。优惠原产地的认定标准主要“完全获得标准”、“税则归类改变标准”、“区域价值成分标准”、“制造加工工序标准”、“直接运输标准”或双方一致同意的其他标准。

1. 完全获得标准

完全获得标准是指从优惠贸易协定国（地区）直接运输进口的货物完全在该成员国（地区）获得或者生产。但是仅仅是为了便于装运、存储，便于销售而进行的加工、包装、展示等对货物进行的处理不影响货物的原产地。

2. 区域价值成分标准

区域价值成分标准是指出口货物离岸价扣除货物生产过程中非原产于该成员国材料价格后，所余价款占出口货物离岸价的百分比，但是不同贸易协定下的优惠原产地规则中的区域价值成分标准各不相同。

《亚太贸易协定》项下的原产地规则要求，在生产过程中所使用的非成员国原产地或不明原产地的材料、零件或产物的总价值不超过该货物FOB价的55%，即：

（出口货物FOB价-非原产于该成员国的材料价格）/出口货物FOB价≥45%

原产于孟加拉的产品以上比例不超过65%，即：

（出口货物FOB价-非原产于该成员国的材料价格）/出口货物FOB价≥35%；

（成员国包括6国：孟加拉国、印度、老挝、韩国、斯里兰卡、中国）

《中国-东盟自由贸易区原产地规则》规定，中国和东盟区域价值成分不低于该出口货物FOB价的40%，且最后生产工序在成员方境内完成，即：

（出口货物FOB价-非原产于该成员国的材料价格）/出口货物FOB价≥40%；

（成员国包括10国：印度尼西亚、马来西亚、菲律宾、新加坡、泰国、文莱、越南、老挝、缅甸、柬埔寨）

CEPA协议原产地规则规定，在港澳地区获得的原料、组合零件、劳工价值和产品开发支出价值的合计，与在港澳地区生产或获得产品FOB价的比例不低于30%，即：

（出口货物FOB价-非原产于该成员国的材料价格）/出口货物FOB价≥30%。

3. 直接运输标准

各协议协定中对直接运输标准的规定各不相同，归纳起来直接运输是指优惠贸易协定项下进口货物从该协定成员国或者地区直接运输至中国境内，途中未经过该协定成员国或者地区以外的其他国家或地区。在我国符合直接运输的条件是：该货物在经过其他国家或地区时，未做出使货物保持良好状态所必须处理以外的其他处理；该货物在其他国家或地区停留的时间未超过相应优惠贸易协定规定的期限；该货物在其他国家或地区做临时存储时，处于该国家或地区海关监管之下。

二、进出口货物关税税率适用

中国现行的海关税则制度是自主协定复式税则,进出口税合一,进出口税率分列,出口实行单式税则,进口实行复式税则。选择税率时要根据商品归类和原产地归类在关税税率表中查找对应的税率。

(一)进口关税税率适用原则

按照《关税条例》,进口关税设置最惠国税率、协定税率、特惠税率、关税配额税率、普通税率和暂定税率等。关税税率的基本适用原则是"从低适用",原产于某一国家的某一种货物其适用税率有两种或两种以上,则取低者计征关税。税率适用具体原则如下:

(1)原产于共同适用最惠国待遇条款的世界贸易组织成员的进口货物,原产于与中华人民共和国签订含有相互给予最惠国待遇条款的双边贸易协定的国家或者地区的进口货物,以及原产于中华人民共和国境内的进口货物,适用最惠国税率。

原产于与中华人民共和国签订含有关税优惠条款的区域性贸易协定的国家或者地区的进口货物,适用协定税率。

原产于与中华人民共和国签订含有特殊关税优惠条款的贸易协定的国家或者地区的进口货物,适用特惠税率。

(2)适用最惠国税率的进口货物有暂定税率的,应当适用暂定税率;适用协定税率、特惠税率的进口货物有暂定税率的,应当从低适用税率;适用普通税率的进口货物,不适用暂定税率。

(3)对于按规定应按普通税率计征关税的进口货物如国务院关税税则委员会特别批准,可以按照最惠国税率计征关税。

(4)按规定在进口配额内进口的货物可适用低的配额税率,超出配额范围进口的货物按照原税则规定的非配额税率征收。

(5)经查验无法确定原产地的进口货物,按照普通税率计征关税,除非申报时能提供原产地证明。

(6)任何国家或地区违反与我国签订或共同参与的贸易协定的规定,对中国在贸易方面采取加征关税等影响贸易的措施,国务院关税税则委员会可以决定对原产于该国的进口货物征收报复性关税,此时,该进口货物适用于报复性关税税率,税率水平由关税税则委员会决定。

对于同时有两种及两种以上税率可适用的进口货物最终适用何种税率用来计算关税,详见表9.1。

表9.1　同时有两种及以上税率可适用的进口货物最终适用的税率汇总表

进口货物可选用的税率	税率适用的规定
同时适用最惠国税率、进口暂定税率	应当适用暂定税率
同时适用协定税率、特惠税率、暂定税率	应当从低适用
同时适用国家优惠政策、进口暂定税率	以优惠政策计算的税率与暂定税率取低计征关税,但是不得在暂定税率基础上再进行减免
适用普通税率的进口货物,存在暂定税率	适用普通税率的进口货物,不适用暂定税率
关税配额税率、其他税率	关税配额内的适用关税配额税率;关税配额外的适用其他税率
ITA 税率、其他税率	适用 ITA 税率
反倾销税、反补贴税、保障措施关税、报复性关税	适用反倾销税率、反补贴税率、保障措施关税率、报复性关税率

(7)从2002年起我国对部分非全税目信息技术产品的进口按照ITA税率征税。

(二)出口关税税率适用原则

在关税税率表中,出口税率列在进口税率之后,只列一栏,出口税率是单式税则,且大部分出口货物未定有出口税率。

(1)凡是不定有出口税率的货物出口时不征出口关税。

(2)订有出口税率的货物出口时按照税率表中列明的税率计征。

(3)出口货物中,属于国家公布《出口商品暂定税率目录》中的货物出口时优先适用出口暂定税率。

【知识库】

海关总署公告2010年第58号:经国务院批准,《2010年关税实施方案》(以下简称《方案》)自2011年1月1日起实施,《方案》分别就进口关税调整、出口关税及税则税目调整等情况予以说明。对进口关税的调整,根据《方案》要求,公告除了对进口关税(最惠国税率、暂定税率、协定税率、特惠税率)、出口商品关税(特别税率、特别关税)以及部分税则税目调整予以重申外,还补充发布了进口商品协定税率表、进口商品特定税率表。

资料来源:中国海关律师网

第四节　进出口税费计算

一、进出口税费征收的相关规定

(一)纳税货币的规定

海关征收的关税、进口环节税等一律以人民币计征,进出口货物以外币计价成交的,要转换成人民币计算税费。海关每月使用的计征汇率为上一个月第三个星期三(第三个星期三为法定节假日的,顺延采用第四个星期三)中国人民银行公布的外币对人民币的基准汇率;以基准汇率币种以外的外币计价的,采用同一时间中国银行公布的现汇买入价和现汇卖出价的中间值(人民币元后保留四位小数)。如果上述汇率发生重大波动,海关总署认为必要时,可以另行规定计征汇率,并对外公布。

(二)纳税金额的规定

完税价格、税额均采用四舍五入法计算到分,各种税费的起征点为人民币 50 元,50 元以下免征。

二、进出口关税计算

(一)进口关税计算

1. 从价税

(1)计算步骤:首先,按照税则归类原则确定税则归类,把应税货物归入恰当的税目税号;其次,根据原产地规则和税率使用原则,确定应税货物应当适用的税率;第三,根据完税价格审定办法和规定,确定应税货物的 CIF 价格,并根据汇率使用原则将外币转化成人民币;最后,按照相应公式计算税款。

(2)计算公式为

进口关税税额=进口货物完税价格×进口关税税率

减税征收的进口关税税额=进口货物完税价格×减按进口关税税率

【案例 9.2】

国内某远洋运输公司向美国购进船用发动机两台,成交总价格为 68 万美元,该批货物最惠国税率为 5%,外汇牌价 1 美元=6.4 元人民币,计算关税税额。

进口关税计算如下:确定税则归类:该发动机税号为:84081000

适用税率:最惠国税率 5%

审定完税价格:68 万美元,转化为人民币为 435.2 万元

按公式计算税额:关税税额=进口货物完税价格×进口关税税率

=4 352 000×5% =217 600(元)

2011 年 3 月经国家批准该发动机进口关税税率减按 1% 计征,在此情况下,计算关税税额。

减税征收的进口关税税额=进口货物完税价格×减按进口关税税率

=4 352 000×1% =43 520(元)

2. 从量税

(1)计算步骤:首先,按照税则归类原则确定税则归类,把应税货物归入恰当的税目税号;其次,根据原产地规则和税率使用原则,确定应税货物应当适用的税率;第三,确定实际进口数量;最后,按照相应公式计算税款。如需缴纳增值税,则根据完税价格审定办法和规定,确定应

税货物的 CIF 价格，并根据汇率使用原则将外币转化成人民币。

(2)计算公式为

进口关税税额=进口货物数量×单位税额

【案例 9.3】

国内某公司从国外进口柯达胶卷 50 400 卷(1 卷=0.057 75 平方米)，成交价格为 CIF 大连 12 港元/卷，外汇汇率 1 港元=1.2 元人民币，胶卷进口关税税率为 22 元/平方米，计算进口关税。

进口关税计算如下：确定税则归类：胶卷税号为：37025410

适用税率：22 元/平方米

实际进口数量=50 400×0.057 75=2 910.6(平方米)

按公式计算税额：进口关税税额=进口货物数量×单位税额

=2 910.6×22=64 033.2(元)

3. 复合税

(1)计算步骤：首先，按照税则归类原则确定税则归类，把应税货物归入恰当的税目税号；其次，根据原产地规则和税率使用原则，确定应税货物应当适用的税率；第三，根据完税价格审定办法和规定，确定应税货物的 CIF 价格，并根据汇率使用原则将外币转化成人民币；第四，确定实际进口数量；最后，按照相应公式计算税款。

(2)计算公式为

进口关税税额=从价税+从量税=

进口货物完税价格×进口关税税率+进口货物数量×单位税额

【案例 9.4】

国内某公司从台湾购进非特种用途的电视摄像机 20 台，其中有 10 台成交价格为 CIF 4 000 美元/台，其余 10 台成交价格为 6 000 美元/台，汇率：1 美元=人民币 6.4 元，计算关税税额。

进口关税计算如下：

第一步：确定税则归类：该批摄录一体机税号为：85258013

第二步：确定适用税率：完税价格为 CIF4 000 美元/台的关税税率为单一从价税 10%，完税价格为 6 000 美元/台的关税税率为 3 703 元/台的从量税再加上 0.9% 的从价税

第三步：审定完税价格和从量计征的货物数量

审定完税价格：40 000 美元和 60 000 美元

折算成人民币为：40 000 美元×6.4 元/美元=256 000(元)

60 000 美元×6.4 元/美元=384 000(元)

确定从量计征的货物数量：10 台

第四步：计算税款：

从价关税税额=完税价格×关税税率=256 000×10% =25 600(元)

复合税关税税额=从价税+从量税

=384 000×0.9% +3 703×10=40 486(元)

关税总额=25 600+40 486=66 086(元)

4. 滑准税

进口关税税额=进口货物完税价格×进口关税税率

我国在2007年曾经对棉花的进口实行了6%～40%的滑准税，计算滑准税关键是确定税率，所以计算比较复杂，应用也比较少，故不再举例。

(二)出口关税计算

目前，我国只对一小部分关系国计民生的出口商品征收出口关税，出口关税的计征方法主要有从价税和从量税两种。

1. 从价税

(1)计算步骤：首先，按照税则归类原则确定税则归类，把应税货物归入恰当的税目税号；其次，根据完税价格审定办法和规定，确定应税货物的完税价格，并根据汇率使用原则将外币转化成人民币；最后，按照相应公式计算税款。

(2)计算公式为

出口关税税额=出口货物完税价格×出口关税税率

出口货物完税价格=FOB价/(1+出口关税税率)

2. 从量税

(1)计算步骤：首先，按照税则归类原则确定税则归类，把应税货物归入恰当的税目税号；其次，确定实际进口数量；最后，按照相应公式计算税款。

(2)计算公式为

出口关税税额=出口货物数量×单位税额

三、进口环节税计算

(一)消费税

1. 消费税征收范围

根据《中华人民共和国消费税暂行条例》的规定，征收消费税的主要目的是调节我国消费结构，引导消费方向，确保国家财政收入，所以不是对所有商品征收消费税，而是仅限于少数消费品，目前，我国征收消费税的商品主要有以下几类：

第一类：过度消费会对身体健康、社会秩序、生态环境等方面造成危害的特殊消费品，如酒精、鞭炮、焰火、烟等。

第二类：奢侈品等生活必需品，如贵重首饰、珠宝、玉石、化妆品、护肤护发品等。

第三类：高能耗的高档消费品，如小汽车、摩托车、汽车轮胎等。

第四类：不可再生和替代的石油类消费品，例如汽油、柴油等。

消费税由税务机关征收，进口应税消费品的消费税由海关代为征收，由纳税人(进口人或其代理人)向报关地海关申报纳税。

2. 消费税计算

我国消费税实行从价定率,从量定额的方法计算应纳税额。

(1)从价计征消费税。消费税一般是在征收关税后才征收,按从价计征消费税关键是确定计税价格,我国消费税采用价内税的计税方法。

计算公式为

消费税税额=组成计税价格×消费税税率

组成计税价格=(关税完税价格+关税税额)/(1-消费税税率)

(2)从量计征消费税。从量计征消费税的应税货物比较少,主要有啤酒、黄酒、汽油、柴油四种。

计算公式为

消费税税额=单位税额×进口数量

(3)从价定税、从量定额计征消费税。

在我国,香烟的进口消费税按此方法计征。

计算公式为

消费税税额=从价税+从量税

=组成计税价格×消费税税率+单位税额×进口数量

(二)增值税

1. 增值税征收范围

根据《中华人民共和国增值税暂行条例》,在中华人民共和国境内销售货物或者提供加工、修理修配劳务以及进口货物,均应照章缴纳增值税,从事以上行为的单位和个人,为增值税的纳税义务人。增值税的税率主要有两档,绝大部分商品的增值税税率为17%,少数关系到国计民生的重要物资的税率为13%,适用13%税率的进口货物为:粮食、食用植物油;自来水、暖气、冷气、热水、煤气、石油液化气、天然气、沼气、居民用煤炭制品;报纸、图书、杂志;饲料、化肥、农药、农机、农膜;国务院规定的其他货物。另外,出口货物增值税税率为零,个人携带或者邮寄进境自用物品的增值税连同关税一并计征。

2. 增值税计算

计算公式为

增值税税额=组成计税价格×增值税税率

组成计税价格=关税完税价格+关税税额+消费税税额

四、其他税费计算

(一)船舶吨位税

船舶吨位税的征收目的主要是用于航道设施的建设,征收吨位税的船舶主要有:在我国港口行驶的外国籍船舶；外商租用的（程租除外）中国籍船舶；中外合营海运企业自有或租用的中外国际船舶；我国租用的外国籍国际航行船舶。另外，香港特别行政区和澳门特别行政区为单独关税区，对于香港和澳门特别行政区海关已经征收船舶吨位税的外国籍船舶，进入内地港口时，仍然要依照相关规定征收船舶吨位税。船舶吨位有大、小吨位之分，封闭式为大吨位，开放式为小吨位，装货多时用大吨位，装货少时用小吨位。我国目前规定，同时持有大小吨位两种吨位证书的船舶，无论实际装货情况如何，一律按照大吨位计征吨税。船舶吨位的尾数按照四舍五入原则进行。不及一吨的小型船舶除海关总署特准免征的船舶外，其余按 1 吨计征相关关税。2012 年我国船舶吨位税依据 2011 年 12 月 5 日国务院发布的《中华人民共和国船舶吨税暂行条例》（2012 年 1 月 1 日起实施）进行征收。在计算税额时先确定吨税税率，吨税设置优惠税率和普通税率两种，按照船舶净吨位和吨税执照期限征收。计算公式为

船舶吨税税额＝净吨位×吨税税率

（二）滞纳金

滞纳金是因为纳税人未按期向海关缴纳税款而征收的一种惩罚性款项，滞纳金按日征收滞纳税款的万分之五，起征额为人民币 50 元。计算滞纳金的关键是确定滞纳的天数，原则上，纳税人应在海关填发税款缴款书之日起 15 天内缴纳税款，如最后期限是法定假日或休息日，则顺延到下一个工作日。所以，滞纳天数为自滞纳税款之日起至纳税人缴纳税费之日止，其中的法定节假日不予扣除。实际计算时，从海关填发税款缴款书第二天起算，当天不计算在内。

计算公式为

应征滞纳金＝滞纳金额×滞纳天数×0.05%

【案例 9.5】

国内某公司向美国购买机械设备，成交总价为 CIF 宁波 150 000 美元，已知该批货物的法定关税税率为 35%，外汇汇率为 1 美元＝人民币 6.3 元，消费税税率为 15%，增值税税率为 17%，海关 2011 年 6 月 6 日填发税款缴款书，7 月 1 日纳税人向指定银行缴纳的税款，计算：纳税人缴纳的关税税额、消费税税额、增值税税额、滞纳天数、滞纳金额。

货物的完税价格：150 000 美元×6.3 元/美元＝945 000（元）

关税税额＝完税价格×关税税率＝945 000×35%＝ 330 750（元）

消费税税额＝组成计税价格×消费税税率

组成计税价格＝（关税完税价格＋关税税额）/（1－消费税税率）

＝（945 000＋330 750）/（1－15%）≈1 500 882.35（元）

消费税税额＝1 500 882.35×15%≈225 132.35（元）

增值税税额＝组成计税价格×增值税税率

计税价格＝关税完税价格＋关税税额＋消费税税额＝945 000＋330 750＋225 132.35

＝1 500 882.35（元）

增值税税额 = 1 500 882.35×17% ≈255 150(元)

滞报 10 天,2011 年 6 月 6 日为星期一,从 6 月 7 日起算纳税期限,纳税到期日为 6 月 21 日,从 6 月 22 日起征收滞纳金,到 7 月 1 日滞报期限为 10 天。

滞纳金金额 = 纳税总额×滞纳天数×0.05%

= (关税+消费税+增值税)×滞纳天数×0.05%

= (330 750+225 132.35+255 149.99)×10×0.05% ≈4 055.16(元)

第五节　关税和进口环节税减免

一、分类

根据《海关法》的规定,税费的减免分为三大类,即:法定减免、特定减免和临时减免。

(一)法定减免

法定减免是指进出口货物按照《海关法》和《关税条例》以及其他相关法律法规等的规定,可以给予的减免优惠。这类货物或物品进出口时减免不必进行事先申请批准手续,只要条件符合规定,即可由海关工作人员依法直接办理相关手续,对放行后的货物和物品海关一般不进行后续管理。

(二)特定减免

特定减免是指海关根据国家规定,对特定地区、特定用途和特定企业给予的减免关税和进口环节税的优惠,也称政策性减免。申请特定减免税的企业或单位应在货物进口前向海关提出申请,主管海关按照程序进行审批,对符合规定的进口货物,主管海关出具减免税证明,在办理进口报关时,报关单位或个人凭借减免税证明及有关报关单证向海关办理减免税货物的手续。

(三)临时减免

临时减免是指某个纳税人因特殊情况和需要而进出境的货物,是由海关总署或由海关总署会同财务部根据国务院有关规定给出相应的税费减免。临时性减免一般是一案一批。

二、适用范围

(一)法定减免税适用范围

根据我国有关法律规定,下列货物或物品进出口时属于法定减免税范围:

(1)应征关税税额在人民币 50 元以下的一票货物。

(2)无商业价值的广告样品和货样。

(3)外国政府和国际组织无偿赠送的物资。

(4)在海关放行前被损坏或损失的货物。

(5)进出境运输工具装载途中必需的物资、燃料和饮食用品。

(6)我国缔结或参加的国际条约中规定减征、免征关税的货物或物品。

(7)法律规定减征、免征关税的其他货物或物品。

(二)特定减免税适用范围

特定减免税货物或物品有地区、企业和用途的限制，货物进出口后海关需要对其进行后续管理，目前，下列货物或物品进出口时属于法定减免税的范围：

(1)属于国家鼓励发展产业外商投资项目的外商投资企业的进口物资，在投资总额内进口的自用设备及随设备进口的配套技术、配件、备件免征关税和进口环节税，但是《外商投资项目不予免税的进口商品目录》所列商品除外。

(2)国家鼓励发展产业的外商投资企业、外商研发中心、先进技术型、产品出口型的外商投资企业，在企业投资额以外的自由资金(企业储备基金、发展基金、折旧、税后利润)内，对原有设备更新和维修进口国内不能生产或者性能不能满足需要的设备，以及上述设备的配套技术、配件、备件免征关税和进口环节税，但是《外商投资项目不予免税的进口商品目录》所列商品除外。

(3)国内投资项目进口设备属于国家重点鼓励发展产业的国内投资项目，在投资总额内进口的自用设备免征关税和进口环节税，但是《国内投资项目不予免税的进口商品目录》所列商品除外。

(4)保税区、出口加工区等特定区域进口的区内生产性基础设施项目所需的机器、设备和基建物资(不予免税的除外)可以免税；区内企业进口企业自用的生产、管理设备和自用合理数量的办公用品及其所需的维修零配件，生产用燃料，建设生产厂房，仓库设施所需的物资、设备可以免税；行政管理机关自用合理数量的管理设备和办公用品及其所需的维修零配件可以免税。

(5)集成电路生产企业进口自用生产性原材料及净化室专用建筑材料等实施税收优惠，在中国境内设立的投资额超过 80 亿元或集成电路线宽小于 0.25 微米的集成电路生产企业进口自用生产性原材料、消耗品，集成电路生产设备零零配件等免征关税，进口环节税。

(6)贷款中标项目、陆海石油项目、远洋渔业项目、远洋船舶及设备部件项目相应的进口货物或物品。

此外，我国还有科教用品、科技开发用品、无偿援助项目进口物资、残疾人专用品、救灾捐赠物资、扶贫慈善捐赠物资等可以享受特定减免税优惠待遇，免征进口关税、进口环节税。

税费减免情况见表 9.2。

表 9.2 特定减免税有关项目税费减免

减免税费	特定减免税项目
免征关税、进口环节增值税、消费税	①科教用品 ②科技开发用品 ③救灾捐赠物资 ④残疾人专用品
免征关税、进口环节增值税	①重大技术装备(10 年新增) ②扶贫慈善捐赠物资 ③海上石油、陆上石油项目进口物资 ④远洋渔业项目进口自捕水产品
免征关税	①外商投资项目投资额度内进口自用设备 ②外商投资企业自有资金项目 ③国内投资项目进口自用设备 ④贷款项目进口物资 ⑤贷款中标项目进口零部件 ⑥集成电路项目进口物资

(三)临时减免税适用范围

(1)内销远洋船用设备及关键部件。

(2)国内航空公司进口维修用航空器材。

(3)国有公益性收藏单位进口藏品。

(4)专项税收政策。

第六节 进出口税费的缴纳与退补

一、税款缴纳

(一)税款缴纳方式

税款缴纳方式是指纳税人何时何地以何种方式向海关缴纳税款。

1. 纳税时间、地点的规定

纳税义务人在向海关申报后,除特殊情况外,海关一般在完成对纳税义务人递交的书面单证审核工作之日起 2 个工作日内填发税款缴款书,并以口头或书面形式告知纳税义务人。纳税义务人应当自海关填发税款缴款书之日起 15 日内缴纳税款。纳税义务人未按期缴纳税款的,从滞纳税款之日起,按日加收滞纳税款万分之五的滞纳金。

纳税义务人应当在货物的进出境地海关缴纳税款,经海关批准也可以在纳税义务人所在地向其主管海关缴纳税款(即“属地纳税”)。

2. 纳税方式

纳税义务人缴纳税款的方式主要有两种，一种是“柜台支付纳税”，即纳税义务人持缴款书到海关指定银行营业场所的柜台办理税费支付手续；一种是“网上支付纳税”，即纳税义务人可以通过中国电子口岸网在网上纳税。

（二）缴纳凭证

纳税凭证为税款缴款书，海关填发的“海关专用缴款书”一式六联：

第一联：（收据）银行收款签章后交缴款单位或缴纳人。

第二联：（付款凭证）由缴款单位开户银行作为付出凭证。

第三联：（收款凭证）由收款国库作为收入凭证。

第四联：（回执）由国库盖章后退回海关财务部门。

第五联：（报查）国库收款后，关税专用缴款书退回海关，海关代征税专用缴款书送当地税务机关。

第六联：（存根）由填发单位存查。

纳税义务人缴纳数款后，将第一联送签发海关验核，海关凭此办理有关手续。

缴纳凭证样本

海关　　　专用缴款书（格式）

收入系统：　　　　填发日期：　　　年　　月　　日　　　号码 No.

<table>
<tr><td rowspan="3">收款单位</td><td>收入机关</td><td colspan="3"></td><td rowspan="3">缴款单位（人）</td><td>名　称</td><td colspan="2"></td></tr>
<tr><td>科　目</td><td></td><td>预算级次</td><td></td><td>账　号</td><td colspan="2"></td></tr>
<tr><td>收款国库</td><td colspan="3"></td><td>开户银行</td><td colspan="2"></td></tr>
<tr><td>税　号</td><td>货　物　名　称</td><td>数　量</td><td>单　位</td><td colspan="2">完税价格（¥）</td><td>税率（%）</td><td>税款金额（¥）</td></tr>
<tr><td></td><td></td><td></td><td></td><td colspan="2"></td><td></td><td></td></tr>
<tr><td colspan="6">金额人民币（大写）</td><td>合计（¥）</td><td></td></tr>
<tr><td>申请单位编号</td><td></td><td>报关单编号</td><td colspan="2"></td><td rowspan="4" colspan="2">填制单位

制单人
复核人</td><td rowspan="4">收款国库（银行）</td></tr>
<tr><td>合同（批文）号</td><td></td><td>运输工具（号）</td><td colspan="2"></td></tr>
<tr><td>缴款期限</td><td></td><td>提/装货单号</td><td colspan="2"></td></tr>
<tr><td>备注</td><td colspan="4"></td></tr>
</table>

自填发缴款书之日起15日内缴纳税款（期末遇星期六、星期日或法定节假日顺延），逾期缴纳按日加收税款总额万分之五的滞纳金。

注：海关专用缴款书一式六联，其中：

第一联：（收据）银行收款签章后交缴款单位或缴纳人；第二联：（付款凭证）由缴款单位开户银行作为付出凭证；

第三联：（收款凭证）由收款国库作为收入凭证；　　　第四联：（回执）由国库盖章后退回海关财务部门；

第五联：（报查）国库收款后，关税专用缴款书退回海关，海关代征税专用缴款书送当地税务机关；

第六联：（存根）由填发单位存查。

（三）税收强制措施和税收保全

1. 税收强制措施

进出口货物的纳税义务人，应当自海关填发税款缴款书之日起十五日内缴纳税款；逾期缴纳的，由海关征收滞纳金。纳税义务人、担保人超过三个月仍未缴纳的，经直属海关关长或者其授权的隶属海关关长批准，海关可以采取下列强制措施：

（1）书面通知其开户银行或者其他金融机构从其存款中扣缴税款。

（2）将应税货物依法变卖，以变卖所得抵缴税款。

（3）扣留并依法变卖其价值相当于应纳税款的货物或者其他财产，以变卖所得抵缴税款。

海关采取强制措施时，对前款所列纳税义务人、担保人未缴纳的滞纳金同时强制执行。

2. 税收保全

进出口货物的纳税义务人在规定的纳税期限内有明显的转移、藏匿其应税货物以及其他财产迹象的，海关可以责令纳税义务人提供担保；纳税义务人不能提供纳税担保的，经直属海关关长或者其授权的隶属海关关长批准，海关可以采取下列税收保全措施：

（1）书面通知纳税义务人开户银行或者其他金融机构暂停支付纳税义务人相当于应纳税款的存款。

（2）扣留纳税义务人价值相当于应纳税款的货物或者其他财产。

纳税义务人在规定的纳税期限内缴纳税款的，海关必须立即解除税收保全措施；期限届满仍未缴纳税款的，经直属海关关长或者其授权的隶属海关关长批准，海关可以书面通知纳税义务人开户银行或者其他金融机构从其暂停支付的存款中扣缴税款，或者依法变卖所扣留的货物或者其他财产，以变卖所得抵缴税款。

采取税收保全措施不当，或者纳税义务人在规定期限内已缴纳税款，海关未立即解除税收保全措施，致使纳税义务人的合法权益受到损失的，海关应当依法承担赔偿责任。

二、税费的退补

税费的退补包括三种情况：退税、补征、追征。

（一）退税

退税是指海关多征的税款，发现后应当立即退还；纳税义务人自缴纳税款之日起一年内，可以要求海关退还多缴纳的税款并加算银行同期活期存款利息，海关应当自受理退税申请之日起30日内查实并通知纳税义务人办理退还手续。纳税义务人应当自收到通知之日起3个月内办理有关退税手续。

转账退税申请书(格式一)

编号：

________海关：

根据你关签发的税款专用缴款书(编号：__________),本纳税人已按规定缴纳税款。按照有关规定,现申请退税(及由此产生的银行利息),请予核准。

1. 已缴税款金额：

关税________元,增值税________元,消费税________元……

2. 申请退税理由：

3. 申请退还金额：

关税________元,增值税________元,消费税________元……

4. 申请人名称：

5. 开户银行：

6. 开户银行账号：

申请人签章：

年　月　日

申请人联系地址：　　　　　　　　邮政编码：

联系人：　　　　　　　　　　　　电话：

注："转账退税申请书"一式二联,第一联随原缴款书复印件送国库,第二联海关留存。

说明：1. 此申请书适用于以银行划转方式退还税款的情况。

2. "申请退还金"额中所涉及的税种应与原税款专用缴款书上所列关税、增值税、消费税、消费税或其他实际项目一致。

3. 按照《中华人民共和国进出口关税条例》第 52 条第 2 款规定：纳税义务人发现多缴税款的,可自缴纳税款之日起 1 年内要求退还多缴的税款并加算同期活期存款利息。

4. 此申请书需附原税款专用缴款书复印件各一份。

5. 此申请书需申请人签字并加盖单位公章。

《中华人民共和国进出口关税条例》第五十条规定有下列情形之一的,纳税义务人自缴纳税款之日起 1 年内,可以申请退还关税,并应当以书面形式向海关说明理由,提供原缴款凭证及相关资料,单位退税,一律转账退付,不退现金。除海关原因退税外,由纳税单位向海关交纳 50 元人民币手续费。

以下情况海关核准可予以办理退税手续：

(1)已缴纳进口关税和进口环节税税款的进口货物,因品质或者规格原因原状退货复运出境的。

(2)已缴纳出口关税的出口货物,因品质或者规格原因原状退货复运进境,并已经重新缴纳因出口而退还的国内环节有关税收的。

(3)已缴纳出口关税的货物，因故未装运出口申报退关的。

(4)散装进出口货物发生短卸、短装并已征税放行的，如果该货物的发货人、承运人或者保险公司已对短卸、短装部分退还或者赔偿相应货款的，纳税义务人可以向海关申请退还进口或者出口短卸、短装部分的相应税款。

(5)进出口货物因残损、品质不良、规格不符的原因，由进出口货物的发货人、承运人或者保险公司赔偿相应货款的，纳税义务人可以向海关申请退还赔偿货款部分的相应税款。

(6)因海关误征，致使纳税义务人多缴税款的。

退税凭证样本

收入退还书(海关专用)　(格式)

填发日期：　　　　　　　　　年　　月　　日

合同号：　　　　　　　　编号：　　　　　字　　号　　　　报关单编号：

<table>
<tr><td rowspan="3">收款单位</td><td>全　称</td><td colspan="5"></td><td rowspan="3">退款国库</td><td>预算级次</td><td></td></tr>
<tr><td>账　号</td><td colspan="5"></td><td>指定退款国库</td><td></td></tr>
<tr><td>开户银行</td><td colspan="5"></td><td>收入机关</td><td></td></tr>
<tr><td colspan="7">原　缴　款　书(　　　年)</td><td colspan="2" rowspan="2">退还金额</td><td rowspan="2">退款人盖章</td></tr>
<tr><td>月</td><td>日</td><td>字</td><td>号</td><td>预算科目</td><td>全　额</td><td>缴纳人(或单位)</td></tr>
<tr><td></td><td></td><td></td><td></td><td></td><td></td><td></td><td colspan="2"></td><td></td></tr>
<tr><td colspan="7">退还金额(大写)人民币</td><td colspan="2">合计(￥)</td><td></td></tr>
<tr><td>退还理由</td><td colspan="3"></td><td colspan="3">收入机关：
负责人 盖章　　经手人 盖章</td><td colspan="3">退款国库：
负责人 盖章　　经手人 盖章</td></tr>
<tr><td>审核意见</td><td colspan="3"></td><td colspan="3">机关盖章</td><td colspan="3">付讫日期 图章</td></tr>
</table>

注：收入退还书(海关专用)一式六联，其中：

第一联：(收款通知)交收款单位；　　　　　　第二联：(付款凭证)由退款国库作为付出凭证；

第三联：(收款凭证)由收款单位开户银行作为收入凭证；

第四联：(付款通知)由国库随收入统计表送退库海关；

第五联：(报查凭证)国库退款后，关税收入退还书送退外海关，海关代征税收入退还书送当地税务机关；

第六联：(存根)由填发单位存查。

(二)补征与追征

进出口货物、进出境物品放行后，海关发现少征或者漏征税款，应当自缴纳税款或者货物、物品放行之日起一年内,向纳税义务人补征。

（三）追征

因纳税义务人违反规定而造成的少征或者漏征,海关在三年以内可以追征,并从缴纳税款或者货物放行之日起按日加收少征或者漏征税款万分之五的滞纳金。

本章小结

1. 海关征收以及代征的主要税费有进出口关税、增值税、消费税、船舶吨位税等,关税的计征标准主要有从价税、从量税、复合税等,其中使用最多的是从价税。

2. 我国进出口商品中,多数按照价格计征关税,也就是以税率和实际进口货物完税价格相乘计算应征税额。对于以从价计征关税的进出口货物,海关在征收关税时必须要确定一个计征关税的价格,也就是经海关审定作为计征关税依据的完税价格。审定关税的完税价格是贯彻关税政策的重要环节。

3. 货物的原产地是指货物的经济国籍,判定原产地的规则主要有《优惠性原产地规则》和《非优惠性原产地规则》,判定标准为完全原产和实质性改变标准,其中实质性改变标准主要有税目改变标准、从价百分比标准、制造加工工序标准。按照《关税条例》,进口关税设置最惠国税率、协定税率、特惠税率、关税配额税率、普通税率和暂定税率等。关税税率的基本适用原则是“从低适用”,原产于某一国家的某一种货物其适用税率有两种或两种以上,则取低者计征关税。

4. 纳税义务人在向海关申报后,依据公式计算税款,并应当自海关填发税款缴款书之日起15日内缴纳税款。纳税义务人未按期缴纳税款的,从滞纳税款之日起,按日加收滞纳税款万分之五的滞纳金。纳税义务人应当在货物的进出境地海关缴纳税款,经海关批准也可以在纳税义务人所在地向其主管海关缴纳税款。（即“属地纳税”）纳税义务人缴纳税款的方式主要有两种,一种是“柜台支付纳税”,一种是“网上支付纳税”。

5. 退税是指海关多征的税款,发现后应当立即退还;海关发现少征或者漏征税款,应当自缴纳税款或者货物、物品放行之日起一年内,向纳税义务人补征;因纳税义务人违反规定而造成的少征或者漏征,海关在三年以内可以追征,并从缴纳税款或者货物放行之日起按日加收少征或者漏征税款万分之五的滞纳金。

自测题

一、不定项选择题

1. 进出口货物的完税价格,由海关以该货物的(　　)为基础审查确定。

A. 正常成交价格　　B. 正常到岸价格

C. 正常申报价格　　D. 成交价格

2. 某工厂从美国某企业购买了一批机械设备，成交条件为 CIF 广州，该批货物的发票列示如下：机械设备 USD500 000，运保费 USD5 000，卖方佣金 USD25 000，培训费 USD2 000，设备调试费 USD2 000。该批货物向海关申报的总价应是(　　)。

A. USD527 000　　B. USD530 000　　C. USD532 000　　D. USD552 000

3. 海关于 9 月 10 日(周二)填发税款缴款书，纳税人应当最迟于(　　)到指定银行缴纳关税。

A. 9 月 23 日　　B. 9 月 24 日　　C. 9 月 25 日　　D. 9 月 26 日

4. 海关确定进口货物完税价格的方法有：①合理方法；②成交价格法；③倒扣价格法；④计算价格法；⑤类似货物成交价格法；⑥相同货物成交价格法。采用上述六种估计方法的正确顺序为(　　)。

A. ①②③④⑤⑥　　B. ②⑤⑥①③④　　C. ②⑥⑤③④①　　D. ①②⑥⑤④③

5. 某企业以 CIF 成交方式购进一台砂光机，先预支付设备款 25 000 港币，发货时再支付设备价款 40 000 港币，并另直接支付给境外某专利所有人专用技术使用费 15 000 港币。此外，提单上列明 THC(码头装卸费)费为 500 港币。该批货物经海关审定的成交价格为(　　)。

A. 65 500 元港币　　B. 65 000 元港币　　C. 80 500 元港币　　D. 80 000 港币

6. 境内某公司从香港购进孟加拉国产的某商品一批。设该商品的最惠国税率为 10%，普通税率为 30%，亚太协定税率为 9.5%，香港 CEPA 项下税率为 0，该商品进口时适用的税率是(　　)。

A. 10%　　B. 30%　　C. 9.5%　　D. 0

7. 目前我国不实行从量计税的进口商品是(　　)。

A. 冻乌鸡　　B. 鲜啤酒　　C. 未梳原棉　　D. 盘装胶卷

8. 某航空公司以租赁方式从美国租赁一架价值 USD1 800 000 的小型飞机，租期 1 年，年租金为 USD60 000，此情况经海关审查属实。在这种情况下海关审定该飞机的完税价格为(　　)。

A. USD1 800 000　　B. USD60 000　　C. USD1 860 000　　D. USD1 740 000

9. 纳税义务人、担保人超过(　　)仍未缴纳税款的，海关可以采取强制措施扣缴(　　)。

A. 15 天　　B. 1 个月　　C. 3 个月　　D. 6 个月

10. 我国某出口加工企业从香港购进台湾产的薄形尼龙布一批，加工成女式服装后，经批准运往区外内销，该批服装向海关申报出区时，其原产地应申报为(　　)。

A. 香港　　B. 台湾　　C. 中国　　D. 国别不详

11. 下列属于非优惠原产地认定标准中“实质性改变标准”的是(　　)。

A. 完全获得标准　　B. 税则归类改变标准　　C. 从价百分比标准　　D. 加工工序标准

12. 关于进出口货物税费的计算，下列表述正确的是(　　)。

A. 海关按照该货物适用税率之日所适用的计征汇率折合为人民币计算完税价格

B. 关税税额采用四舍五入法计算至人民币“分”

C. 完税价格采用四舍五入法计算至人民币“元”

D. 关税的起征点为人民币 50 元

13. 因纳税义务人违反规定造成少征或漏征税款的，海关可以在规定期限内追征税款并从缴纳税款或者货物放行之日起至海关发现违规行为之日止，按日加收少征或漏征税款的滞纳金。其规定期限和滞纳金的征收标准分别为（　　）。

A. 1 年；0.5‰　　B. 3 年；0.5‰　　C. 1 年；1‰　　D. 3 年；1‰

14. 下列进口货物中，属于法定免税进口的是（　　）。

A. 某三资企业以保税方式进口的生产原材料

B. 某大学进口用于科研实验用器材

C. 某化妆品公司用于广告宣传而进口的免费赠送的试用化妆品

D. 残疾人进口的残疾人专用轮椅

15. 进口货物发票中有关货物的价款列明的税收、费用等各项中，计入货物关税完税价格的有（　　）。

A. 厂房、机械、设备等货物进口后进行建设、安装、装配、维修和技术服务的费用

B. 进口货物运抵境内输入地点起卸后的运输及相关费用、保险费

C. 进口关税及国内税收

D. 作为该货物向我国境内销售条件，买方必须支付的，与该货物有关的特许权使用费

16. 下列不属于消费税征收范围的进口商品是（　　）。

A. 香烟　　B. 高档化妆品

C. 服装　　D. 珠宝

17. 由国务院根据某个单位、某类商品、某个时期或某批货物的特殊情况，按规定给予特别的临时性的减免税优惠是指（　　）。

A. 法定减免税　　B. 特定减免税

C. 临时减免税　　D. 政策性减免税

18. 某公司进口货物应缴纳关税 20 000 元，增值税 30 000 元，海关于 4 月 28 日（周五）开出缴纳通知单，该公司于 5 月 18 日缴纳，海关应该征收滞纳金为（　　）。

A. 0 元　　B. 50 元

C. 75 元　　D. 100 元

19. 我国某公司出口货物，成交价格为 CIF 纽约 1 000 美元，1 美元=6.5 人民币，已知运保费折合为 1 550 元人民币，出口税率为 15%，则海关应征关税税额为（　　）。

A. 645.65 元　　B. 643.48 元

C. 645 元　　D. 645.652 2 元

20. 协定税率适用于我国参加的含有关税优惠条款的区域性贸易协定的有关缔约方的进口货物,我国进口原产于(　　)的货物,不适用该种税率。

A. 泰国　　B. 韩国

C. 巴基斯坦　　D. 印度

21. 境内某公司与香港某公司签约进口韩国产的彩色超声波诊断仪 1 台,直接由韩国运抵上海,成交价格 CIF 上海 10 000 美元/台。设 1 美元=7 元人民币,最惠国税率为 5%,普通税率为 17%,亚太贸易协定税率为 4.5%,该商品进口时适用的税率是(　　)。

A. 0　　B. 17%

C. 5%　　D. 4.5%

22. 关于海关估价方法,下列叙述错误的是(　　)。

A. 海关在审定进口货物完税价格时,应优先采用成交价格法

B. 当进口货物的成交价格经海关审查未能确定时,才能依此使用其他估价方法

C. 在使用其他估价方法时,海关可优先使用合理方法

D. 相同货物的估价方法,是指在所有方面都相同的货物

23. 用于所获得或生产产品中的原产于东盟成员方的成分不少于该货物 FOB 价的(　　),并且最后的工序是在成员方境内完成,则认定原产国为东盟成员国。

A. 40%　　B. 30%

C. 50%　　D. 60%

24. 某进出口贸易公司从美国进口了一台电梯,发票列明如下:成交价格为 CIF 珠海 USD100 000,电梯进口后的安装、调试费 USD4 000。经海关审查上述成交价格属实,且安装、调试费已包含在成交价格中,则海关审定该台电梯的完税价格为(　　)。

A. USD100 000　　B. USD104 000

C. USD96 000　　D. USD98 000

25. 某企业从德国进口医疗检查设备一台,发票分别列明:CIF 上海 50 000 美元/台,境外培训费 3 000 美元。此外,合同列明设备投入使用后买方从收益中另行支付卖方 20 000 美元。该批货物经海关审定的成交价格应为(　　)。

A. 73 000 美元　　B. 50 000 美元

C. 70 000 美元　　D. 53 000 美元

二、判断题

1. 纳税人认为海关征税有错误或者不适当时,可以向海关申请复议,但同时应当在法律规定的时间内按海关核定的税额缴纳关税。(　　)

2. 海关采取强制税收执行措施时,对纳税义务人未缴纳的滞纳金同时强制执行。(　　)

3. 海关审定的进口货物的成交价格,是指卖方向中华人民共和国境内销售该货物时买方为进口该货物向卖方实付、应付的价格总额,包括直接支付的价格和间接支付的价款。

(　　)

4. 某公司从境外进口清凉饮料 2 000 箱(24×300 毫升/箱),申报价格 CIF 广州 45 港币/箱,海关审核单证发现合同规定:货售完后,买方须将销售利润的 20% 返还卖方。海关认定该成交价格受到影响,不予接受其申报价格 45 港币/箱来确定完税价格。(　　)

5. 海关在审定货物的完税价格时,如买卖双方在经营上有相互联系,一方是另一方的独家代理、经销或受让人的,应当视为特殊关系。(　　)

6. 海关发现多征税款的,应当立即通知纳税义务人办理退还手续,但已征收的滞纳金不予退还。(　　)

7. 海关发现少征税款的,可以向纳税义务人进行追征。(　　)

8. 原产地证书并不是确定货物是否使用优惠原产地规则的唯一标准,海关通过查验货物可确认原产地。(　　)

9. 海关在审定进出口货物完税价格的时候可以优先使用合理方法。(　　)

10. 海关审定的进口货物的完税价格为货物的 CIF 价,出口货物的完税价格为货物的 FOB 价。(　　)

三、计算题

1. 境内某公司与中国香港某公司签约进口韩国产的彩色超声波诊断仪 1 台,直接由韩国运抵上海,成交价格 CIF 上海 10 000 美元/台。设 1 美元=6.4 元人民币,最惠国税率为 5%,普通税率为 17%,亚太贸易协定税率为 4.5%,应征进口关税税额为多少。

2. 某公司从中国香港购买一批日本产富士彩色胶卷 8 000 卷(宽度 35 毫米,长度 2 米之内),成交价格为 CIF 上海 HKD12/卷。设外汇折算价为 1 港元=1.2 元人民币,以上规格胶卷 0.05 平方米/卷。该批商品的最惠国税率为 22 元人民币/平方米,计算应征进口关税税额为多少。

3. 广西某公司从韩国进口绣花机 1 台,发票列明:交易单价为 CIF 南宁 100 000 美元/台,商标使用费 10 000 美元,经纪费 3 000 美元,该批货物经海关审定的成交价格应为多少?该绣花机进口关税税率为 8%,消费税税率 5%,增值税税率 17%,纳税义务人向海关指定银行缴纳税款总额为多少?海关于 5 月 23 日(星期五)填发海关专用缴款书,该公司于 6 月 12 日缴纳税款(注:6 月 8 日为端午节,公休日顺延至 6 月 9 日),应征的税款滞纳金为多少?(1 美元=6.4 元人民币)

4. 中国某家企业从美国以 CIF 价进口一台机器设备,发票分别列明:设备价款 CIF 上海 USD55 000,设备进口后的境内相关费用为 34 000 元人民币,与设备配套使用的操作系统使用费 USD13 000。1 美元=6 元人民币,经查该批设备适用的税率如下:协定税率为 5%,最惠国税率 10%,普通税率 13%,该批设备的消费税税率 5%,增值税税率 17%,海关于 2018 年 5 月 7 日(星期一)填发海关专用缴款书,该公司于 2018 年 5 月 25 日缴纳税款,根据以上材料计算:

(1)海关审定的完税价格是多少,适用的进口关税税率是多少?(进行简要说明)

(2)海关征收的关税税额是多少?

(3)海关代征的消费税税额是多少?

(4)海关代征的增值税税额是多少?

(5)滞纳的天数是几天,应缴纳的滞纳金是多少?

5. 中国某家企业从法国以 FOB 价进口一台模具加工机床,发票分别列明:设备价款 FOB 上海 USD50 000,运保费合计 USD5 000,机器进口后的境内相关费用为 20 000 元人民币,卖方佣金 USD8 000,与设备配套使用的操作系统使用费 USD5 000。1 美元=6 元人民币,经查该批设备适用的税率如下:协定税率为 5%,最惠国税率 10%,普通税率 13%,该批设备的消费税税率 5%,增值税税率 17%,海关于 5 月 8 日(星期一)填发海关专用缴款书,该公司于 2017 年 5 月 26 日缴纳税款,根据以上材料回答下列问题:

(1)海关审定的完税价格是多少,适用的进口关税税率是多少?(进行简要说明)

(2)海关征收的关税税额是多少?

(3)海关代征的消费税税额是多少?

(4)海关代征的增值税税额是多少?

(5)滞纳的天数是几天,应缴纳的滞纳金是多少?

第十章

Chapter 10

报关单填制

【学习要点及目标】

通过本章学习,使学生了解报关单的分类,了解报关单各栏目填制的基本要求及应注意的事项,在理解报关单填制规范的基础上,掌握如何完整、准确、有效地填制报关单。

【引导案例】

浙江省海盐县饲料公司从加拿大进口了21 000吨油菜籽。为逃税,该公司经理葛建华托人找到被告单位浙江省浙信实业公司总经理金培赶帮忙。经密谋,被告单位及被告人采用申领进口料件加工复出口登记手册形式将油菜籽走私入关,并具体约定被告单位及被告人从中非法获利金额。此后,被告人积极协助并指使手下员工具体办理向海关申领手册、更改出口地、陪同海关人员下厂检查、核销等事宜。为核销,金培赶与被告人商定:由被告人提供出口报关单,浙信公司支付费用。被告人先后提供3份假的出口报关单,用于该批油菜籽的核销。海盐县饲料公司的21 000吨油菜籽入关后全部在国内销售,造成国家流失税款3 900万余元。在共同走私中,被告单位浙江省浙信实业公司非法获利人民币310.69万元;被告单位宁波边防检查站非法获利人民币167.5万元;被告人非法获利人民币329.31万元。公诉机关认为,被告人利用职务便利,侵吞公共财物,其行为均触犯了《中华人民共和国刑法》第三百八十二条、第三百八十三条之规定,犯有贪污罪。

资料来源:浙江电子口岸

第一节　填制报关单须知

一、报关单含义

报关单是指进出口货物的收发货人或其代理人,按照海关规定的格式对进出口货物实际情况作出书面申明,以此要求海关对其货物按适用的海关制度办理通关手续的法律文书。

报关单的定义说明报关单是办理通关手续的法律文书。这明确了报关单的用途和法律地位。报关单的定义还表明报关单要按照海关规定的格式填写，这种海关规定的格式是该部分学习的主要内容。报关单中填报的内容能够表明货物进出口所适用的海关制度。

二、报关单类别

按货物的进出口状态、表现形式、用途和海关监管方式的不同，进出口货物报关单可分为以下几种类型：

(一)按进出口的状态分类

(1)进口货物报关单。

(2)出口货物报关单。

(二)按表现形式分类

(1)纸质报关单。

(2)电子数据报关单。

(三)按海关监管方式分类

(1)进料加工进(出)口货物报关单。

(2)来料加工及补偿贸易进(出)口货物报关单。

(3)一般贸易及其他贸易进(出)口货物报关单。

(四)按用途分类

(1)报关单录入凭单：指申报单位按报关单的格式填写的凭单，用作报关单预录入的依据。该凭单的编号规则由申报单位自行决定。

(2)预录入报关单：指预录入单位按照申报单位填写的报关单凭单录入、打印由申报单位向海关申报，海关尚未接受申报的报关单。

(3)报关单证明联：指海关在核实货物实际进出境后按报关单格式提供的，用作进出口货物收发货人向国税、外汇管理部门办理退税和外汇核销手续的证明文件。

三、进出口货物报关单的法律效力

《海关法》规定："进口货物的收货人、出口货物的发货人应当向海关如实申报，交验进出口许可证件和有关单证。"

进出口货物报关单及其他进出境报关单(证)在对外经济贸易活动中具有十分重要的法律效力，它是货物的收发货人向海关报告其进出口货物实际情况及所适用的海关业务制度，申请海关审查并放行货物的必备法律书证。它既是海关对进出口货物进行监管、征税、统计以及开展稽查、调查的重要依据，又是加工贸易核销、出口退税和外汇管理的重要凭证，也是海关处理进出口货物走私、违规案件及税务、外汇管理部门查处骗税、套汇等犯罪活动的重要书证。

因此,申报人对所填报的进出口货物报关单的真实性和准确性应承担法律责任。

电子数据报关单与纸质报关单具有同等法律效力。

四、海关对进出口货物报关单填制的一般要求

进出境货物的收发货人或其代理人向海关申报时,必须填写并向海关递交进出口货物报关单。申报人在填制报关单时,应当依法如实向海关申报,对申报内容的真实性、准确性、完整性和规范性承担相应的法律责任。

(1)报关员必须按照《海关法》《货物申报管理规定》和《报关单填制规范》的有关规定和要求,向海关如实申报。

(2)报关单填报必须真实,做到“两个相符”:①单、证相符:所填报关单各栏目的内容必须与合同、发票、装箱单、提单以及批文等随附单据相符。②单、货相符:所填报关单各栏目的内容必须与实际进出口货物情况相符。

(3)报关单的填报要准确、完整、清楚,报关单各栏目内容要逐项详细准确填报(打印),字迹清楚、整洁、端正,不得用铅笔或红色复写纸填写;若有更正,必须在更正项目上加盖校对章。

(4)不同的批文或合同的货物、同一批货物中不同的贸易方式的货物、不同备案号的货物、不同提运单的货物、不同的运输方式或相同的运输方式但不同航次的货物,均应该分单填报。这也是学习各栏目的填报时需要注意的地方。还有以下情况也需要注意:①一份原产地证书只能对应一份报关单;②同一份报关单上的商品不能够同时享受协定税率和减免税;③在一批货物中,对于实行原产地证书联网管理的,如涉及多份原产地证书或含有非原产地证书商品,亦应分单填报。

(5)在反映进出口商品情况的项目中,需分项填报的主要有下列几种情况:①商品编号不同(即商品编码不同);②商品名称不同;③原产国(地区)/最终目的国(地区)不同。

(6)已向海关申报的进出口货物报关单,如原填报内容与实际进出口货物不一致而又有正当理由,申报人应向海关递交书面更正申请,经海关核准后,对原填报的内容进行更改或撤销。

第二节　进出口货物报关单填制规范

为规范进出口货物收发货人的申报行为,统一进出口货物报关单填制要求,2018 年 6 月海关总署对《中华人民共和国海关进出口货物报关单填制规范》进行了修订,修订后的《中华人民共和国海关进出口货物报关单填制规范》自 2018 年 8 月 1 日起执行。通关各种参数可在海关总署网站查询,如图 10.1 所示。

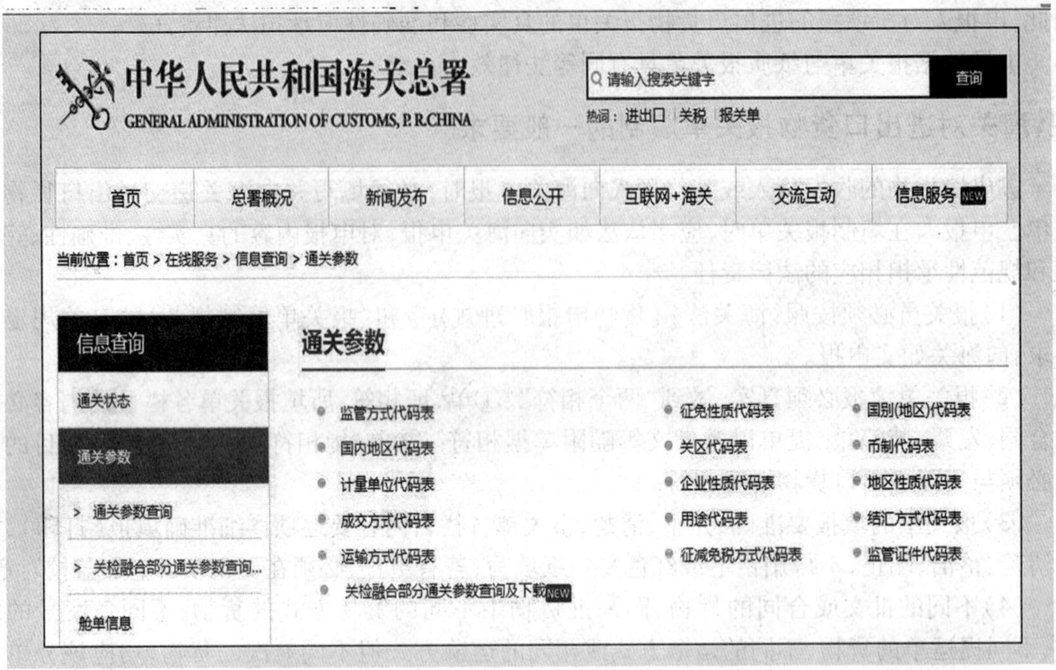

图 10.1　通关参数查询指引

报关单各栏目的具体填制规范如下：

一、预录入编号

预录入编号指预录入报关单的编号，一份报关单对应一个预录入编号，由系统自动生成。报关单预录入编号为 18 位，其中第 1 ~ 4 位为接受申报海关的代码（海关规定的《关区代码表》中相应海关代码），第 5 ~ 8 位为录入时的公历年份，第 9 位为进出口标志（“1”为进口，“0”为出口；集中申报清单“I”为进口，“E”为出口），后 9 位为顺序编号。

二、海关编号

海关编号指海关接受申报时给予报关单的编号，一份报关单对应一个海关编号，由系统自动生成。报关单海关编号为 18 位，其中第 1 ~ 4 位为接受申报海关的代码（海关规定的《关区代码表》中相应海关代码），第 5 ~ 8 位为海关接受申报的公历年份，第 9 位为进出口标志（“1”为进口，“0”为出口；集中申报清单“I”为进口，“E”为出口），后 9 位为顺序编号。

三、境内收发货人

填报在海关备案的对外签订并执行进出口贸易合同的中国境内法人、其他组织名称及编码。编码填报18位法人和其他组织统一社会信用代码,没有统一社会信用代码的,填报其在海关的备案编码。

特殊情况下填报要求如下:

(一)进出口货物合同的签订者和执行者非同一企业的,填报执行合同的企业。

(二)外商投资企业委托进出口企业进口投资设备、物品的,填报外商投资企业,并在标记唛码及备注栏注明"委托某进出口企业进口",同时注明被委托企业的18位法人和其他组织统一社会信用代码。

(三)有代理报关资格的报关企业代理其他进出口企业办理进出口报关手续时,填报委托的进出口企业。

(四)海关特殊监管区域收发货人填报该货物的实际经营单位或海关特殊监管区域内经营企业。

四、进出境关别

根据货物实际进出境的口岸海关,填报海关规定的《关区代码表》中相应口岸海关的名称及代码。

特殊情况填报要求如下:

进口转关运输货物填报货物进境地海关名称及代码,出口转关运输货物填报货物出境地海关名称及代码。按转关运输方式监管的跨关区深加工结转货物,出口报关单填报转出地海关名称及代码,进口报关单填报转入地海关名称及代码。

在不同海关特殊监管区域或保税监管场所之间调拨、转让的货物,填报对方海关特殊监管区域或保税监管场所所在的海关名称及代码。

其他无实际进出境的货物,填报接受申报的海关名称及代码。

五、进出口日期

进口日期填报运载进口货物的运输工具申报进境的日期。出口日期指运载出口货物的运输工具办结出境手续的日期,在申报时免予填报。无实际进出境的货物,填报海关接受申报的日期。

进出口日期为8位数字,顺序为年(4位)、月(2位)、日(2位)。

六、申报日期

本栏目在申报时免予填报。申报日期指海关接受进出口货物收发货人、受委托的报关企业申报数据的日期。以电子数据报关单方式申报的,申报日期为海关计算机系统接受申报数据时记录的日期。以纸质报关单方式申报的,申报日期为海关接受纸质报关单并对报关单进行登记处理的日期。

申报日期为8位数字,顺序为年(4位)、月(2位)、日(2位)。

七、备案号

填报进出口货物收发货人、消费使用单位、生产销售单位在海关办理加工贸易合同备案或征、减、免税审核确认等手续时,海关核发的《加工贸易手册》、海关特殊监管区域和保税监管场所保税账册、《征免税证明》或其他备案审批文件的编号。

一份报关单只允许填报一个备案号。具体填报要求如下:

(一)加工贸易项下货物,除少量低值辅料按规定不使用《加工贸易手册》及以后续补税监管方式办理内销征税的外,填报《加工贸易手册》编号。

使用异地直接报关分册和异地深加工结转出口分册在异地口岸报关的,填报分册号;本地直接报关分册和本地深加工结转分册限制在本地报关,填报总册号。

加工贸易成品凭《征免税证明》转为减免税进口货物的,进口报关单填报《征免税证明》编号,出口报关单填报《加工贸易手册》编号。

对加工贸易设备、使用账册管理的海关特殊监管区域内减免税设备之间的结转,转入和转出企业分别填制进、出口报关单,在报关单“备案号”栏目填报《加工贸易手册》编号。

(二)涉及征、减、免税审核确认的报关单,填报《征免税证明》编号。

(三)减免税货物退运出口,填报《中华人民共和国海关进口减免税货物准予退运证明》的编号;减免税货物补税进口,填报《减免税货物补税通知书》的编号;减免税货物进口或结转进口(转入),填报《征免税证明》的编号;相应的结转出口(转出),填报《中华人民共和国海关进口减免税货物结转联系函》的编号。

八、境外收发货人

境外收货人通常指签订并执行出口贸易合同中的买方或合同指定的收货人,境外发货人通常指签订并执行进口贸易合同中的卖方。填报境外收发货人的名称及编码。名称一般填报英文名称,检验检疫要求填报其他外文名称的,在英文名称后填报,以半角括号分隔;对于AEO(经认证的经营者)互认国家(地区)企业的,编码填报AEO编码,填报样式按照海关总署发布的相关公告要求填报(如新加坡AEO企业填报样式为:SG123456789012,韩国AEO企业填报样式为KR1234567);非互认国家(地区)AEO企业等其他情形,编码免于填报。

特殊情况下无境外收发货人的,名称及编码填报“NO”。

九、运输方式

运输方式包括实际运输方式和海关规定的特殊运输方式,前者指货物实际进出境的运输方式,按进出境所使用的运输工具分类;后者指货物无实际进出境的运输方式,按货物在境内的流向分类。

根据货物实际进出境的运输方式或货物在境内流向的类别,按照海关规定的《运输方式代码表》选择填报相应的运输方式(表10.1)。

表10.1　运输方式代码表

代码	中文名称	代码	中文名称
0	非保税区	9	其他方式运输
1	监管仓库	H	边境特殊海关作业区
2	水路运输	T	综合实验区
3	铁路运输	W	物流中心
4	公路运输	X	物流园区
5	航空运输	Y	保税港区
6	邮件运输	Z	出口加工区
7	保税区	L	旅客携带
8	保税仓库	G	固定设施运输

(一)特殊情况填报要求

1. 非邮件方式进出境的快递货物,按实际运输方式填报。

2. 进口转关运输货物,按载运货物抵达进境地的运输工具填报;出口转关运输货物,按载运货物驶离出境地的运输工具填报。

3. 不复运出(入)境而留在境内(外)销售的进出境展览品、留赠转卖物品等,填报"其他运输"(代码9)。

4. 进出境旅客随身携带的货物,填报"旅客携带"(代码L)。

5. 以固定设施(包括输油、输水管道和输电网等)运输货物的,填报"固定设施运输"(代码G)。

(二)无实际进出境货物在境内流转时填报要求

1. 境内非保税区运入保税区货物和保税区退区货物,填报"非保税区"(代码0)。

2. 保税区运往境内非保税区货物,填报"保税区"(代码7)。

3. 境内存入出口监管仓库和出口监管仓库退仓货物,填报"监管仓库"(代码1)。

4. 保税仓库转内销货物或转加工贸易货物,填报"保税仓库"(代码8)。

5. 从境内保税物流中心外运入中心或从中心运往境内中心外的货物,填报"物流中心"(代码W)。

6. 从境内保税物流园区外运入园区或从园区内运往境内园区外的货物,填报"物流园区"(代码X)。

7. 保税港区、综合保税区与境内(区外)(非海关特殊监管区域、保税监管场所)之间进出的货物,填报"保税港区/综合保税区"(代码Y)。

8. 出口加工区、珠澳跨境工业区(珠海园区)、中哈霍尔果斯边境合作区(中方配套区)与境内(区外)(非海关特殊监管区域、保税监管场所)之间进出的货物,填报“出口加工区”(代码 Z)。

9. 境内运入深港西部通道港方口岸区的货物,填报“边境特殊海关作业区”(代码 H)。

10. 经横琴新区和平潭综合实验区(以下简称综合试验区)二线指定申报通道运往境内区外或从境内经二线指定申报通道进入综合试验区的货物,以及综合试验区内按选择性征收关税申报的货物,填报“综合试验区”(代码 T)。

11. 海关特殊监管区域内的流转、调拨货物,海关特殊监管区域、保税监管场所之间的流转货物,海关特殊监管区域与境内区外之间进出的货物,海关特殊监管区域外的加工贸易余料结转、深加工结转、内销货物,以及其他境内流转货物,填报“其他运输”(代码 9)。

十、运输工具名称及航次号

填报载运货物进出境的运输工具名称或编号及航次号。填报内容应与运输部门向海关申报的舱单(载货清单)所列相应内容一致。

(一)运输工具名称具体填报要求

1. 直接在进出境地或采用全国通关一体化通关模式办理报关手续的报关单填报要求

(1)水路运输:填报船舶编号(来往港澳小型船舶为监管簿编号)或者船舶英文名称。

(2)公路运输:启用公路舱单前,填报该跨境运输车辆的国内行驶车牌号,深圳提前报关模式的报关单填报国内行驶车牌号+“/”+“提前报关”。启用公路舱单后,免予填报。

(3)铁路运输:填报车厢编号或交接单号。

(4)航空运输:填报航班号。

(5)邮件运输:填报邮政包裹单号。

(6)其他运输:填报具体运输方式名称,例如:管道、驮畜等。

2. 转关运输货物的报关单填报要求

(1)进口

A. 水路运输:直转、提前报关填报“@”+16 位转关申报单预录入号(或 13 位载货清单号);中转填报进境英文船名。

B. 铁路运输:直转、提前报关填报“@”+16 位转关申报单预录入号;中转填报车厢编号。

C. 航空运输:直转、提前报关填报“@”+16 位转关申报单预录入号(或 13 位载货清单号);中转填报“@”。

D. 公路及其他运输:填报“@”+16 位转关申报单预录入号(或 13 位载货清单号)。

E. 以上各种运输方式使用广东地区载货清单转关的提前报关货物填报“@”+13 位载货清单号。

(2)出口

A. 水路运输:非中转填报“@”+16 位转关申报单预录入号(或 13 位载货清单号)。如多张报关单需要通过一张转关单转关的,运输工具名称字段填报“@”。

中转货物,境内水路运输填报驳船船名;境内铁路运输填报车名(主管海关4位关区代码+“TRAIN”);境内公路运输填报车名(主管海关4位关区代码+“TRUCK”)。

B. 铁路运输:填报“@”+16位转关申报单预录入号(或13位载货清单号),如多张报关单需要通过一张转关单转关的,填报“@”。

C. 航空运输:填报“@”+16位转关申报单预录入号(或13位载货清单号),如多张报关单需要通过一张转关单转关的,填报“@”。

D. 其他运输方式:填报“@”+16位转关申报单预录入号(或13位载货清单号)。

3. 采用“集中申报”通关方式办理报关手续的,报关单填报“集中申报”。

4. 无实际进出境的货物,免予填报。

(二)航次号具体填报要求

1. 直接在进出境地或采用全国通关一体化通关模式办理报关手续的报关单

(1)水路运输:填报船舶的航次号。

(2)公路运输:启用公路舱单前,填报运输车辆的8位进出境日期〔顺序为年(4位)、月(2位)、日(2位),下同〕。启用公路舱单后,填报货物运输批次号。

(3)铁路运输:填报列车的进出境日期。

(4)航空运输:免予填报。

(5)邮件运输:填报运输工具的进出境日期。

(6)其他运输方式:免予填报。

2. 转关运输货物的报关单

(1)进口

A. 水路运输:中转转关方式填报“@”+进境干线船舶航次。直转、提前报关免予填报。

B. 公路运输:免予填报。

C. 铁路运输:“@”+8位进境日期。

D. 航空运输:免予填报。

E. 其他运输方式:免予填报。

(2)出口

A. 水路运输:非中转货物免予填报。中转货物:境内水路运输填报驳船航次号;境内铁路、公路运输填报6位启运日期〔顺序为年(2位)、月(2位)、日(2位)〕。

B. 铁路拼车拼箱捆绑出口:免予填报。

C. 航空运输:免予填报。

D. 其他运输方式:免予填报。

3. 无实际进出境的货物,免予填报。

十一、提运单号

填报进出口货物提单或运单的编号。一份报关单只允许填报一个提单或运单号,一票货物对应多个提单或运单时,应分单填报。

具体填报要求如下:

(一)直接在进出境地或采用全国通关一体化通关模式办理报关手续的

1. 水路运输:填报进出口提单号。如有分提单的,填报进出口提单号+“ * ”+分提单号。

2. 公路运输:启用公路舱单前,免予填报;启用公路舱单后,填报进出口总运单号。

3. 铁路运输:填报运单号。

4. 航空运输:填报总运单号+“_”+分运单号,无分运单的填报总运单号。

5. 邮件运输:填报邮运包裹单号。

(二)转关运输货物的报关单

1. 进口

(1)水路运输:直转、中转填报提单号。提前报关免予填报。

(2)铁路运输:直转、中转填报铁路运单号。提前报关免予填报。

(3)航空运输:直转、中转货物填报总运单号+“_”+分运单号。提前报关免予填报。

(4)其他运输方式:免予填报。

(5)以上运输方式进境货物,在广东省内用公路运输转关的,填报车牌号。

2. 出口

(1)水路运输:中转货物填报提单号;非中转货物免予填报;广东省内汽车运输提前报关的转关货物,填报承运车辆的车牌号。

(2)其他运输方式:免予填报。广东省内汽车运输提前报关的转关货物,填报承运车辆的车牌号。

(三)采用“集中申报”通关方式办理报关手续的,报关单填报归并的集中申报清单的进出口起止日期〔按年(4 位)月(2 位)日(2 位)年(4 位)月(2 位)日(2 位)〕。

(四)无实际进出境的货物,免予填报。

十二、货物存放地点(进口报关单填写)

填报货物进境后存放的场所或地点,包括海关监管作业场所、分拨仓库、定点加工厂、隔离检疫场、企业自有仓库等。

十三、消费使用单位/生产销售单位

(一)消费使用单位填报已知的进口货物在境内的最终消费、使用单位的名称,包括:

1. 自行进口货物的单位。

2. 委托进出口企业进口货物的单位。

（二）生产销售单位填报出口货物在境内的生产或销售单位的名称，包括：

1. 自行出口货物的单位。

2. 委托进出口企业出口货物的单位。

（三）减免税货物报关单的消费使用单位/生产销售单位应与《中华人民共和国海关进出口货物征免税证明》（以下简称《征免税证明》）的“减免税申请人”一致；保税监管场所与境外之间的进出境货物，消费使用单位/生产销售单位填报保税监管场所的名称（保税物流中心（B型）填报中心内企业名称）。

（四）海关特殊监管区域的消费使用单位/生产销售单位填报区域内经营企业（“加工单位”或“仓库”）。

（五）编码填报要求

1. 填报 18 位法人和其他组织统一社会信用代码。

2. 无 18 位统一社会信用代码的，填报“NO”。

（六）进口货物在境内的最终消费或使用以及出口货物在境内的生产或销售的对象为自然人的，填报身份证号、护照号、台胞证号等有效证件号码及姓名。

十四、监管方式

监管方式是以国际贸易中进出口货物的交易方式为基础，结合海关对进出口货物的征税、统计及监管条件综合设定的海关对进出口货物的管理方式。其代码由 4 位数字构成，前两位是按照海关监管要求和计算机管理需要划分的分类代码，后两位是参照国际标准编制的贸易方式代码。

根据实际对外贸易情况按海关规定的《监管方式代码表》选择填报相应的监管方式简称及代码。一份报关单只允许填报一种监管方式（表 10.2）。

表 10.2　部分贸易方式及代码

监管方式代码	监管方式简称	监管方式全称
0110	一般贸易	一般贸易
0130	易货贸易	易货贸易
0420	加工贸易设备	加工贸易项下外商提供的进口设备
0513	补偿贸易	补偿贸易
0615	进料对口	进料加工（对口合同）
1210	保税电商	保税跨境贸易电子商务
1215	保税工厂	保税工厂
2025	合资合作设备	合资合作企业作为投资进口设备物品

续表 10.2

监管方式代码	监管方式简称	监管方式全称
2210	对外投资	对外投资
2225	外资设备物品	外资企业作为投资进口的设备物品
3239	零售电商	跨境电子商务零售
4019	边境小额	边境小额贸易(边民互市贸易除外)
4039	对台小额	对台小额贸易
9610	电子商务	跨境贸易电子商务
9739	其他贸易	其他贸易
9900	其他	其他

特殊情况下加工贸易货物监管方式填报要求如下:

(一)进口少量低值辅料(即 5 000 美元以下,78 种以内的低值辅料)按规定不使用《加工贸易手册》的,填报"低值辅料",代码 0815。使用《加工贸易手册》的,按《加工贸易手册》上的监管方式填报。

(二)加工贸易料件转内销货物以及按料件办理进口手续的转内销制成品、残次品、未完成品,填制进口报关单,填报"来料料件内销(代码 0245)"或"进料料件内销"(代码 0644);加工贸易成品凭《征免税证明》转为减免税进口货物的,分别填制进、出口报关单,出口报关单填报"来料成品减免"(代码 0345)或"进料成品减免"(代码 0744),进口报关单按照实际监管方式填报。

(三)加工贸易出口成品因故退运进口及复运出口的,填报"来料成品退换"或"进料成品退换";加工贸易进口料件因换料退运出口及复运进口的,填报"来料料件退换"(代码 0300)或"进料料件退换"(代码 0700);加工贸易过程中产生的剩余料件、边角料退运出口,以及进口料件因品质、规格等原因退运出口且不再更换同类货物进口的,分别填报"来料料件复出"(代码 0265)、"来料边角料复出(代码 0865)"、"进料料件复出"(代码 0644)、"进料边角料复出"(代码 0864)。

(四)加工贸易边角料内销和副产品内销,填制进口报关单,填报"来料边角料内销"(代码 0845)或"进料边角料内销"(代码 0844)。

(五)企业销毁处置加工贸易货物未获得收入,销毁处置货物为料件、残次品的,填报"料件销毁"(代码 0200);销毁处置货物为边角料、副产品的,填报"边角料销毁"(代码 0400)。

企业销毁处置加工贸易货物获得收入的,填报为"进料边角料内销"(代码 0844)或"来料边角料内销"(代码 0845)。

十五、征免性质

根据实际情况按海关规定的《征免性质代码表》选择填报相应的征免性质简称及代码,持有海关核发的《征免税证明》的，按照《征免税证明》中批注的征免性质填报。一份报关单只允许填报一种征免性质(表10.3)。

加工贸易货物报关单按照海关核发的《加工贸易手册》中批注的征免性质简称及代码填报。特殊情况填报要求如下：

(一)加工贸易转内销货物，按实际情况填报(如一般征税、科教用品、其他法定等)。

表10.3　部分征免性质代码表

征免性质代码	征免性质简称	征免性质全称
101	一般征税	一般征税进出口货物
307	保税区	保税区进口自用物资
401	科教用品	大专院校及科研机构进口科教用品
406	重大项目	国家重大项目进口货物
501	加工设备	加工贸易外商提供的不作价进口设备
502	来料加工	来料加工装配和补偿贸易进口料件及出口成品
503	进料加工	进料加工贸易进口料件及出口成品
506	边境小额	边境小额贸易进口货物
510	港澳 OPA	港澳在内地加工的纺织品获证出口
601	中外合资	中外合资经营企业进出口货物
602	中外合作	中外合作经营企业进出口货物
603	外资企业	外商独资企业进出口货物
789	鼓励项目	国家鼓励发展的内外资项目进口设备
799	自有资金	外商投资额度外利用自有资金进口设备、备件、配件

(二)料件退运出口、成品退运进口货物填报“其他法定”(代码299)。

(三)加工贸易结转货物，免予填报。

十六、许可证号

填报进(出)口许可证、两用物项和技术进(出)口许可证、两用物项和技术出口许可证(定向)、纺织品临时出口许可证、出口许可证(加工贸易)、出口许可证(边境小额贸易)的编号。

一份报关单只允许填报一个许可证号。

十七、启运港(进口报关单填写)

填报进口货物在运抵我国关境前的第一个境外装运港。根据实际情况，按海关规定的《港口代码表》填报相应的港口名称及代码，未在《港口代码表》列明的，填报相应的国家名称及代码。货物从海关特殊监管区域或保税监管场所运至境内区外的，填报《港口代码表》中相应海关特殊监管区域或保税监管场所的名称及代码，未在《港口代码表》中列明的，填报“未列出的特殊监管区”及代码。

其他无实际进境的货物，填报“中国境内”及代码。

十八、合同协议号

填报进出口货物合同(包括协议或订单)编号。未发生商业性交易的免予填报。

十九、贸易国(地区)

发生商业性交易的进口填报购自国(地区),出口填报售予国(地区)。未发生商业性交易的填报货物所有权拥有者所属的国家(地区)。

按海关规定的《国别(地区)代码表》选择填报相应的贸易国(地区)中文名称及代码(表10.4)。

表10.4　部分国别代码表

国别代码	中文名(简称)	英文名(简称)
110	中国香港	Hong Kong
116	日本	Japan
121	中国澳门	Macau
122	马来西亚	Malaysia
132	新加坡	Singapore
133	韩国	Korea Rep.
142	中国	China
143	台澎金马关税区	Taiwan prov.
301	比利时	Belgium
302	丹麦	Denmark
303	英国	United Kingdom
304	德国	Germany
305	法国	France
502	美国	United States
344	俄罗斯联邦	Russia
501	加拿大	Canada
701	国(地)别不详的	Countries(reg.) unknown

二十、启运国(地区)/运抵国(地区)

启运国(地区)填报进口货物启始发出直接运抵我国或者在运输中转国(地)未发生任何商业性交易的情况下运抵我国的国家(地区)。

运抵国(地区)填报出口货物离开我国关境直接运抵或者在运输中转国(地区)未发生任何商业性交易的情况下最后运抵的国家(地区)。

不经过第三国(地区)转运的直接运输进出口货物,以进口货物的装货港所在国(地区)为启运国(地区),以出口货物的指运港所在国(地区)为运抵国(地区)。

经过第三国(地区)转运的进出口货物,如在中转国(地区)发生商业性交易,则以中转国(地区)作为启运/运抵国(地区)。

按海关规定的《国别(地区)代码表》选择填报相应的启运国(地区)或运抵国(地区)中文名称及代码。

无实际进出境的货物,填报"中国"及代码。

二十一、经停港/指运港

经停港填报进口货物在运抵我国关境前的最后一个境外装运港。指运港填报出口货物运往境外的最终目的港;最终目的港不可预知的,按尽可能预知的目的港填报。根据实际情况,按海关规定的《港口代码表》选择填报相应的港口名称及代码。经停港/指运港在《港口代码表》中无港口名称及代码的,可选择填报相应的国家名称及代码。无实际进出境的货物,填报"中国境内"及代码。

二十二、入境口岸/离境口岸

入境口岸填报进境货物从跨境运输工具卸离的第一个境内口岸的中文名称及代码;采取多式联运跨境运输的,填报多式联运货物最终卸离的境内口岸中文名称及代码;过境货物填报货物进入境内的第一个口岸的中文名称及代码;从海关特殊监管区域或保税监管场所进境的,填报海关特殊监管区域或保税监管场所的中文名称及代码。其他无实际进境的货物,填报货物所在地的城市名称及代码。

出境口岸填报装运出境货物的跨境运输工具离境的第一个境内口岸的中文名称及代码;采取多式联运跨境运输的,填报多式联运货物最初离境的境内口岸中文名称及代码;过境货物填报货物离境的第一个境内口岸的中文名称及代码;从海关特殊监管区域或保税监管场所出境的,填报海关特殊监管区域或保税监管场所的中文名称及代码。其他无实际出境的货物,填报货物所在地的城市名称及代码。

入境口岸/离境口岸类型包括港口、码头、机场、机场货运通道、边境口岸、火车站、车辆装卸点、车检场、陆路港、坐落在口岸的海关特殊监管区域等。按海关规定的《国内口岸编码表》选择填报相应的境内口岸名称及代码。

二十三、包装种类

填报进出口货物的所有包装材料,包括运输包装和其他包装,按海关规定的《包装种类代码表》选择填报相应的包装种类名称及代码。运输包装指提运单所列货物件数单位对应的包装,其他包装包括货物的各类包装,以及植物性铺垫材料等(表10.5)。

表 10.5 包装种类代码表

代码	中文名称
00	散装
01	裸装
22	纸制或纤维板制盒/箱
23	木制或竹藤等植物性材料制盒/箱
29	其他材料制盒/箱
32	纸制或纤维板制桶
33	木制或竹藤等植物性材料制桶
39	其他材料制桶
04	球状罐类
06	包/袋
92	再生木托
93	天然木托
98	植物性铺垫材料
99	其他包装

二十四、件数

填报进出口货物运输包装的件数(按运输包装计)。特殊情况填报要求如下:

(一)舱单件数为集装箱的,填报集装箱个数。

(二)舱单件数为托盘的,填报托盘数。

不得填报为零,裸装货物填报为“1”。

二十五、毛重(千克)

填报进出口货物及其包装材料的重量之和,计量单位为千克,不足一千克的填报为“1”。

二十六、净重(千克)

填报进出口货物的毛重减去外包装材料后的重量,即货物本身的实际重量,计量单位为千克,不足一千克的填报为“1”。

二十七、成交方式

根据进出口货物实际成交价格条款,按海关规定的《成交方式代码表》选择填报相应的成交方式代码(表 10.6)。

无实际进出境的货物,进口填报 CIF,出口填报 FOB。

表 10.6　成交方式代码表

成交方式代码	成交方式名称
1	CIF
2	CFR
3	FOB
4	C&I
5	市场价
6	垫仓
7	EXW

二十八、运费

填报进口货物运抵我国境内输入地点起卸前的运输费用，出口货物运至我国境内输出地点装载后的运输费用。运费可按运费单价、总价或运费率三种方式之一填报，注明运费标记（运费标记"1"表示运费率，"2"表示每吨货物的运费单价，"3"表示运费总价），并按海关规定的《货币代码表》选择填报相应的币种代码。

表 10.7　部分货币代码表

代码	中文名称	英文名称
HKD	港币	Hong Kong Dollar
JPY	日本元	Yen
MOP	澳门元	Pataca
SGD	新加坡元	Singapore Dollar
KRW	韩国圆	Won
CNY	人民币	Yuan Renminbi
TWD	新台币	New Taiwan Dollar
EUR	欧元	Euro
GBP	英镑	Pound Sterling
RUB	俄罗斯卢布	Russian Ruble
CAD	加拿大元	Canadian Dollar
USD	美元	US Dollar
AUD	澳大利亚元	Australian Dollar

举例：5%的运费率填报为"5/1"，24 美元的运费单价填报为 USD/24/2，700 美元的运费总价填报为 USD/700/3

二十九、保费

填报进口货物运抵我国境内输入地点起卸前的保险费用，出口货物运至我国境内输出地点装载后的保险费用。

保费可按保险费总价或保险费率两种方式之一填报，注明保险费标记（保险费标记“1”表示保险费率，“3”表示保险费总价），并按海关规定的《货币代码表》选择填报相应的币种代码。运保费合并计算的，运保费填报在“运费”栏中。

三十、杂费

填报成交价格以外的、按照《中华人民共和国进出口关税条例》相关规定应计入完税价格或应从完税价格中扣除的费用。可按杂费总价或杂费率两种方式之一填报，注明杂费标记（杂费标记“1”表示杂费率，“3”表示杂费总价），并按海关规定的《货币代码表》选择填报相应的币种代码。

应计入完税价格的杂费填报为正值或正率，应从完税价格中扣除的杂费填报为负值或负率。

三十一、随附单证及编号

根据海关规定的《监管证件代码表》和《随附单据代码表》选择填报除本规范第十六条规定的许可证件以外的其他进出口许可证件或监管证件、随附单据代码及编号（表10.8）。

表10.8　部分监管证件代码表

监管证件代码	监管证件名称	监管证件代码	监管证件名称
1	进口许可证	L	药品进出口准许证
2	两用物项和技术进口许可证	M	密码产品和设备进口许可证
3	两用物项和技术出口许可证	O	自动进口许可证（新旧机电产品）
4	出口许可证	P	固体废物进口许可证
A	检验检疫	Q	进口药品通关单
G	两用物项和技术出口许可证（定向）	R	进口兽药通关单
I	麻醉精神药品进出口准许证	S	进出口农药登记证明
J	黄金及黄金制品进出口准许证	f	音像制品（成品）进口批准单

（一）加工贸易内销征税报关单，随附单证代码栏填报“c”，随附单证编号栏填报海关审核通过的内销征税联系单号。

（二）一般贸易进出口货物，只能使用原产地证书申请享受协定税率或者特惠税率（以下统称优惠税率）的（无原产地声明模式），“随附单证代码”栏填报原产地证书代码“Y”，在“随附单证编号”栏填报“<优惠贸易协定代码>”和“原产地证书编号”。可以使用原产地证书或者原产地声明申请享受优惠税率的（有原产地声明模式），“随附单证代码”栏填写“Y”，“随附单证编号”栏填报“<优惠贸易协定代码>”、“C”（凭原产地证书申报）或“D”（凭原产地声明申报），以及“原产地证书编号（或者原产地声明序列号）”。一份报关单对应一份原产地证书或原产地声明。

三十二、标记唛码及备注

填报要求如下：

（一）标记唛码中除图形以外的文字、数字，无标记唛码的填报 N/M。

（二）受外商投资企业委托代理其进口投资设备、物品的进出口企业名称。

（三）跨境电子商务进出口货物，填报“跨境电子商务”。

（四）集装箱体信息填报集装箱号（在集装箱箱体上标示的全球唯一编号）、集装箱规格、集装箱商品项号关系（单个集装箱对应的商品项号，半角逗号分隔）、集装箱货重（集装箱箱体自重+装载货物重量，千克）。

三十三、项号

分两行填报。第一行填报报关单中的商品顺序编号；第二行填报“备案序号”，专用于加工贸易及保税、减免税等已备案、审批的货物，填报该项货物在《加工贸易手册》或《征免税证明》等备案、审批单证中的顺序编号。有关优惠贸易协定项下报关单填制要求按照海关总署相关规定执行。

三十四、商品编号

填报由 13 位数字组成的商品编号。前 8 位为《中华人民共和国进出口税则》和《中华人民共和国海关统计商品目录》确定的编码；9、10 位为监管附加编号，11 ~ 13 位为检验检疫附加编号。

三十五、商品名称及规格型号

分两行填报。第一行填报进出口货物规范的中文商品名称，第二行填报规格型号。具体填报要求如下：

（一）商品名称及规格型号应据实填报，并与进出口货物收发货人或受委托的报关企业所提交的合同、发票等相关单证相符。

（二）商品名称应当规范，规格型号应当足够详细，以能满足海关归类、审价及许可证件管理要求为准，可参照《中华人民共和国海关进出口商品规范申报目录》中对商品名称、规格型号的要求进行填报。

（三）已备案的加工贸易及保税货物，填报的内容必须与备案登记中同项号下货物的商品名称一致。

（四）由同一运输工具同时运抵同一口岸并且属于同一收货人、使用同一提单的多种进口货物，按照商品归类规则应当归入同一商品编号的，应当将有关商品一并归入该商品编号。商品名称填报一并归类后的商品名称；规格型号填报一并归类后商品的规格型号。

（五）加工贸易边角料和副产品内销，边角料复出口，填报其报验状态的名称和规格型号。

（六）品牌类型为必填项目，可选择“无品牌”、“境内自主品牌”、“境内收购品牌”、“境外品牌（贴牌生产）”、“境外品牌（其他）”如实填报。其中，“境内自主品牌”是指由境内企业自主开发、拥有自主知识产权的品牌；“境内收购品牌”是指境内企业收购的原境外品牌；“境外品牌（贴牌生产）”是指境内企业代工贴牌生产中使用的境外品牌；“境外品牌（其他）”是指除代工贴牌生产以外使用的境外品牌。

（七）出口享惠情况为出口报关单必填项目。可选择“出口货物在最终目的国（地区）不享受优惠关税”、“出口货物在最终目的国（地区）享受优惠关税”、“出口货物不能确定在最终目的国（地区）享受优惠关税”如实填报。进口货物报关单不填报该申报项。

三十六、数量及单位

分三行填报。

（一）第一行按进出口货物的法定第一计量单位填报数量及单位，法定计量单位以《中华人民共和国海关统计商品目录》中的计量单位为准。

（二）凡列明有法定第二计量单位的，在第二行按照法定第二计量单位填报数量及单位。无法定第二计量单位的，第二行为空。

（三）成交计量单位及数量填报在第三行。

三十七、单价

填报同一项号下进出口货物实际成交的商品单位价格。无实际成交价格的，填报单位货值。

三十八、总价

填报同一项号下进出口货物实际成交的商品总价格。无实际成交价格的，填报货值。

三十九、币制

按海关规定的《货币代码表》选择相应的货币名称及代码填报，如《货币代码表》中无实际成交币种，需将实际成交货币按申报日外汇折算率折算成《货币代码表》列明的货币填报。

四十、原产国（地区）

同一批进出口货物的原产地不同的，分别填报原产国（地区）。进出口货物原产国（地区）无法确定的，填报“国别不详”。按海关规定的《国别（地区）代码表》选择填报相应的国家（地区）名称及代码。

四十一、最终目的国(地区)

最终目的国(地区)填报已知的进出口货物的最终实际消费、使用或进一步加工制造国家(地区)。不经过第三国(地区)转运的直接运输货物,以运抵国(地区)为最终目的国(地区);经过第三国(地区)转运的货物,以最后运往国(地区)为最终目的国(地区)。同一批进出口货物的最终目的国(地区)不同的,分别填报最终目的国(地区)。进出口货物不能确定最终目的国(地区)时,以尽可能预知的最后运往国(地区)为最终目的国(地区)。

按海关规定的《国别(地区)代码表》选择填报相应的国家(地区)名称及代码。

四十二、境内目的地/境内货源地

境内目的地填报已知的进口货物在国内的消费、使用地或最终运抵地,其中最终运抵地为最终使用单位所在的地区。最终使用单位难以确定的,填报货物进口时预知的最终收货单位所在地。境内货源地填报出口货物在国内的产地或原始发货地。出口货物产地难以确定的,填报最早发运该出口货物的单位所在地。海关特殊监管区域、保税物流中心(B型)与境外之间的进出境货物,境内目的地/境内货源地填报本海关特殊监管区域、保税物流中心(B型)所对应的国内地区名称及代码。按海关规定的《国内地区代码表》选择填报相应的国内地区名称及代码,并根据《中华人民共和国行政区划代码表》选择填报境内目的地对应的县级行政区名称及代码。无下属区县级行政区的,可选择填报地市级行政区。

四十三、征免

按照海关核发的《征免税证明》或有关政策规定,对报关单所列每项商品选择海关规定的《征减免税方式代码表》(表10.3)中相应的征减免税方式填报。

加工贸易货物报关单根据《加工贸易手册》中备案的征免规定填报;《加工贸易手册》中备案的征免规定为“保金”或“保函”的,填报“全免”。

四十四、特殊关系确认

根据《中华人民共和国海关审定进出口货物完税价格办法》(以下简称《审价办法》)第十六条,填报确认进出口行为中买卖双方是否存在特殊关系,有下列情形之一的,应当认为买卖双方存在特殊关系,应填报“是”,反之则填报“否”:

(一)买卖双方为同一家族成员的。

(二)买卖双方互为商业上的高级职员或者董事的。

(三)一方直接或者间接地受另一方控制的。

(四)买卖双方都直接或者间接地受第三方控制的。

(五)买卖双方共同直接或者间接地控制第三方的。

（六）一方直接或者间接地拥有、控制或者持有对方5%以上（含5%）公开发行的有表决权的股票或者股份的。

（七）一方是另一方的雇员、高级职员或者董事的。

（八）买卖双方是同一合伙的成员的。

买卖双方在经营上相互有联系，一方是另一方的独家代理、独家经销或者独家受让人，如果符合前款的规定，也应当视为存在特殊关系。

出口货物免予填报，加工贸易及保税监管货物（内销保税货物除外）免予填报。

四十五、价格影响确认

根据《审价办法》第十七条，填报确认纳税义务人是否可以证明特殊关系未对进口货物的成交价格产生影响，纳税义务人能证明其成交价格与同时或者大约同时发生的下列任何一款价格相近的，应视为特殊关系未对成交价格产生影响，填报“否”，反之则填报“是”：

（一）向境内无特殊关系的买方出售的相同或者类似进口货物的成交价格。

（二）按照《审价办法》第二十三条的规定所确定的相同或者类似进口货物的完税价格。

（三）按照《审价办法》第二十五条的规定所确定的相同或者类似进口货物的完税价格。

出口货物免予填报，加工贸易及保税监管货物（内销保税货物除外）免予填报。

四十六、支付特许权使用费确认

根据《审价办法》第十一条和第十三条，填报确认买方是否存在向卖方或者有关方直接或者间接支付与进口货物有关的特许权使用费，且未包括在进口货物的实付、应付价格中。

买方存在需向卖方或者有关方直接或者间接支付特许权使用费，且未包含在进口货物实付、应付价格中，并且符合《审价办法》第十三条的，在“支付特许权使用费确认”栏目填报“是”。

买方存在需向卖方或者有关方直接或者间接支付特许权使用费，且未包含在进口货物实付、应付价格中，但纳税义务人无法确认是否符合《审价办法》第十三条的，填报“是”。

买方存在需向卖方或者有关方直接或者间接支付特许权使用费且未包含在实付、应付价格中，纳税义务人根据《审价办法》第十三条，可以确认需支付的特许权使用费与进口货物无关的，填报“否”。

买方不存在向卖方或者有关方直接或者间接支付特许权使用费的，或者特许权使用费已经包含在进口货物实付、应付价格中的，填报“否”。

出口货物免予填报，加工贸易及保税监管货物（内销保税货物除外）免予填报。

四十七、自报自缴

进出口企业、单位采用“自主申报、自行缴税”（自报自缴）模式向海关申报时，填报“是”；

反之则填报“否”。

四十八、申报单位

自理报关的,填报进出口企业的名称及编码;委托代理报关的,填报报关企业名称及编码。编码填报18位法人和其他组织统一社会信用代码。

报关人员填报在海关备案的姓名、编码、电话,并加盖申报单位印章。

四十九、海关批注及签章

供海关作业时签注。

报关单样本如下:

两个附件:附件1 进口报关单样本,附件2 出口报关单样本

附件1　进口报关单样本

中华人民共和国海关进口货物报关单

预录入编号：　　　　　　海关编号：　　　　（XX海关）　　　　页码/页数：

境内收货人	进境关别	进口日期	申报日期	备案号
境外发货人	运输方式	运输工具名称及航次号	提运单号	货物存放地点
消费使用单位	监管方式	征免性质	许可证号	启运港
合同协议号	贸易国(地区)	启运国(地区)	经停港	入境口岸

包装种类	件数	毛重(千克)	净重(千克)	成交方式(　)	运费	保费	杂费

随附单证及编号

标记唛码及备注：

项号	商品编号	商品名称及规格型号	数量及单位	单价/总价/币制	原产国(地区)	最终目的国(地区)	境内目的地	征免

特殊关系确认：　　价格影响确认：　　支付特许权使用费：　　自报自缴：

报关人员　报关人员证号　电话 申报单位	兹申明对以上内容承担如实申报、依法纳税之法律责任 申报单位(签章)	海关批注及签章

附件 2　出口报关单样本

中华人民共和国海关出口货物报关单

预录入编号：　　　　　　海关编号：　　　（XX 海关）　　　　页码/页数：

<table>
<tr><td>境内发货人</td><td colspan="2">出境关别</td><td colspan="2">出口日期</td><td colspan="2">申报日期</td><td>备案号</td></tr>
<tr><td>境外收货人</td><td colspan="2">运输方式</td><td colspan="2">运输工具名称及航次号</td><td colspan="3">提运单号</td></tr>
<tr><td>生产销售单位</td><td colspan="2">监管方式</td><td colspan="2">征免性质</td><td colspan="3">许可证号</td></tr>
<tr><td>合同协议号</td><td colspan="2">贸易国(地区)</td><td colspan="2">运抵国(地区)</td><td colspan="2">指运港</td><td>离境口岸</td></tr>
<tr><td>包装种类</td><td>件数</td><td>毛重(千克)</td><td>净重(千克)</td><td>成交方式</td><td>运费</td><td>保费</td><td>杂费</td></tr>
<tr><td colspan="8">随附单证及编号</td></tr>
<tr><td colspan="8">标记唛码及备注</td></tr>
<tr><td colspan="8">项号 商品编号 商品名称及规格型号 数量及单位 单价/总价/币制 原产国(地区) 最终目的国(地区) 境内货源地 征免</td></tr>
<tr><td colspan="8"></td></tr>
<tr><td colspan="8"></td></tr>
<tr><td colspan="8"></td></tr>
<tr><td colspan="8"></td></tr>
<tr><td colspan="8"></td></tr>
<tr><td colspan="8">特殊关系确认：　　价格影响确认：　　支付特许权使用费：　　自报自缴：</td></tr>
<tr><td colspan="7">报关人员　报关人员证号　电话　　兹申明对以上内容承担如实申报、依法纳税之法律责任
申报单位　　　　　　　　　　　　　　　　　　　　申报单位(签章)</td><td>海关批注及签章</td></tr>
</table>

本章小结

1. 报关单是指进出口货物的收发货人或其代理人,按照海关规定的格式对进出口货物实际情况作出书面申明,以此要求海关对其货物按适用的海关制度办理通关手续的法律文书。

2. 报关单按进出口的状态分类,分为进口货物报关单和出口货物报关单;按表现形式分类,分为纸质报关单和电子数据报关单;按海关监管方式分类,分为进料加工进(出)口货物报关单、来料加工及补偿贸易进(出)口货物报关单和一般贸易及其他贸易进(出)口货物报关单;按用途分类,分为报关单录入凭单、预录入报关单和报关单证明联。

3. 纸质进口货物报关单一式五联,分别是海关作业联、海关留存联、企业留存联、海关核销联、进口付汇证明联;纸质出口货物报关单一式六联,分别是:海关作业联、海关留存联、企业留存联、海关核销联、出口收汇证明联、出口退税证明联。

4. 进出境货物的收发货人或其代理人向海关申报时,必须填写并向海关递交进出口货物报关单;申报人在填制报关单时,应当依法如实向海关申报,对申报内容的真实性、准确性、完整性和规范性承担相应的法律责任;报关员必须按照《海关法》《货物申报管理规定》和《报关单填制规范》的有关规定和要求,向海关如实申报。

自　测　题

一、不定项选择题

1. 北京某合资企业于 2017 年 4 月 8 日向新港海关申报,海运进口货物一批,载运该批货物的船舶于 2017 年 4 月 5 日向新港海关申报进境。其进口货物报关单上的"进口日期"应填报为(　　)。

A. 2017 年 4 月 5 日　　B. 20170405　　C. 2017 年 4 月 8 日　　D. 20170408

2. 某旅客乘坐 CA981 航班,从美国携带回红外线测试仪控制板 10 块,向海关申报进口。其进口货物报关单上的"运输方式"应填报为(　　)

A. 免填　　B. 航空运输(运输方式代码 5)

C. 其他运输(运输方式代码 9)

3. 北京某进出口公司,向荷兰海运出口设备一批。该设备在天津新港装船后,经香港港(港口航线代码 1039)马来西亚的马六甲港(港口航线代码 1393)运往荷兰鹿特丹港(港口航线代码 2309)。其出口货物报关单上的"指运港"应填报为(　　)

A. 香港港(1039)　　B. 马六甲港(1393)　　C. 鹿特丹港(2309)

4. 下列说法正确的是(　　)。

A. 一份报关单只允许填报一个运输工具名称

B. 一份报关单只允许填报一个提运单号

C. 一份报关单只允许填报一种贸易方式

D. 一份报关单只允许填报一个集装箱号

5. 下列关于进出口货物报关单填制要求的表述,正确的是(　　)。

A. 同一批货物中贸易方式不同的商品,应分单填报

B. 同一批货物中商品编码不同的商品,应分项填报

C. 同一种商品成交计量单位与海关法定计量单位不一致的,应分行填报

D. 同一批货物中征免性质不同的商品,应分单填报

6. 我国某进出口公司(甲方)与新加坡某公司(乙方)签订一出口合同,合同中订明,甲方向乙方出售5 000 件衬衫,于2018 年10 月10 日在上海装船,途径香港运往新加坡。在签订合同时,甲方得知乙方还要将该批货物从新加坡运往智利。根据上述情况填写报关单时,以下哪几种填写不正确(　　)。

A. 运抵国(地区)为“香港”,最终目的国(地区)为“新加坡”

B. 运抵国(地区)为“新加坡”,最终目的国(地区)为“智利”

C. 运抵国(地区)为“香港”,最终目的国(地区)为“智利”

D. 运抵国(地区)为“智利”,最终目的国(地区)为“智利”

7. 在填制报关单时,海关根据进出口商品的不同情况,对商品数量的填报作出了一些规定,下列规定哪些是符合海关规定的(　　)。

A. 规范的数量和单位,应以海关统计商品目录上规定的数量和单位填写

B. 与海关规范的数量和单位不一致的,实际成交的数量和单位也填在报关单上

C. 不能把整机和零件的数量加在一起填报数量

D. 不能把类似“一卷”、“一箱”、“一捆”等较笼统的单位填在报关单上

8. 某公司从日本进口联合收割机10 台及部分附件,分装30 箱,发票注明每台单价为 CIF Shanghai US ＄ 22 400,总价为 US ＄ 22 400,附件不另计价格。进口货物报关单以下栏目正确填报的为(　　)。

A. 成交方式:海运　　　　B. 件数:30

C. 商品名称:联合收割机及附件　　　　D. 单价:22 400

9. 日本商人从北京购买地毯,陆运至香港,再空至日本,从日本走海运到伦敦,则该批货物最终目的国为(　　)。

A. 日本　　　　B. 香港　　　　C. 伦敦　　　　D. 英国

10. 进口货物报关单上的“进口日期”应填报为(　　)。

A. 申报货物办结海关进口手续的日期

B. 向海关申报货物进口的日期

C. 运载货物的运输工具申报进境的日期

D. 所申报货物进入海关监管场地或仓库的日期

11. 某外资企业公司委托某国营外贸公司购买进口投资设备及用做生产原料的钢材一批，货物由某物流公司承接进口运输相关事宜,并委托某报关公司向海关办理进口报关手续。该批钢材报关时报关单消费使用单位应填报为(　　)。

A. 该外资企业　　B. 某国营外贸公司　　C. 某物流公司　　D. 某报关公司

12. 联合国救灾协调员办事处在美国市场采购原产于加拿大的冰雪救灾物资无偿援助我国,该批物资在洛杉矶装船,在日本东京中转后运抵我国,这种情况其报关单“启运国(地区)”、“原产国”、“启运港”栏目应填为(　　)。

A. 日本;美国;东京　　B. 加拿大;美国;洛杉矶

C. 美国;加拿大;东京　　D. 美国;加拿大;洛杉矶

13. 100 美元的运费单价应填报(　　)。

A. USD/100/1　　B. 100 美元　　C. 100　　D. USD/100/2

14. 华神集团从德国进口一批设备,单价为 CIF 天津 16 000 美元/每台,进口报关单“单价”栏应为(　　)。

A. 16 000 美元/每台　　B. 16 000 美元

C. 16 000　　D. 502/16 000/2

15. 保险费率为 2.7‰,保险费栏应填报(　　)。

A. 2.7/1　　B. 0.27　　C. 2.7　　D. 0.27/1

二、简答题

1. 简述报关单的概念及类别。
2. 简述进口货物报关单随附的单证。
3. 简述出口货物报关单随附的单证。
4. 海关规定的出口货物的出口日期是指什么?

参考文献

[1]王慧敏.报关实务[M].北京:中国发展出版社,2009.

[2]谢娟娟,张亮,种美香.报关实务[M].北京:北京理工大学出版社,2009.

[3]谢国娥.海关报关实务[M].上海:华东理工大学出版社,2008.

[4]谢国娥.海关报关实务习题精解[M].上海:华东理工大学出版社,2008.

[5]俞学伟.报关实务与操作[M].北京:化学工业出版社,2010.

[6]海关总署教材编审委员会.2010年报关员资格全国统一考试教材[M].北京:中国海关出版社,2010.

[7]林鸣. 假名牌为何怕"海关"[J].质量探索. 2010(7):14.

[8]霍红.报关实务[M].北京:中国物资出版社,2004.

[9]张兵.进出口报关实务[M].北京:清华大学出版社,2006.

[10]张兵.进出口报关实务(第2版)[M].北京:清华大学出版社,2010.

[11]李文健.关税征收[M].北京:中国海关出版社,2009.

[12]曲如晓.中国对外贸易概论[M].北京:机械工业出版社,2005.

[13]魏彩慧,陈丕西.报关实务[M].北京:首都经济贸易大学出版社,2008.

[14]张雪梅.报关实务[M].北京:对外经济贸易大学出版社,2010.10重印.

[15]许丁,何耀明,周亚春,陈辉.通关作业[M].北京:中国海关出版社,2005.

[16]海关总署教材编审委员会.2011年报关员资格全国统一考试教材[M].北京:中国海关出版社,2011.

[17]海关总署报关员资格考试教材编写委员会.2010年版进出口商品名称与编码[M].北京:中国海关出版社,2010.

[18]海关总署报关员资格考试教材编写委员会.2011年版进出口商品名称与编码[M].北京:中国海关出版社,2011.

[19]武晋军.报关实务[M].北京:电子工业出版社,2009.

[20]徐伟.海关报关实务[M].北京:中国商务出版社,2008.

[21]顾永才,王斌义.报检与报关实务[M].北京:首都经济贸易大学出版社,2009.

[22]杨鹏强.报关实务(第三版)[M].北京:中国海关出版社,2011.

[23]曲如晓.报关实务[M].北京:机械工业出版社,2010.

[24]教琳.报关实务[M].北京:对外经济贸易大学出版社,2008.

[25]罗兴武.报关实务[M].北京:机械工业出版社,2010.

[26]吕红军,刘钊.报关实务教程[M].北京:中国商务出版社,2009.

[27]顾晓滨.进出口报关业务基础与实务[M].上海:复旦大学出版社,2010.

[28]中国海关报关实用手册编写组.中国海关报关实用手册(2011版)[M].北京:中国海关

出版社,2011.
[29]海关总署报关员资格考试教材编写委员会. 报关员资格全国统一考试教材[M]. 北京:中国海关出版社,2009.
[30]刘北林,周亚璠. 报关实务[M]. 北京:科学出版社,2009.
[31]报关员资格全国统一考试辅导用书编审委员会. 报关员资格全国统一考试同步辅导与强化训练1000题[M]. 北京:航空工业出版社,2010.
[32]吴国新,李元旭. 国际贸易单证实务[M]. 北京:清华大学出版社,2008.
[33]黎孝先,石玉川. 国际贸易实务[M]. 北京:对外经济贸易大学出版社,2008.
[34]海关综合信息资讯网 http://www.china-customs.com
[35]揭阳新闻网 http://www.jynews.net
[36]人事考试教育网论坛 http://bbs.chinatat.com
[37]浙江电子口岸 http://www.zjport.gov.cn
[38]宁波电子口岸 http://www.nbeport.gov.cn
[39]中国外向型企业网 http://www.customs168.com
[40]中国通关网 http://www.e-to-china.com.cn
[41]阿里学院电子商务人才网 http://www.alibado.com
[42]中国政府网 http://www.gov.cn
[43]中国海关律师网 http://www.customslawyer.cn
[44]山东电子口岸 http://www.sdeport.gov.cn
[45]中国海关总署网 http://www.customs.gov.cn
[46]百度百科 http://baike.baidu.com
[47]中财税信息网 http://www.zgtax.net